합격으로 가는 하이패스

토마토패스

신용분석사

2부

핵심이론+문제집

지한송 편저

PROFILE

저자약력

지한송 회계사

서강대학교 경영학과 학사
한국공인회계사

(전) 삼정회계법인 Manager
(현) 한국증권금융연구소(KOSFI) 국제재무분석사(CFA)시험 강사
(현) AIFA국제금융아카데미 미국공인회계사(AICPA)시험 강사
(현) AIFA스마트경영아카데미 한국공인회계사(KICPA)시험 강사
(현) 토마토패스 금융자격증 강사

이 책은 신용분석사 2부 시험 대비에 최적화된 책입니다. 1부 회계학에서는 재무제표가 어떻게 만들어지는지 기본적인 지식을 배웠다면, 2부에서는 작성된 재무제표를 보고 그 기업의 상태를 판단할 수 있는 기술적 능력과 시장환경을 바라보는 능력을 배웁니다. 본 내용은 신용분석사 시험 합격은 물론, 수많은 기업들의 상태를 판단하기 위한 복합적인 사고와 틀을 기르는 데 도움이 될 것으로 생각됩니다.

이 책의 특징을 소개하면 다음과 같습니다.

첫째, 내용들 간의 관계 및 논리의 흐름을 확인하면서 공부할 수 있도록 구성하였습니다. 각 챕터가 끝날 때마다 문제를 수록하여 공부한 이론을 심도있게 연습할 수 있도록 하였습니다.

둘째, 단순 암기 문제보다는 응용 문제 위주로 수록하였습니다. 신용분석사 2부 과목 중 재무분석과 현금흐름분석은 단순 암기 사항이 많습니다. 하지만 최근 시험 추세는 단순 암기뿐만이 아니라 암기한 사항을 응용하는 문제도 자주 출제되고 있어 이러한 최근 시험 추세를 반영하도록 노력하였습니다.

셋째, 시장환경분석 중 산업분석과 관련한 내용은 도식화를 통해 해당 산업을 이해할 수 있도록 구성하였습니다. 기업을 분석하기 위해서는 그 기업이 속한 산업도 같이 분석해야 효과적인 분석을 할 수 있으며, 신용분석사 시험도 산업에 대한 이해를 묻는 문제가 자주 출제됩니다. 산업에 대한 이해를 통해 종합적인 기업분석을 할 수 있도록 책을 구성하였습니다.

끝으로 좋은 책을 만들기 위해 최선을 다해주신 예문사 임직원분들에게 감사의 마음을 전합니다. 또한 항상 곁에서 응원해주는 가족과 늘 버팀목이 되어주는 민지에게도 지면을 빌어 사랑의 마음을 전합니다.

한국공인회계사 **지한송**

GUIDE
가이드

시험명

국가공인 신용분석사(CCA : Certified Credit Analyst)

시험내용

국가공인 신용분석사 : 금융기관의 여신 관련 부서에서 기업에 대한 회계 및 비회계자료 분석을 통하여 종합적인 신용상황을 판단하고 신용등급을 결정하는 등 기업신용 평가 업무를 담당

응시정보

• **응시자격** : 제한없음
• **시험방법** : 필기시험(객관식 5지선다형)
• **시험준비물** : 수험표, 신분증, 필기도구, 일반 계산기(필수)

과목구성

시험과목	세부내용	배점	시험시간
신용분석	재무분석(70)	200	2교시 : 90분 (11:20~12:50)
	현금흐름분석(80)		
	시장환경분석(50)		
종합신용평가	신용평가 종합사례(100)	100	3교시 : 90분 (14:00~15:30)
합계		300	180분

■ 재무분석(21문항, 70점)

재무제표의 이해 및 재무자료를 이용하여 기업의 재무상태 및 경영성과를 판단하고, 원인을 분석하는 능력을 배양

주요 검정내용

- 재무분석의 개요 및 재무제표의 이해
- 비율분석(대차대조표분석, 손익계산서분석, 시장가치분석 등)의 이론과 실제
- 비용구조분석(레버리지분석, 손익분기점분석)의 이론과 실제
- 각 비율수치의 의미와 추론

■ 현금흐름분석(25문항, 80점)

기업의 현금흐름 상태와 장기적인 현금창출 능력 여부를 분석하는 능력을 배양

주요 검정내용

- 현금흐름분석의 의의
- 자금의 개념 및 현금흐름의 분류
- 대차대조표 등식과 현금흐름표 작성원리(직접법 및 간접법 등)
- 주요 활동별(투자활동/영업활동/재무활동)의 현금흐름 계산 및 추정
- 현금흐름분석의 응용(분식의 영향, 추세분석, 항목별 분석 등)
- 현금수지분석표 및 현금순환분석표(항목별 분석 등 응용개념)
- 현금흐름표와 현금수지표의 비교분석
- 재무제표분식과 현금흐름분석
- 추정재무제표의 의의

■ 시장환경분석(16문항, 50점)

- 경기분석 : 경기변동에 따른 산업경제의 변화와 경제지표 이해를 통한 경기흐름의 파악 및 기업이 속한 산업의 변화를 예측할 수 있는 기본지식의 습득
- 산업분석 : 산업분석의 기본구조 이해 및 방법론 학습과 개별 산업의 특성 및 동향 이해를 통한 기업의 위험요인 파악
- 경영진단 : 대내외 환경 변화에 따른 기업의 경영 관리상 문제점을 진단하고 그에 대한 개선 및 경영 합리화 방안을 진단하는 능력을 배양

주요 검정내용

[경기분석]
- 거시경제학 기초
- 경기순환 및 예측
- 주요 경제지표
- 경기와 금융

[산업분석]
- 산업분석의 의의(기업신용분석과 산업분석, 산업분석의 목적과 중요성)
- 산업분석 방법론 일반(산업분석의 일반적 모형, 산업분석의 주요 분석 요소, 산업에 대한 전망분석)
- 주요산업별 분석(전자 및 통신서비스업, 철강/자동차산업, 조선/해운업, 석유화학, 섬유, 식품산업, 건설업, 소매업 등)

[경영진단]
- 경영진단의 개요
- 외부환경분석, 내부능력분석
- 진단결과의 종합 및 활용, 실무사례

■ 종합신용평가(29문항, 100점)

기업의 재무/비재무적인 정보를 이용하여 신용도를 평가하는 기법을 습득

주요 검정내용

- 경제 및 경기의 동향과 전망
- 정부정책의 변화
- 산업분석과 전망
- 기업의 경영능력(SWOT분석, 사업상분석 등)
- 영업의 효율성, 경쟁력, 매출과 수익성에 관한 평가와 전망
- 유동성 평가와 전망(순운전자본 분석 및 평가 등)
- 재무구조 평가와 전망(이자보상배율 분석 및 평가 등)
- 현금흐름분석과 전망
- 상환능력 평가와 전망 등을 통하여 기업의 신용도를 평가

※ 종합신용평가는 제시된 사례기업의 재무 및 비재무적 정보를 분석하여 물음에 답을 구하는 문제로 출제된다.

01 매출액 200억원, 매출채권 50억원, 매입채무 40억원, 재고자산 40억원, 영업이익 20억원, 감가상각비 10억원이다. 1회전 운전자본은?

① 45.2억원　　　② 42.5억원　　　③ 36.6억원　　　④ 28.5억원　　　⑤ 23.8억원

정답 | ②

해설 | • 1회전 운전기간 $= \dfrac{1}{5} + \dfrac{1}{4} - \dfrac{1}{5} = \dfrac{1}{4}$ 년

　　　　• 1회전 운전자본 $= (200 - 20 - 10) \times \dfrac{1}{4} = 42.5$억 원

02 기업의 1회전 운전기간과 1회전 운전자본에 영향을 미치는 요인들을 고려한 다음의 설명 중 잘못된 것은?

① 매출채권회수기간이 짧을수록 1회전 운전기간은 짧아진다.
② 총자산회전율이 높을수록 1회전 운전기간은 짧아진다.
③ 매입채무회전율이 높을수록 1회전 운전기간은 길어진다.
④ 감가상각비가 클수록 1회전 운전자본은 작아진다.
⑤ 재고자산이 많을수록 1회전 운전기간은 길어진다.

정답 | ②

해설 | 매출채권회전율, 재고자산회전율이 높을수록 매입채무회전율이 낮을수록 1회전 운전기간이 짧아진다. 총자산회전율은 관련성이 적다.

03 매출액영업이익률과 매출액순이익률은 불량하고 총자산순이익률은 양호하다. 다음의 추론 중에서 가장 옳은 것은?

① 매출원가율이 낮고, 총자산회전율도 낮다.
② 판매관리 활동이 효율적이고, 총자산회전율은 낮다
③ 최종마진이 불량하고, 총자산회전율은 높다.
④ 매출액 대비 영업비용이 적고, 총자산회전율은 높다.
⑤ 매출액 대비 총비용이 적고, 총자산회전율은 높다.

정답 | ③

해설 | 매출액영업이익률과 매출액순이익률은 불량하고 총자산순이익률은 양호하다는 것은 영업마진과 최종마진이 불량하고 총자산회전율은 높다는 것이다.

01 '현금의 유입과 유출이 없는 중요한 거래'로 주석 공시되는 사항이 아닌 것은?

① 건설중인자산의 유형자산 대체 ② 유형자산의 연불매각

③ 자기주식의 이익소각 ④ 매도가능증권평가이익의 계상

⑤ 무형자산손상차손의 계상

정답 | ⑤

해설 | 무형자산손상차손은 현금의 유출이 없는 비용가산 항목이다.

02 다음은 현금흐름표 본문이나 주석에 공시할 사항을 나열한 것이다. 옳지 않은 것은?

① 전기에 외상으로 구입하였던 기계장치 구입대금을 당좌수표를 발행하여 결제하였다.

② 당기 중 외상으로 매출하고 그 중에서 일부를 보통예금으로 수금하였다.

③ 당기 전기료가 발생하여 동 금액을 현금으로 납부하였다.

④ 보유현금이 충분하여 일부 금액을 90일 만기의 환매채(RP)에 투자하였다.

⑤ 당기 중 전환사채의 주식전환청구가 있어 보통주를 발행하여 교부하였다.

정답 | ④

해설 | 자금간의 대체거래로서 현금흐름표에는 표시되지 않는다.

　　　　①, ②, ③ 모두 현금거래이므로 현금흐름표 본문에 표시하여야 한다.

　　　　⑤ 비현금 교환거래로 주석으로 기재한다.

03 다음은 최근 2년간 도소매업을 영위하는 어느 기업의 매출원가 및 현금매출원가에 대한 정보이다. 이러한 상황에 대한 설명으로 가장 적합한 것은?

구분	20×1년	20×2년
매출원가	20,000천원	32,000천원
현금매출원가	35,000천원	27,000천원

① 20×1년의 경우 매입채무가 크게 증가했을 가능성이 높다.

② 20×1년의 경우 재고자산이 크게 감소했을 가능성이 높다.

③ 20×1년의 경우 선수금이 크게 감소했을 가능성이 높다.

④ 20×2년의 경우 매입채무가 크게 감소했을 가능성이 있다.

⑤ 20×2년의 경우 재고자산에 대한 거액의 평가손실이 발생했을 가능성이 높다.

정답 | ⑤

해설 | 현금매출원가가 매출원가보다 적은 것은 매입채무의 증가, 재고자산의 감소가 원인이고, 재고자산평가손실은 매출원가에는 가산되지만 현금흐름에는 아무런 영향이 없다. 또한, 선수금은 매출원가와 관련이 없다.

CONTENTS
목차

PART 01 | 재무분석

CHAPTER 01 | 재무분석의 개요   012
CHAPTER 02 | 재무제표의 이해   017
CHAPTER 03 | 재무상태표 분석   022
CHAPTER 04 | 손익계산서 분석   032
CHAPTER 05 | 시장가치 분석   043
CHAPTER 06 | 종합적 분석   054
CHAPTER 07 | 레버리지 분석   062
CHAPTER 08 | 손익분기점 분석   068
CHAPTER 09 | 기업부실 예측   078
출제예상문제   083

PART 02 | 현금흐름분석

CHAPTER 01 | 현금흐름분석의 기본개념   094
CHAPTER 02 | 현금흐름표   099
CHAPTER 03 | 현금흐름표의 분석   119
CHAPTER 04 | 현금수지분석표의 분석   138
CHAPTER 05 | 재무제표 분식과 현금흐름   146
CHAPTER 06 | 현금흐름의 추정   151
출제예상문제   155

PART 03 | 시장환경분석

CHAPTER 01 | 경기분석   168
CHAPTER 02 | 산업분석   193
CHAPTER 03 | 산업분석 사례   197
CHAPTER 04 | 경영진단   214
출제예상문제   228

PART 04 | 신용평가종합사례

CHAPTER 01 | 신용평가분석사례(1)   238
CHAPTER 02 | 신용평가분석사례(2)   256

토마토패스
www.tomatopass.com

S U M M A R Y

재무분석에서는 주로 재무제표에서 주어진 정보를 활용한 재무제표비율 관련 문제가 다수 출제된다. 따라서 먼저 재무분석의 기본 개념을 익히고 주요 재무제표비율에 대해 암기를 우선으로 한 다음 재무제표비율 문제를 풀면서 해설하는 연습을 한다. 그 외 비용구조분석이나 신용평가 관련 내용을 숙지하여 마무리하는 방식으로 공부하는 것을 추천한다.
최근의 문제 출제경향은 단순히 재무비율의 공식과 개념을 묻는 문제보다 주어진 재무비율을 제대로 해석할 수 있는지를 묻는 문제가 많아지고 있다. 따라서 본서의 문제구성은 단순히 개념을 묻는 문제를 생략하고 재무비율의 해석능력을 기르는 문제 위주로 수록하였으니 이 점을 참고하기 바란다.

P A R T **01**

재무분석

CONTENTS

CHAPTER 01 ㅣ 재무분석의 개요
CHAPTER 02 ㅣ 재무제표의 이해
CHAPTER 03 ㅣ 재무상태표 분석
CHAPTER 04 ㅣ 손익계산서 분석
CHAPTER 05 ㅣ 시장가치 분석
CHAPTER 06 ㅣ 종합적 분석
CHAPTER 07 ㅣ 레버리지 분석
CHAPTER 08 ㅣ 손익분기점 분석
CHAPTER 09 ㅣ 기업부실 예측

CHAPTER 01 재무분석의 개요

TOPIC 1 재무분석의 의의와 목적
TOPIC 2 재무분석의 발전과정과 유용성 및 한계점

···TOPIC 1 재무분석의 의의와 목적

1. 재무분석의 의의

재무분석이란 기업의 재무제표를 비롯한 회계자료와 기타 관련자료를 기초로 경영성과 및 재무상태를 판단하고 그 원인을 규명하기 위한 분석을 말한다. 경영분석의 범위를 살펴보면 다음과 같다.

① **재무제표 분석** : 재무제표 등의 회계자료를 분석한다. **예** 재무비율 분석
② **재무분석** : 위 재무제표 분석을 포함하여 기타 계량화된 자료를 분석한다. **예** 주가, 시장점유율, 제품불량률 등
③ **경영분석** : 위 재무분석을 포함하여 비계량적인 자료를 분석한다. **예** 제품 품질, 경영자의 능력 등

2. 재무분석의 목적과 분석대상

분석주체	목적	분석대상 및 주안점
경영자	• 경영계획 수립 • 경영의사결정에 필요한 자료수집	• 경영상의 장단점 분석 • 재무현황 중 수익성과 안정성에 더욱 관심
금융기관	• 자금차입처의 원금상환 및 이자지급능력 판단 → 신용도 분석 • 우량업체 선정	• 단기적 : 차입자의 유동성, 안정성 • 장기적 : 수익성과 위험에 기초한 전체적 입장
주주	• 주식매매에 필요한 정보수집 • 포트폴리오 구성 및 수정에 필요한 정보수집	• 예상이익, 배당성향, 할인율 등 • 기업의 제반 경영활동

분석주체	목적	분석대상 및 주안점
신용평가기관	• 채권투자자들에게 투자정보 제공 • 채권등급 평정, 기업어음 평가, 주식가치 평가 등 업무 수행	• 유가증권 • 공정하고 객관적인 평가시스템 운용
기업M&A 관련자	• 피인수 및 합병기업 가치를 평가하여 인수가액 결정 • 시너지효과 산정 • 주식교환비율 결정	• 기업가치 • 기업의 현재 경영상태뿐만 아니라 미래의 경영상태까지도 파악
회계감사인 / 세무당국	• 대상기업의 담세능력 평가 • 적정과세 여부 • 탈세 방지	• 기업의 담세능력 • 수익성 위주로 분석

3. 재무분석의 절차

재무제표를 비롯한 기업의 제반자료 입수 → 입수한 자료를 통해 정보 가공 → 가공된 정보 해석(재무이론적 해석) → 경영상태 파악

···TOPIC ❷ 재무분석의 발전과정과 유용성 및 한계점

1. 재무분석의 발전과정과 유용성

재무분석은 은행이 자금을 대출할 때 차입자의 단기지급능력을 평가하기 위한 신용분석의 수단으로 사용하며, 오늘날 재무분석은 단기지급능력 평가 외에도 다양한 목적을 위한 수단으로 사용하고 있다.

2. 재무분석의 한계점

① 과거 및 현재 자료이므로 미래를 예측하는 절대적인 평가기준이 아님
② 회계처리방법마다 자료가 달라질 위험 있음
③ 자의적인 평가기준에 따라 의사결정이 달라질 위험 있음
④ 원하는 시점의 재무정보가 없을 가능성 있음

01 재무분석에 대한 설명으로 옳지 않은 것은?

① 회계자료를 이용하므로 회계처리방법에 따라 그 결과가 달라질 수 있다.

② 재무분석을 입수하기 위한 자료를 입수하는 데 용이한 편이다.

③ 분석과 평가를 위한 기준이 객관적이다.

④ 재무분석은 재무제표뿐만 아니라 기타 기업자료를 분석하는 것이다.

⑤ 재무제표는 기업의 가치를 적절하게 반영하지 못하므로 재무제표를 이용한 재무분석은 기업의 가치를 얻는 수단으로 활용하기 어려운 측면이 있다.

재무분석의 결과에 대한 해석이 어떤 기준을 설정하느냐에 따라 달라지므로 기준이 주관적일 수 있다.

① 기업의 회계처리방법에 따라 재무제표의 숫자가 달라질 수 있다.

답 ③

02 다음 중 재무분석의 주체별 주요 목적과 관련된 설명으로 가장 적절하지 않은 것은?

① 경영자는 경영계획 수립을 위한 기초자료를 획득하기 위해 재무분석을 활용한다.

② 금융기관은 자금차입자의 원리금 및 이자상환능력을 판단하기 위해 내부적인 재무분석 프로세스를 보유하고 있다.

③ 기업인수 관련자는 탈세 여부를 검사하기 위해 재무분석을 한다.

④ 주주 입장에서 재무분석의 초점은 기업의 위험과 수익성에 맞춰진다.

⑤ 회계감사인은 이해관계자에게 기업에 대한 정보를 제공하기 위해 재무분석을 한다.

기업인수 관련자는 인수하고자 하는 대상 회사의 상태, 인수대금, 합병시너지, 합병 후 구조 등을 확인하고자 재무분석을 이용한다. 탈세 여부 검사는 세무당국의 재무분석 주요 목적으로 볼 수 있다.

답 ③

03 내부주체인 경영자가 경영분석을 수행하는 목적으로 옳지 않은 것은?

① 기업내부의 상황을 통제할 수 있는 업무계획 수립

② 경영전략을 수립하기 위한 정보 수집

③ 경쟁기업 분석을 위한 정보 수집

④ 자금조달 방법을 위한 정보 수집

⑤ 조세부담의 능력평가 및 거시경제 정책수립

조세부담의 능력평가 및 거시경제 정책수립은 정부의 재무분석 목적으로 볼 수 있다.

답 ⑤

04 재무분석 절차의 순서로 가장 적절한 것은?

① 경영상태 파악 → 정보 가공 → 재무이론적 해석 → 기업 자료 입수

② 정보 가공 → 기업 자료 입수 → 재무이론적 해석 → 경영 상태 파악

③ 경영상태 파악 → 기업 자료 입수 → 재무이론적 해석 → 정보 가공

④ 정보 가공 → 기업 자료 입수 → 경영상태 파악 → 재무이론적 해석

⑤ 기업 자료 입수 → 정보 가공 → 재무이론적 해석 → 경영 상태 파악

답 ⑤

05 다음 중 재무비율분석의 유용성과 관련된 설명으로 가장 적절하지 않은 것은?

① 쉽게 구할 수 있는 재무제표 자료를 이용한다.

② 재무제표로부터 논리적 연관성이 있는 두 항목 간의 비율이다.

③ 적은 수의 재무비율로도 기업경영의 주요 내용을 평가할 수 있다.

④ 기업의 지급능력, 안정성, 효율성, 수익성 등에 관한 다양한 정보를 제공한다.

⑤ 경영자의 경영전략이나 성향에 영향을 받지 않은 객관적인 지표이다.

> 경영자의 경영전략이나 성향에 따라 재무제표가 달라질 수 있다. 예를 들어 경영자의 경영방식에 따라 감가상각방법을 달리하여 회계이익이 달라질 가능성이 존재한다.
>
> 답⑤

06 다음 중 재무분석의 한계점으로 볼 수 없는 것은?

① 회계자료를 이용하므로 회계처리방법에 따라 그 결과가 달라질 수 있다.

② 재무제표가 기업의 가치를 적절하게 반영하지 못한다.

③ 분석과 평가를 위한 기준이 주관적이다.

④ 자료를 입수하는 데 비교적 많은 노력과 비용이 든다.

⑤ 감사받지 않은 재무제표를 작성하는 기업의 경우 재무분석의 신뢰성에 문제가 있을 수 있다.

> 공시된 재무정보를 이용하는 경우가 많으므로 자료 입수가 비교적 쉽다.
>
> 답④

CHAPTER 02 재무제표의 이해

TOPIC 1   재무상태표
TOPIC 2   포괄손익계산서
TOPIC 3   제조원가명세서, 이익잉여금처분계산서, 자본변동표
TOPIC 4   재무비율과 표준비율

••• TOPIC 1 재무상태표

1. 재무상태표의 구성

재무상태표는 일정 시점에서의 기업의 재무상태 정보를 제공하기 위하여 작성일 현재의 모든 자산과 부채 및 자본을 적절히 표시한 재무보고서이다.

2. 자본의 조달

부채(타인자본)	금융기관 등 타인으로부터 빌려서 조달한 자본이다.
자본(자기자본)	• 주식을 발행하여 조달한 자본이다. • 기업의 입장에서는 자본을 사용하는 것이 부채를 사용하는 것보다 위험이 작으며, 반대로 투자자 입장에서는 채권에 투자하는 것이 주식에 투자하는 것보다 위험이 작다.

3. 자본의 운용

① 기업이 조달한 자본은 경영활동을 수행하기 위해 자산에 투자한다.
② 기업의 입장에서 유동자산의 규모가 클수록 위험이 낮아지며, 수익성도 낮아진다.
③ 한편 유동부채는 비유동부채보다 위험이 크다.

··· TOPIC 2 포괄손익계산서

1. 포괄손익계산서의 구성

포괄손익계산서는 일정기간 동안의 기업의 경영성과에 대한 정보를 제공하기 위하여 회계기간에 속하는 모든 수익과 비용을 적절히 표시한 재무보고서이다.

2. 영업활동으로부터의 수익과 비용

기업은 조달한 자본으로 자산을 구입하고, 구입한 자산으로 영업활동을 통해 이윤을 창출한다. 영업으로부터 창출된 이익(영업이익)을 통해 영업자산의 가치를 산정한다.

3. 영업외활동으로부터의 수익과 비용

영업외활동으로 발생되는 수익과 비용은 별도로 분리하여 표시하며, 영업외비용 중 부채조달에 대한 대가인 이자비용이 주요 항목이다. 재무분석 주체들은 일정 기간에 발생한 이자비용을 동 기간에 얻은 영업이익으로 충분히 갚을 수 있는지를 확인하여 기업의 부실여부를 판단한다.

··· TOPIC 3 제조원가명세서, 이익잉여금처분계산서, 자본변동표

1. 제조원가명세서

제조원가명세서는 제품의 제조와 관련된 원가의 계산 명세를 의미한다.

2. 이익잉여금처분계산서

이익잉여금처분계산서는 자본 중 이익잉여금이 어떻게 변화하였는지 알려주는 보고서이다.

3. 자본변동표

자본변동표는 일정기간 동안 자본의 구성항목이 어떻게 변하였는지 알려주는 보고서이다.

···TOPIC **4** 재무비율과 표준비율

1. 표준비율의 의의

표준비율은 측정된 재무비율의 크고 작음을 판단하는 데 기준이 되는 비율을 의미한다.

2. 표준비율의 종류

종류	특징
산업평균비율	분석 대상기업과 동일 산업에 속해 있는 기업들의 평균비율이며, 일반적으로 가장 널리 사용한다.
과거평균비율	과거 수년간의 재무자료를 사용하여 산출한다.
일반적 경험비율	과거의 경험에 근거한 일반적으로 인정된 비율이다.
실현가능 목표비율	당해 기업이 설정한 이상적인 목표비율이다.

01 포괄손익계산서에 관한 설명으로 옳지 않은 것은?

① 계량화가 불가능한 질적인 요소가 많다.

② 회계이익에는 주주의 기회비용이 반영되어 있다.

③ 작성자의 주관이 개입될 여지가 크다.

④ 일반적으로 수익은 판매가격에 의하여 측정되는 반면 비용은 역사적 원가에 의하여 측정된다.

⑤ 가치평가의 수단으로 활용하기에는 적절하지 않을 수 있다.

회계이익에는 채권자의 기회비용인 이자비용만 반영되어 있으며 주주의 기회비용은 반영되어 있지 않다.

※ 주주의 기회비용이 반영되어 있는 지표는 EVA(경제적 부가가치)이다.

🖉 ②

02 손익계산서 자료 이용 시 유의점으로 옳지 않은 것은?

① 회계처리방법에 따라서 비용이 과대 또는 과소계상되어 결과적으로 이익이 달라질 수 있다.

② 회계적이익은 기업의 현금흐름을 나타내는 것이 아니라는 점에 주의한다.

③ 손익계산서 항목에서 비현금성 항목에도 주의할 필요가 있다.

④ 외부감사인의 의견은 참고만 할 뿐 고려하지 않는다.

⑤ 당기순이익이 많다는 것이 반드시 자금사정이 넉넉하다는 것을 의미하지 않는다는 점에 유의한다.

외부감사인의 의견에 따라 회계정보의 신뢰성이 달라지므로 외부감사인의 의견을 확인하는 것은 매우 중요하다. 외부감사인의 의견이 적정하지 않은 경우에는 회계정보의 신뢰성에 대해 심각하게 고려해야 한다.

🖉 ④

03 손익계산서의 한계점에 관한 설명으로 옳지 않은 것은?

① 손익계산서의 회계이익은 기업의 현금결제 능력을 의미하지는 않는다.

② 수익은 판매가격에 의하여 측정되는 반면에 비용은 역사적 원가에 의하여 측정된다.

③ 회계처리 방법에 따라 회계이익이 달라질 수 있다.

④ 손익계산서에는 반영되어 있지 않은 경영성과에 영향을 미치는 질적인 요소가 많이 있다.

⑤ 모든 기업이 회계기준에 근거하여 하나의 회계처리 방법을 사용하므로 기업간 비교는 물론 기간별 비교가 용이하다.

모든 기업이 하나의 회계처리방법을 사용하지 않는다. 경영자에 따라 회계처리 방법이 달라질 수 있다(예 감가상각방법, 원가흐름의 가정 등).

🖉 ⑤

04 다음 중 비율 분석 시 표준비율로 가장 많이 사용하는 것은?

① 과거평균비율　　　② 일반적 경험비율

③ 실현가능 목표비율　④ 산업평균비율

⑤ 객관적 절대비율

산업평균비율이나 동종업종기업의 비율을 비교하는 형식으로 많이 사용한다.

답 ④

05 다음 중 표준비율로 가장 적절하지 않은 것은?

① 산업내 최고비율　　② 국가 비율

③ 과거 평균비율　　　④ 합리적인 목표비율

⑤ 경쟁사 비율

국가 비율은 너무 광범위하며 비교 가능성이 떨어지므로 적절한 표준비율이 아니다.

답 ②

06 자산 총계나 매출액 총계를 100%로 하고 자산, 부채, 자본, 수익, 비용 등 각 항목의 구성비를 백분율로 표시하는 재무제표는?

① 지수형 재무제표　　② 구조형 재무제표

③ 관계형 재무제표　　④ 공통형 재무제표

⑤ 실수형 재무제표

자산을 100%로 하고 각 항목의 구성비를 백분율로 나타낸 재무제표를 공통(형) 재무상태표라 하고, 매출을 100%로 하고 각 항목의 구성비를 백분율로 나타낸 재무제표를 공통손익계산서라 한다.

① 항목에 대해 기준시점을 100%로 두고 이후 항목을 백분율로 표시하는 재무제표다.

답 ④

03 재무상태표 분석

TOPIC 1　유동성 분석　　　　　TOPIC 2　레버리지 분석
TOPIC 3　자본배본의 안정성 분석　　TOPIC 4　자산구성 분석

···TOPIC 1 유동성 분석

유동성비율은 기업의 단기채무 지급능력을 측정하기 위한 비율을 의미한다.

1. 유동비율

$$유동비율(\%) = \frac{유동자산}{유동부채} \times 100$$

단기채무인 유동부채를 갚을 수 있는 능력을 현금화가 용이한 유동자산으로 측정하며, 유동성 부족은 기업의 부도로 이어질 수 있으므로 충분한 유동성 확보가 필요하다.

2. 당좌비율

$$당좌비율(\%) = \frac{당좌자산}{유동부채} \times 100 = \frac{유동자산 - 재고자산}{유동부채} \times 100$$

① 일반적으로 재고자산은 현금화 능력이 떨어져 당좌자산으로 유동성을 측정하는 것이 더 합리적이다.
② 유동비율이 높은데 당좌비율이 낮다면 재고자산을 과다 보유하고 있다고 볼 수 있다.

3. 현금비율

$$현금비율(\%) = \frac{현금 \text{ 및 } 현금성자산}{유동부채} \times 100$$

① 당좌자산 중 매출채권 등도 현금화 능력이 상대적으로 떨어지므로 현금 및 현금성자산으로만 유동부채를 충당한다고 보는 비율이다.
② 유동비율, 당좌비율, 현금비율 중 현금비율이 가장 직접적이고 보수적이다.

4. 순운전자본비율

$$순운전자본비율(\%) = \frac{순운전자본}{총자산} \times 100$$

$$※ \text{ 순운전자본} = 유동자산 - 유동부채$$

① 순운전자본비율은 절대적인 금액인 순운전자본을 총자산 대비 상대적인 비율로 측정한 값이다.
② 유동비율이 100% 미만이면 순운전자본비율은 음(−)의 값이 나온다.

···TOPIC 2 레버리지 분석

레버리지비율은 기업이 어느 정도 타인자본(부채)에 의존하고 있는지 측정하는 비율을 의미한다. 레버리지비율이 클수록 손익확대효과는 크지만, 재무안정성은 낮다.

1. 부채비율

$$부채비율(\%) = \frac{부채}{자기자본} \times 100$$

부채비율이 높으면 대리비용이 발생할 가능성이 커진다. 다시 말하면 기업 이익의 배분 과정에서 채권자에게 우선권이 있으므로 부채비율이 높다면 주주는 안정적인 투자 대신 위험한 투자를 할 가능성이 존재한다.

2. 자기자본비율

$$자기자본비율(\%) = \frac{자기자본}{총자본} \times 100$$

3. 차입금의존도

$$차입금의존도(\%) = \frac{총차입금}{총자본} \times 100 = \frac{장 \cdot 단기차입금 + 회사채}{총자본} \times 100$$

4. 차입금평균이자율

$$차입금평균이자율(\%) = \frac{이자비용}{총차입금의\ 연평균치} \times 100$$

① 총차입금의 연평균치는 기초잔액과 기말잔액의 평균값을 적용한다.
② 차입금평균이자율은 기업이 채권자에게 적절한 이자를 지급하고 있는지 평균적으로 나타내는 값이다.

5. 이자보상비율

$$이자보상비율 = \frac{영업이익}{이자비용}$$

① 이자보상비율은 정상적인 영업활동으로부터 얻은 영업이익으로 이자비용을 충당할 수 있는지를 알려주는 비율로, 일반적으로 이자보상비율이 1 이하면 상환능력에 문제가 있는 것으로 간주한다.
② 이자보상비율을 다음과 같이 수익률 관점에서 볼 수도 있다.

$$이자보상비율 = \frac{영업이익}{이자비용} > \frac{영업이익}{이자비용} \times \frac{총차입금}{총자본} = \frac{총자본영업이익률}{차입금평균이자율}$$

ⓐ 총자본영업이익률(영업이익/총자본)은 기업의 투자수익률 개념이다.
ⓑ 차입금평균이자율(이자비용/총차입금)은 기업의 입장에서는 평균이자비용이지만, 채권자의 입장에서는 채권에 대한 요구수익률을 의미한다.
ⓒ 따라서 만약 이자보상비율이 1이라면, 채권자의 입장에서는 기업의 투자수익률이 자신(채권자)의 요구수익률에 미치지 않는 상태를 의미한다.

6. 순이자보상비율

$$순이자보상비율 = \frac{영업이익}{이자비용 - 이자수익}$$

순이자보상비율은 이자수익까지 고려한 기업의 실질적인 이자지급능력을 확인한다.

7. EBITDA/이자보상비율

① EBITDA는 회계적 이익이 아닌 영업으로 발생한 현금흐름이다.

② EBITDA/이자보상비율은 영업으로부터 창출된 현금흐름으로 이자비용 지급능력을 확인하는 비율이다.

$$\text{EBITDA/이자보상비율} = \frac{\text{EBITDA}^{주1}}{\text{이자비용}}$$

$$※ \text{주1 : EBITDA = 세전이익 + 이자비용 + 상각비}$$

···TOPIC 3 자본배본의 안정성 분석

자본배분의 안정성비율은 조달자본(타인자본 및 자기자본)이 기업의 자산에 얼마나 적절히 배분되고 있는지 측정하는 비율을 의미한다.

1. 비유동비율(고정비율)

$$\text{비유동비율(\%)} = \frac{\text{비유동자산}}{\text{자기자본}} \times 100$$

비유동비율이 크다는 것은 자기자본 대비 비유동자산을 많이 보유하고 있음을 의미하고, 이는 일부를 부채로 조달하여 비유동자산에 투자함으로써 레버리지를 일으킨 것으로 볼 수 있다.

2. 비유동장기적합률(고정장기적합률)

$$\text{비유동장기적합률(\%)} = \frac{\text{비유동자산}}{\text{자기자본 + 비유동부채}} \times 100$$

장기자산 투자에 적합한 부채조달은 비유동부채나 자기자본과 같은 장기성 자본으로 조달하는 것이다. 비유동장기적합률이 100%를 초과한다면 장기성 자본 이외의 추가 자금으로 비유동자산에 투자한 것이라 볼 수 있고, 이를 통해 기업의 부실화 정도를 확인할 수 있다. 만약 비유동장기적합률이 100%를 초과하면, 유동비율은 100%에 미달하고 비유동장기적합률이 100%에 미달하면, 유동비율은 100%를 초과한다.

자산구성 분석 비율은 기업자산이 종류별로 어떻게 구성되어 있는지 파악하는 재무정보이다.

1. 유동자산구성비율

$$유동자산구성비율(\%) = \frac{유동자산}{총자산} \times 100$$

2. 유형자산구성비율

$$유형자산구성비율(\%) = \frac{유형자산}{총자산} \times 100$$

3. 투자자산구성비율

$$투자자산구성비율(\%) = \frac{투자자산}{총자산} \times 100$$

01 당좌자산을 유동부채로 나눈 기업의 단기채무지급능력을 평가하는 데 유용한 지표는?

① 당좌비율 ② 유동비율
③ 순운전자본비율 ④ 이자보상비율
⑤ 매출채권회전율

당좌비율 = $\dfrac{\text{당좌자산}}{\text{유동부채}}$

답 ①

02 현재 유동자산 10억원, 재고자산 3억원, 총자산 20억원, 현금 1억원, 유동부채 4억원이다. 현재 유동비율과 당좌비율을 구하고 2억원의 재고자산을 외상으로 매입했을 때, 변화된 유동비율과 당좌비율은 각각 얼마인가?

	현재 유동비율	현재 당좌비율	변화 후 유동비율	변화 후 당좌비율
①	175%	200%	300%	150%
②	200%	175%	300%	150%
③	200%	200%	250%	135%
④	250%	175%	200%	117%
⑤	250%	200%	200%	117%

- 현재 유동비율 = $\dfrac{10억원}{4억원}$ = 250%
- 현재 당좌비율 = $\dfrac{7억원}{4억원}$ = 175%
- 2억원 재고 외상매입
  → 재고(유동자산) 2억원↑
  매입채무(유동부채) 2억원↑
- 변화 후 유동비율 = $\dfrac{12억원}{6억원}$ = 200%
- 변화 후 당좌비율 = $\dfrac{7억원}{6억원}$ ≒ 117%

답 ④

03 유동성비율과 관련된 설명 중 옳지 않은 것은?

① 유동비율이 높은데 당좌비율이 낮다면 재고자산 과다 보유를 의심해볼 수 있다.
② 유동성비율 중에서 가장 직접적이고 보수적인 비율은 현금비율이다.
③ 유동비율이 음(−)의 값을 가질 수 없는 데 비해 순운전자본비율은 음(−)의 값을 가질 수 있다.
④ 손익확대효과는 유동성분석을 통해 알 수 있다.
⑤ 매출채권이 재고자산보다 유동성이 크다고 볼 수 있다.

손익확대효과는 레버리지분석(안정성분석)과 관련 있다.
① 판매부진으로 인한 재고누적이 많은 기업의 유동성을 분석하는 데 당좌비율은 보다 적절한 비율일 수 있다.
③ 순운전자본비율은 $\dfrac{\text{유동자산 − 유동부채}}{\text{총자산}}$ 로 정의되므로, 유동부채가 유동자산보다 클 경우 음의 값을 가질 수 있다.
④ 손익확대 효과는 레버리지분석(안정성분석)과 관련이 있다.

답 ④

04 토마토기업의 현재 유동자산은 10억원이고, 재고자산은 2억 5천만원이다. 그리고 총자산은 30억원이고 현금 및 예금은 2억원이며 유동부채는 6억원이다. 1억원짜리 기계를 현금으로 구입한 경우 유동비율은 얼마인가?

① 16.7%　　　　　　② 50%

③ 100%　　　　　　④ 150%

⑤ 167%

• 기계 구입 전 유동비율

$$= \frac{10억원}{6억원} ≒ 167\%$$

• 기계 구입 후 유동비율

$$= \frac{10억원 - 1억원}{6억원} = 150\%$$

답 ④

05 자기자본과 비유동부채가 비유동자산에 어느 정도 투입되어 운용되고 있는가를 나타내는 지표는?

① 비유동장기적합률　　② 비유동비율

③ 자기자본비율　　　　④ 부채비율

⑤ 유동비율

비유동장기적합률

$$= \frac{비유동자산}{자기자본 + 비유동부채}$$

답 ①

06 비유동비율이 150%이고 비유동장기적합률이 100%, 자기자본이 280억원일 때, 비유동부채의 금액은 얼마인가?

① 100억원　　　　　② 120억원

③ 140억원　　　　　④ 150억원

⑤ 180억원

• 비유동비율(= 150%)

$$= \frac{비유동자산}{자기자본(280)}$$

→ 비유동자산 = 420

• 비유동장기적합률(= 100%)

$$= \frac{비유동자산(420)}{자기자본(280) + 비유동부채}$$

→ 비유동부채 = 140

답 ③

07 자기자본비율이 25%이면 부채비율은 얼마인가?

① 75%　　　　　　② 100%

③ 150%　　　　　　④ 200%

⑤ 300%

• 자기자본비율

$$= \frac{자기자본}{총자산} = 25\%$$

총자산(100)	부채(75)
	자기자본(25)

• 부채비율

$$= \frac{부채(총자산 - 자기자본)}{자기자본}$$

$$= \frac{75}{25} = 300\%$$

[참고] 비유동장기적합률을 고정장기적합률이라고도 하므로 유의한다.

답 ⑤

08 비유동장기적합률이 80%이면 유동비율은 최소한 얼마의 값을 가지는가?

① 50%　　　　　　　② 100%

③ 140%　　　　　　　④ 160%

⑤ 180%

비유동장기적합률이 80%라면 유동자산이 유동부채보다 많다는 것을 의미하므로 유동비율은 적어도 100%보다는 큰 값을 가진다.

답 ②

09 총자산이 8,400억원이며 자본은 2,800억원, 차입금은 총부채의 80%를 차지하고, 이자율은 연 10%이다. 세전순이익이 1,000억원이고 이자비용 외 다른 영업외손익은 없다. 이자보상비율과 가장 가까운 값은?

① 2.1　　　　　　　② 2.8

③ 3.0　　　　　　　④ 3.2

⑤ 3.5

• 이자비용
= (8,400 − 2,800)
　　× 80% × 10%(이자율)
= 448
• 영업이익
= 세전순이익 + 이자비용
= 1,000 + 448 = 1,448
• 이자보상비율 = $\dfrac{1,448}{448}$ ≒ 3.23

답 ④

10 레버리지비율로 조달한 자본 중 차입금의 비율을 나타내는 것은?

① 이자보상비율　　　② 자산회전율

③ 차입금의존도　　　④ 당좌비율

⑤ 자기자본비율

차입의존도 = $\dfrac{\text{차입금(타인자본)}}{\text{총자본}}$

답 ③

11 레버리지비율 분석과 관련된 설명 중 옳지 않은 것은?

① 타인자본의존도가 커지면 손익확대효과도 커진다.

② 부채비율은 타인자본 사용의 적정성을 알려주는 적합한 정보 중의 하나다.

③ 차입금평균이자율은 기업의 입장에서는 평균이자비용이지만, 채권자의 입장에서는 채권에 대한 요구수익률을 의미할 수 있다.

④ 순이자보상비율은 이자수익까지 고려한 기업의 실질적인 이자지급능력을 나타낸다.

⑤ 이자보상비율이 1이라는 것은 투자수익률이 자본비용보다 높다는 것을 의미한다.

$$이자보상비율 = \frac{영업이익}{이자비용}$$

$$> \frac{영업이익}{이자비용} \times \frac{차입금}{총자산}$$

$$= \frac{총자본영업이익률(투자수익률)}{차입금평균이자율(자본비용)}$$

이므로 이자보상비율이 1일 때, $\frac{총자본영업이익률}{차입금평균이자율}$ 은 1보다 작으므로 투자수익률이 자본비용보다 낮다는 것을 의미한다.

① 타인자본의존도(차입금/총자본)가 커지면 차입금의 규모가 크다는 것을 의미하고, 이는 고정 재무비용(이자비용)을 증가시켜 손익의 변동성이 확대된다. 이를 재무레버리지효과라고 한다.

② 부채비율 $= \frac{타인자본}{자기자본}$

③ 차입금평균이자율(이자비용/총차입금)은 채권자의 입장에서 채권에 대한 요구수익률(투자수익/투자금)로 볼 수 있다.

④ 순이자보상비율

$= \dfrac{영업이익}{이자비용 - 이자수익}$

답 ⑤

12 토마토기업의 현재 유동자산은 9억원이고, 재고자산은 4억원이다. 그리고 총자산은 30억원이고 현금 및 예금은 2억원이며 유동부채는 5억원이다. 1억원의 매입채무를 현금으로 상환한 경우 당좌비율은 얼마인가?

① 16.7% ② 50%

③ 100% ④ 150%

⑤ 167%

• 상환 전 당좌비율

$$= \frac{9억원 - 4억원}{5억원} = 100\%$$

• 상환 후 당좌비율

$$= \frac{9억원 - 4억원 - 1억원}{5억원 - 1억원}$$

$$= 100\%$$

답 ③

13 다음 중 비율분석에 대한 설명으로 옳지 않은 것은?

① 비유동비율은 자기자본의 고정화 정도를 나타내는 비율이다.

② 비유동장기적합률이 100%를 초과하면 유동비율도 100%를 초과한다.

③ 비유동장기적합률을 통해 기업의 부실화 정도를 확인할수 있다.

④ 이자보상비율은 부채의 수용능력을 판단하는 데 적절한비율이다.

⑤ 비유동자산에 투자한 금액이 적어도 자기자본과 비유동부채를 통해 조달한 금액 범위 내임을 나타내는 비율이비유동장기적합률이다.

비유동장기적합률

$= \dfrac{\text{비유동자산}}{\text{자기자본} + \text{비유동부채}}$ 의 식에서 분자에 유동자산을 더하고 분모에 유동부채를 더하면 1(= 총자산／총자본)이 된다. 따라서 비유동장기적합률이 1보다 클 때, 유동비율은 1보다 작아야 식이 성립한다. 반대로 비유동장기적합률이 1보다 작으면 유동비율이 1보다 커야 한다.

[참고] 비유동장기적합률을 고정장기적합률이라고도 하므로 유의한다.

답 ②

CHAPTER 04 손익계산서 분석

TOPIC 1 수익성 분석
TOPIC 2 활동성 분석
TOPIC 3 생산성 분석
TOPIC 4 성장성 분석

···TOPIC 1 수익성 분석

1. 매출수익성 비율

① 매출액총이익률 : 기업의 생산과 관련된 이익을 측정하는 비율이다. 즉, 판매관리비를 제외하고 생산과 관련된 원가만 고려된 수익성비율이다.

$$\text{매출액총이익률(\%)} = \frac{\text{매출총이익(매출 - 매출원가)}}{\text{매출액}} \times 100$$

② 매출액영업이익률

$$\text{매출액영업이익률(\%)} = \frac{\text{영업이익}}{\text{매출액}} \times 100$$

㉠ 생산원가뿐만 아니라 판매관리비 등 영업과 관련된 모든 비용을 고려한 수익성비율이다.
㉡ 영업비용에서 생산 관련 원가와 판매관리 관련 비용을 어떻게 구분하느냐에 따라 매출액총이익률은 달라지지만, 매출액영업이익률은 달라지지 않는다.

③ 매출액세전순이익률

$$\text{매출액세전순이익률(\%)} = \frac{\text{세전순이익}}{\text{매출액}} \times 100$$

㉠ 영업과 관련된 비용뿐만 아니라 재무비용과 같은 영업외손익 등까지 고려한 수익성비율
이다.

㉡ 매출액세전순이익률은 차입금 규모 등의 변화에 따라 달라지므로 이 비율을 분석할 때
는 부채의 변화도 함께 봐야 한다.

④ **매출액순이익률** : 기업의 경영활동과 관련된 모든 활동의 성과를 최종적으로 평가하는 비율
이다. 이 비율을 분석할 때는 세금효과도 같이 살펴봐야 한다.

$$\text{매출액순이익률(\%)} = \frac{\text{당기순이익}}{\text{매출액}} \times 100$$

2. 자본수익성 비율

① **총자본영업이익률** : 총자본은 영업자산에 투자하기 위해 조달 또는 투입한 자본을 의미하
고, 영업이익은 투입된 자본을 통해 벌어들인 영업 관련 이익을 의미한다.

$$\text{총자본영업이익률(\%)} = \frac{\text{영업이익}}{\text{총자본의 연평균치}} \times 100$$

② **기업세전순이익률**

$$\text{기업세전순이익률(\%)} = \frac{\text{세전이익 + 이자비용}}{\text{총자본의 연평균치}} \times 100$$

영업외손익이 이자비용밖에 없다고 가정할 경우 세전순이익에서 이자비용을 더하면 영업
이익과 같으므로 이때 기업세전순이익률은 총자본영업이익률과 같다.

③ **자기자본순이익률(ROE)** : 주주와 관련된 이익의 개념이다.

$$\text{자기자본순이익률(ROE)} = \frac{\text{(당기)순이익}}{\text{자기자본의 연평균치}} \times 100$$

[참고] 차입금평균이자율(이자비용/총차입금 연평균치)이 채권자의 입장에서 채권에 대한 요구수익률이라면 자기자본순이
익률은 주주의 요구수익률로 볼 수 있다.

④ **총자본(총자산)순이익률(ROI)** : 투입된 자본 대비 최종적인 이익을 얼마나 창출했는지 나타
내는 비율로, 듀퐁(Du Pont)사에서 ROI를 이용하여 재무통제시스템을 구축하였다.

$$\text{총자본(총자산)순이익률(ROI)} = \frac{\text{(당기)순이익}}{\text{총자본의 연평균치}} \times 100$$

···TOPIC 2 활동성 분석

활동성비율은 기업이 보유하고 있는 자산, 부채, 자본을 얼마나 효율적으로 활용하고 있는지 나타내는 비율로, 일반적으로 매출액을 기준으로 나타낸다.

1. 기본 활동성비율

① 총자산회전율 : 그 역수를 총자산회전기간이라고 한다.

$$총자산회전율 = \frac{매출액}{총자본의\ 연평균치}$$

② 자기자본회전율 : 그 역수를 자기자본회전기간이라고 한다.

$$자기자본회전율 = \frac{매출액}{자기자본의\ 연평균치}$$

③ 비유동자산회전율 : 그 역수를 비유동자산회전기간이라고 한다.

$$비유동자산회전율 = \frac{매출액}{비유동자산의\ 연평균치}$$

2. 재고자산회전율

① 재고자산회전율

$$재고자산회전율 = \frac{매출액}{재고자산의\ 연평균치}$$

  ㉠ 재고자산이 1년 동안 몇 번 회전했는지를 나타내는 비율이자 재고자산의 활용도를 나타내는 비율이다.
  ㉡ 재고자산회전율이 높다면 재고자산이 창고에 오래 남아 있지 않고 바로 매출로 이어졌다는 것을 의미하므로 재고자산 대비 판매활동의 효율성이 큼을 나타낸다.

② 재고자산회전율을 평가할 때 유의할 점
  ㉠ 재고자산은 단기성자산이다. 잔액의 변동성이 커서 재고자산의 연평균치로 기초재고와 기말재고의 평균치를 사용할 경우, 정확한 측정이 안 될 가능성이 있으므로 재고자산 연평균치를 다음과 같이 월평균으로 적용하는 경우도 많다.

$$\text{월평균으로 계산한 재고자산 연평균치} = \frac{\text{기초 재고} + 1\text{월말 재고} + 2\text{월말 재고} + \cdots + \text{기말 재고}}{13}$$

  ○ 재고자산은 제품으로 판매될 때 매출원가로 표시되기 때문에 재고자산회전율 산식에서
    분모와 분자가 서로 다른 기준에 의해 평가되는 문제가 있어 매출액을 매출원가로 변경
    하여 평가하기도 한다.

3. 매출채권회전율

$$\text{매출채권회전율} = \frac{\text{매출액}}{\text{매출채권의 연평균치}}$$

① 매출채권이 1년 동안 몇 번 회전했는지를 나타내는 비율로 매출채권의 활용도를 나타낸다.
② 매출채권회전율이 높다는 것은 외상매출의 현금화 속도가 빠르다는 것을 의미한다. 그 역
   수인 매출채권회전기간은 매출채권평균회수기간이라고도 한다.
③ 예를 들어 매출채권회전율이 5회라면 매출채권이 1년 동안 5번 회수되어 매출액을 실현했
   다는 의미로 해석하며, 매출채권평균회수기간은 그 역수인 0.2년 즉 73일을 의미하고 73
   일에 한 번 매출채권이 회수된다는 뜻으로 해석한다. 매출채권평균회수기간이 길수록 기
   업의 유동성이 악화될 위험 신호로 본다.

4. 매입채무회전율

$$\text{매입채무회전율} = \frac{\text{매출액}}{\text{매입채무의 연평균치}}$$

① 매입채무가 1년 동안 몇 번 회전했는지 나타내는 비율로 매입채무가 원활히 결제되고 있는
   지를 나타내는 지표다.
② 매입채무회전율이 높다는 것은 외상매입의 결제속도가 빠르다는 것을 의미한다. 그 역수
   인 매입채무회전기간은 매입채무평균결제기간이라고도 한다.
③ 예를 들어 매입채무회전율이 5회라면 매입채무회전기간은 0.2년 즉 73일을 의미하고 73
   일에 한 번 결제한다는 뜻이며, 매입채무회전기간이 길수록 기업의 유동성 압박이 덜할 수
   있다는 신호로 해석할 수 있다. 매입채무도 원가와 관련이 있으므로 매출액 대신 매출원가
   로 산정하기도 한다.

5. 1회전 운전기간과 1회전 운전자본

기업은 조달한 자본으로 공장 및 건물 같은 시설을 매입한 후에도 정상적인 영업활동을 위해 일시적인 운영자금을 필요로 하는데 이를 운전자본이라 한다.

> 1회전 운전기간 = 재고자산회전기간 + 매출채권회수기간 − 매입채무회전기간

① 1회전 운전기간은 최초 운영자금을 투입하여 현금을 회수하는 데까지 걸리는 평균기간을 의미한다. 1회전 운전기간이 길다는 것은 영업활동을 시작한 후 현금이 회수될 때까지의 기간이 오래 걸린다는 것을 의미한다.

② 1회전 운전자본이란 1회전 운전기간에 기업에 필요한 운영자금 규모를 말한다. 1회전 운전자본은 '{매출액 − (영업이익 + 감가상각비)} × 1회전 운전기간(년)'으로 계산하며, 매출액에서 1회전 운전기간(년)을 곱하여 간단하게 나타내기도 한다.

···TOPIC ❸ 생산성 분석

생산성은 일정량의 자원을 투입하였을 때 그 결과로 얼마만큼의 산출(투입대비 산출)이 이루어지는지 상대적 비율로 측정한다. 생산성 분석에서의 산출액은 보통 부가가치로 정의한다.

1. 부가가치의 측정 방법

① **차감법** : 일정 기간의 생산액에서 재료비, 외주가공비 등의 외부투입액을 차감하여 부가가치를 계산하는 방법이다. 다만, 공표된 재무제표를 통해서는 생산액과 외부투입액을 정확하게 측정하기 어려워 대부분 차감법 대신 가산법을 이용하는 경우가 많다.

② **가산법** : 일정기간 동안 발생한 재료비, 외주가공비 등 외부투입액을 제외한 추가적인 비용 및 잉여금을 합산하여 부가가치를 계산하는 방법이다.

> • 조(총)부가가치 = 영업잉여 + 인건비 + 금융비용 + 조세공과 + 감가상각비
>   – 영업잉여 = 영업이익 + 대손상각비 − 금융비용 → 정부와 주주에 분배
>   – 인건비 : 급여 및 상여, 복리후생비, 퇴직급여충당금전입액 등(매출원가와 판매관리비에 있는 인건비적인 성격 모두 포함) → 근로자에게 분배
>   – 금융비용 : 이자비용, 사채상각비 등 → 채권자에게 분배
>   – 조세공과 : 법인세를 제외한 모든 세금과 공과금 → 정부 및 지방자치단체
>   – 감가상각비 : 비유동자산에 대한 감가상각비 → 기업에 재분배
> • 순부가가치 = 영업잉여 + 인건비 + 금융비용 + 조세공과
>   ※ 개별 기업의 부가가치를 계산할 때는 조(총)부가가치를 기준으로 하고 전체 산업의 부가가치를 계산할 때는 순부가가치 기준으로 산정한다.

2. 주요 생산성비율

① 부가가치율

$$부가가치율(\%) = \frac{부가가치}{매출액} \times 100$$

㉠ 단, 생산액 중에서 부가가치가 차지하는 비중이 진정한 의미의 부가가치율이지만 생산 액의 추정이 복잡하므로 매출액을 대신하여 비율을 산정한다.

㉡ 일반적으로 사양기업일수록 부가가치율이 낮고, 성장기업일수록 부가가치율이 높다.

② 노동생산성 : 노동집약적인 기업일수록 노동생산성이 낮아지는 경향이 있다.

$$노동생산성(\%) = \frac{부가가치}{평균종업원 수} \times 100$$

③ 자본생산성 : 자본집약적인 기업일수록 자본생산성이 낮아지는 경향이 있다. 생산을 자동 화시킨 기업은 노동투입량이 줄어들므로 노동생산성이 높아질 수 있으나 자본생산성은 하 락할 수 있다.

$$자본생산성(\%) = \frac{부가가치}{총자본의 연평균치} \times 100$$

④ 노동소득분배율 : 기업이 창출한 요소비용부가가치 중에서 이에 공헌한 노동자에게 지급한 대가를 상대적으로 나타낸 비율로, 성과배분의 합리성을 측정하기 위한 척도로 사용하기 도 한다.

$$노동소득분배율(\%) = \frac{인건비}{요소비용 부가가치} \times 100$$

※ 요소비용 부가가치는 영업잉여, 인건비, 금융비용을 합한 값이다.

3. 기타 생산성비율

- 노동장비율(%) = $\dfrac{유형자산 - 건설 중인 자산}{종업원 수} \times 100$
- 기계장비율(%) = $\dfrac{기계장치}{종업원 수} \times 100$
- 자본집약도(%) = $\dfrac{총자본}{종업원 수} \times 100$
- 설비투자효율(%) = $\dfrac{부가가치}{유형자산 - 건설 중인 자산} \times 100$
- 기계투자효율(%) = $\dfrac{부가가치}{기계장치} \times 100$

···TOPIC 4 성장성 분석

성장성 분석은 여러 재무지표의 증감률을 사용하여 분석한다.

1. 증감률

증감률은 '$\left(\dfrac{\text{당기재무지표}}{\text{전기재무지표}} - 1\right) \times 100$'로 나타낸다. 예를 들어 당기 매출액이 120이고, 전기 매출액이 100일 경우 당기 매출액증가율은 20%로 구할 수 있다.

2. 지속가능성장률(g)

지속가능성장률(g)이란 향후 기업의 이익이 일정하게 성장한다는 가정하에서의 성장률을 의미한다. 지속가능성장률(g)은 유보율($b = \dfrac{\text{유보액}}{\text{당기순이익}}$)에서 자기자본순이익률(ROE)을 곱하여 산정한다.

38 토마토패스 www.tomatopass.com

01 매출총이익률은 양호한데 영업이익률이 산업평균보다 낮은 수준일 때 다음 중 바르게 해석한 것은?

① 재료비 비중이 상대적으로 많다.
② 차입금이 많아 이자비용이 과다한 상태이다.
③ 사무직 근로자에 대한 급여가 과다하게 지출되고 있다.
④ 신규 거래처로 인해 매출이 증가하였다.
⑤ 외주가공비의 비중이 상대적으로 높은 수준이다.

매출총이익률이 높은데 영업이익률이 낮다면 판매관리비가 높은 상태를 말한다. 사무직 근로자에 대한 급여는 판관비로 계상되므로 사무직 근로자에 대한 급여가 과다하다면 판관비가 상대적으로 높은 상태로 볼 수 있다.

답 ③

02 서울기업의 유보비율은 60%이고, 자기자본순이익률(ROE)은 23%이며, 총자본순이익률이 10%일 때, 순이익성장률 즉, 지속가능성장률은 얼마인가?

① 6%
② 10%
③ 13.8%
④ 15.6%
⑤ 23%

지속가능성장률(g)은 유보율에서 ROE를 곱한 값으로 구한다.
$G = 60\% \times 23\% = 13.8\%$

답 ③

03 다음 수익성 분석과 활동성 분석에 관한 설명으로 옳지 않은 것은?

① 장부가치 기준의 기업 전체 투자수익률의 대용치로 볼 수 있는 것은 총자본영업이익률이다.
② 매출액순이익률이 불량하고 총자산순이익률이 양호하다면 총자산회전율이 높다고 해석할 수 있다.
③ 자기자본순이익률은 주주가치의 증가 여부를 알 수 있는 유용한 정보이다.
④ ROI(총자본순이익률)는 매출액순이익률과 총자본회전율을 곱한 값이다.
⑤ 매입채무회전율이 높을수록 1회전 운전기간이 짧아진다.

매입채무회전율이 높으면 매입채무회전기간이 짧고, 이는 1회전 운전기간이 길어짐을 의미한다.

②, ④ 총자본순이익률(ROI)
$$= \frac{NI}{매출액} \times \frac{매출액}{총자본}$$
$$= 매출액순이익률 \times 총자본회전율$$

답 ⑤

문제풀이

04 다음 부가가치 측정과 관련한 설명 중 옳지 않은 것은?

① 가산법에 의한 부가가치 구성항목에는 재료비, 외주가공비를 포함한다.

② 부가가치를 구성하는 항목 중 영업잉여는 영업이익에서 대손상각비를 더하고 금융비용을 차감한 값이다.

③ 일반적으로 한국기업들의 경우 인건비가 부가가치 중에서 큰 비중을 차지한다.

④ 순부가가치는 전체산업의 부가가치를 산정할 때 기준이 되며 조부가가치에서 감가상각비를 제외한 값이다.

⑤ 부가가치율은 부가가치를 매출액으로 나눈 비율이다.

일정기간 동안 발생한 재료비, 외주가공비 등 외부투입액을 제외한 추가적인 비용 및 잉여금을 합산하여 다음과 같이 계산한다.

→ 조(총)부가가치 = 영업잉여 + 인건비 + 금융비용 + 조세공과 + 감가상각비

② 영업잉여 = 영업이익 + 대손상각비 − 금융비용
→ 정부와 주주에 분배

④ 순부가가치 = 영업잉여 + 인건비 + 금융비용 + 조세공과

답 ①

05 총자본순이익률이 10%이고 매출액순이익률이 5%일 때, 총자본회전율은 얼마인가? (단, 단위는 연단위로 표시한다.)

① 0.5   ② 1
③ 1.5   ④ 2
⑤ 2.5

• 총자본회전율
$$= \frac{매출액}{총자본}$$
$$= \frac{당기순이익/매출액순이익률}{당기순이익/총자본순이익률}$$
$$= 2$$

• 총자본순이익률
$$= \frac{당기순이익}{총자본} = 10\%$$

• 매출액순이익률
$$= \frac{당기순이익}{매출액} = 5\%$$

→ 매출액이 총자본보다 2배 크다는 것을 알 수 있다.

답 ④

06 재무비율 중 효율성(활동성) 비율에 속하는 것으로 옳게 나열한 것은?

① 유동비율, 당좌비율, 부채비율, 자기자본비율

② 이자보상비율, 매출채권회전율, 재고자산회전율, 총자산회전율

③ 매출채권회전율, 매출채권회수기간, 재고자산회전율, 총자산회전율

④ 재고자산회전율, 총자산회전율, 총자산순이익률, 총자산증가율

⑤ 자기자본순이익률, 총자산순이익률, 총자산증가율, 순이익증가율

답 ③

07 매출액 200억원, 매출채권 50억원, 매입채무 40억원, 재고자산 40억원, 영업이익 20억원, 감가상각비 10억원이다. 1회전 운전자본은?

① 45.2억원   ② 42.5억원

③ 36.6억원   ④ 28.5억원

⑤ 23.8억원

- 1회전 운전기간(년)
  = 재고자산회전기간
    + 매출채권회수기간
    − 매입채무회전기간
  $= \dfrac{40}{200} + \dfrac{50}{200} - \dfrac{40}{200} = \dfrac{1}{4}$

- 1회전 운전자본
  = {매출액 − (영업이익 + 감가상각비)} × 1회전 운전기간(년)
  = {200억원 − (20억원 + 10억원)}
    $\times \dfrac{1}{4} = 42.5$억원

[참고] 1회전 운전자본을 단순하게 '매출액 × 1회전 운전기간(년)'으로 계산하기도 하므로 문제에서 주어진 정보를 잘 보고 판단해서 구해야 한다.

답 ②

08 활동성 비율에 관한 설명으로 옳지 않은 것은?

① 기업이 보유하고 있는 자산을 얼마나 능률적으로 운영하였는지 측정하는 것이다.

② 매출액을 형성하기 위하여 투자된 각종 자산들의 관계를 분석한 것이다.

③ 기업의 영업활동에 대한 효율성을 평가하는 비율이다.

④ 자산의 회전율이 높을수록 자산에 대한 매출액이 상대적으로 낮다는 것을 의미한다.

⑤ 총자산회전율은 매출액을 총자산으로 나눈 비율이다.

자산회전율이 높을수록 자산대비 매출액이 상대적으로 높다는 것을 의미한다.

답 ④

09 매출액과 영업비용, 그리고 감가상각비는 산업평균과 유사한데, 재고자산과 매출채권은 산업평균 대비 많으며 매입채무회전기간은 짧다. 다음 설명 중 가장 옳은 것은?

① 1회전 운전기간이 산업평균과 동일하다.

② 산업평균에 비해서 1회전 운전기간이 짧다.

③ 산업평균에 비해서 외상으로 파는 비중이 적다.

④ 산업평균에 비해서 운영자금 압박을 많이 받는다.

⑤ 산업평균에 비해서 외상으로 매입하는 비중이 많다.

문제와 같이 동일한 매출액에서 매출채권과 재고자산이 많을 경우 매출채권회전기간 및 재고자산회전기간이 길다. 또한, 매입채무회전기간이 짧다면 1회전 운전기간(재고자산회전기간 + 매출채권회수기간 − 매입채무회전기간)이 길다. 1회전 운전기간(재고자산회전기간 + 매출채권회수기간 − 매입채무회전 기간)이 길다는 것은 영업활동을 시작한 후 현금이 회수될 때까지의 기간이 오래 걸린다는 것을 의미한다. 따라서 1회전 운전기간이 길면 운영자금 압박을 많이 받는다고 볼 수 있다.

답 ④

CHAPTER

05 시장가치 분석

TOPIC 1   주가수익비율(PER : Price Earning Ratio)
TOPIC 2   주가순자산비율(PBR : Price Book value Ratio)
TOPIC 3   주가매출액비율(PSR : Price Selling Ratio)
TOPIC 4   시장가치 관련 기타 비율
TOPIC 5   경제적부가가치(EVA : Economic Value Added)

···TOPIC 1 주가수익비율(PER : Price Earning Ratio)

1. 주가수익비율의 의의

$$주가수익비율 = \frac{실제주가}{주당순이익} = \frac{실제주가 \times 주식수}{주당순이익 \times 주식수} = \frac{시가총액}{순이익}$$

PER이 높은 경우, 그 이유에 따라 다음과 같이 다양하게 해석할 수 있다.

① 주당순이익(EPS)이 평균수준이나 주가가 높은 경우 : 장래성이 좋은 성장형 기업으로 볼 수 있다.

② 주가는 평균수준이나 주당순이익(EPS)이 낮은 경우 : 단순히 순이익이 안 좋은 기업으로 해석할 수도 있다.

2. 주가수익비율의 결정요인

① 실제주가 : 고든의 배당평가모형

$$현재주가 = \frac{1기말 주당배당}{할인율(R) - 지속가능성장율(g)} = \frac{주당순이익 \times (1 - 유보율)}{할인율(R) - 유보율 \times ROE}$$

② 주당순이익 : 회계 재무정보 중 손익계산서의 당기순이익을 활용한다.

3. 실제 PER과 정상 PER의 관계

정상 PER보다 실제 PER이 높을 경우 주가가 과대평가되었다고 해석할 수 있다. 저PER(low PER)라는 용어가 주식시장에서 흔히 쓰이는데 다음과 같은 여러 가지 해석이 가능하다.

① 기업가치가 주가에 충분히 반영되어 있지 않아 현재 주가가 과소평가되어 있으니 투자기회가 존재한다.
② 현재 주가에 이미 적은 성장기회와 높은 위험을 반영하고 있으므로 투자유의 종목이다.

4. 정상 PER의 측정

① 동질적 PER 산정 : 업종, 규모, 시장점유율 등에서 유사한 비교기업들의 PER을 평균하는 방법이다. 비교기업들의 PER을 이용하여 평가대상 기업의 적정 가치를 평가하는 방법에는 다음과 같은 문제점이 존재한다.
  ㉠ 비교기업의 정의가 비교적 주관적이고 표본선정에 편의가 존재할 가능성이 있다.
  ㉡ 평가기업과 비교기업의 차이가 여전히 존재할 가능성이 있다.

② PER을 구성하는 요소를 개별적으로 추정 : PER을 구성하고 있는 성장률(g), 배당성향(1 − b), 주주의 요구수익률(RE)을 개별적으로 추정하여 PER을 산정하는 방법이다. 여기서 할인율(R)은 SML(증권시장선)을 통해서 다음과 같은 식으로 산정한다.

R = 무위험자산수익률(RF) + 시장위험프리미엄[주1] × β(주식베타)

※ 주1 : 시장위험프리미엄 = 시장의 기대수익률 − 무위험자산수익률

···TOPIC 2 주가순자산비율(PBR : Price Book value Ratio)

1. 주가순자산비율의 의의

$$주가순자산비율 = \frac{실제주가}{주당장부가치} = \frac{실제주가 \times 주식수}{주당장부가치 \times 주식수} = \frac{시가총액}{자기자본장부가}$$

---

① 주가순자산비율(PBR)은 1주당 자기자본의 장부가치가 시장에서 몇 배의 가치로 평가되는지를 나타내는 지표이며, 장부가치는 매입가격, 시장가치는 현재 거래가격으로 해석할 수 있다. 따라서, 주가순자산비율이 낮다면 주식의 가치가 과소평가되었다고 해석할 수도 있고, 사양산업이기 때문이라고 해석할 수도 있다.

② 주가순자산비율의 유용성

    ㉠ 장부가치는 시장가치와 비교 가능한 객관적인 수치로 간단하게 적용 가능하다.

    ㉡ 일관된 회계원칙이 적용된다면 과소 또는 과대평가된 주식을 찾는 데 용이하다.

    ㉢ 순이익이 0보다 작으면 PER은 음수의 값이 나오는데, PBR은 자본잠식(자기자본의 장부가치가 0 이하)이 되지 않는 이상 이용 가능하다.

③ 주가순자산비율의 문제점

    ㉠ PER의 문제점과 마찬가지로 PBR도 회계처리방법에 따라 영향을 받는다.

    ㉡ 비유동자산이 거의 없는 서비스기업의 경우 장부가치의 의미가 크지 않아 적용하기 어렵다.

    ㉢ 장기간 손실로 인하여 자기자본의 장부가치가 음수가 될 경우에는 PBR 산정 역시 의미가 없다.

2. 주가순자산비율의 결정요인

실제주가는 앞에서 살펴본 고든의 배당평가모형을 이용하고 주당장부가는 회계 재무정보 중 재무상태표의 자본의 장부가를 활용한다.

3. 주가순자산비율 분석

$$\cdot PBR = \frac{실제주가}{주당장부가치} = \frac{실제주가}{주당순이익} \times \frac{주당순이익}{주당장부가치} = PER \times ROE$$

$$\cdot PBR = \frac{주당순이익 \times (1-유보율)}{할인율(R) - 성장률(g)} \times \frac{1}{주당장부가치} = \frac{ROE \times (1-유보율)}{할인율(R) - 성장률(g)}$$

$$= \frac{ROE - 성장률(g)}{할인율(R) - 성장률(g)}$$

ROE가 R(주주의 요구수익률 = 할인율)보다 크면 PBR이 1보다 크므로 시장가치가 장부가치보다 크다는 것을 의미한다.

···TOPIC ❸ 주가매출액비율(PSR : Price Selling Ratio)

1. 주가매출액비율의 의의

$$주가매출액비율 = \frac{\text{실제주가}}{\text{주당매출액}} = \frac{\text{실제주가} \times \text{주식수}}{\text{주당매출액} \times \text{주식수}} = \frac{\text{시가총액}}{\text{총매출액}}$$

① 주가매출액비율(PSR)은 1주당 매출액이 시장에서 몇 배의 가치로 평가되는지를 나타내는 지표로, 최근 들어 벤처기업의 가치평가에서 PSR에 대한 관심이 증가하는 추세이다.

② 주가매출액비율의 유용성
　ㄱ PER과 PBR이 때론 음수가 되어 의미가 없는 경우가 있는 데 반해, 매출액이 음수가 나오는 경우는 없으므로 PSR이 음수가 나오는 경우는 없다.
　ㄴ 매출액은 회계처리의 방법에 영향을 덜 받는 항목이다.
　ㄷ PER이나 PBR보다 변동성이 적어 안정적인 지표이다.
　ㄹ 가격정책의 변화와 기타 기업전략이 미치는 영향을 쉽게 분석할 수 있다.

③ 주가매출액비율의 문제점
　ㄱ 기업의 이익률이 하락하여도 매출액의 변화가 없다면 가치평가에 오류가 발생할 가능성이 존재한다.
　ㄴ 매출액과 주식 가치의 상관관계가 크지 않을 수 있다.

2. 주가매출액비율의 결정요인

실제주가는 앞에서 살펴본 고든의 배당평가모형을 이용하고 주당매출액은 회계 재무정보 중 손익계산서의 매출액을 활용한다.

3. 주가매출액비율 분석

$$PSR = \frac{\text{실제주가}}{\text{주당매출액}} = \frac{\text{실제주가}}{\text{주당순이익}} \times \frac{\text{주당순이익}}{\text{주당매출액}} = PER \times ROS(\text{매출액순이익률})$$

···TOPIC 4 시장가치 관련 기타 비율

1. 주가현금흐름비율(PCR : Price Cash flow Ratio)

기업이 창출하는 현금흐름이 주가에 얼마나 반영되는가를 보여주는 지표이다

$$주가현금흐름비율(PCR) = \frac{실제주가}{주당현금흐름}$$

※ 주당현금흐름 = (당기순이익 + 감가상각비 + 무형자산상각비) ÷ 주식수

2. EV/EBITDA비율

PCR이 주주현금흐름(레버리지효과가 반영된 현금흐름)을 기준으로 주가평가 정도를 파악하는 재무정보인 데 반해서, EV/EBITDA비율은 기업의 현금흐름(영업과 관련된 현금흐름)을 기준으로 주가평가 정도를 파악하는 재무정보이다.

$$EV/EBITDA비율 = \frac{시가총액 + 순차입금}{EBITDA}$$

※ EBITDA = 세전순이익 + 이자비용 + 감가상각비와 무형자산상각비

···TOPIC 5 경제적부가가치(EVA : Economic Value Added)

1. 경제적부가가치(EVA)의 본질

① 타인자본조달에 대한 대가인 이자비용 외에 자기자본조달에 대한 대가인 자기자본비용도 차감한 개념으로, 회계적 이익(당기순이익)을 보완해 주기 위한 경영성과지표이다.

$$EVA = 영업이익 - 조정법인세 - 자본조달에 대한 대가$$

[참고] NI = 영업이익 − 이자비용(차입금에 대한 대가) − 법인세

② 회계적으로는 자기자본조달비용을 비용으로 인식하지 않아 자기자본조달비용에 대한 인식의 차이로 경영자와 주주 간의 마찰이 발생하는 대리문제(agency problem)가 발생할 수 있는데, EVA는 이러한 문제를 해결할 수 있다.

2. 경제적부가가치(EVA)와 이론주가 추정

① EVA 식

EVA = NOPLAT(영업이익 − 조정된 법인세) − 투하자본조달비용

- 조정된 법인세 = 영업이익과 관련된 법인세 = 영업이익 × 법인세율

- 투하자본조달비용 = 투하자본 × 가중평균자본비용(WACC)

- $WACC = 타인자본비용 \times \dfrac{타인자본가치}{총자본가치} + 자기자본비용 \times \dfrac{자기자본가치}{총자본가치}$

- 투하자본 = 영업자산(총자산 − 비영업용자산[주1]) − 비이자발생부채[주2]
  ※ 주1 : 비영업용자산 − 영업목적 외 보유 금융자산, 투자자산, 건설 중인 자산 등
  ※ 주2 : 비이자발생부채 − 이자가 발생하지 않는 부채 📗 매입채무, 미지급금

② EVA 식 조정

$$EVA = 투하자본 \times \left\{ \dfrac{영업이익 − 영업이익 \times 법인세율}{투하자본} − \dfrac{투하자본조달비용}{투하자본} \right\}$$

$$= 투하자본 \times \left\{ \dfrac{영업이익 \times (1 − 법인세율)}{투하자본} − \dfrac{투하자본조달비용}{투하자본} \right\}$$

$$= 투하자본 \times (ROIC − WCAA)$$

$$[참고]\ ROIC = 투하자본수익률 = \dfrac{NOPLAT(세후영업이익)}{투하자본}$$

③ 시장부가가치와 이론주가

㉠ 시장부가가치(MVA : Market Value Added)는 앞에서 계산한 미래 EVA를 개별기업의 가중평균자본비용(WACC)으로 할인한 가치를 말한다.

㉡ EVA는 자본조달에 대한 비용까지 고려한 순부가가치를 의미하므로, MVA가 양(+)의 값을 가지면 시장부가가치가 더해져서 자산 또는 자기자본의 총시장가치가 장부가치보다 크다는 것을 의미한다.

㉢ 자기자본의 이론시장가치 = 자기자본의 장부가치 + MVA

3. EVA의 유용성

① 대리문제(agency problem) 해소 가능성

㉠ 경영자는 자신의 지위 유지와 특권적 소비를 통한 자신의 편익에 더 관심을 가질 수 있어 기업의 가치 증진과 어긋나는 의사결정을 할 위험이 있는데, 이를 대리문제(agency problem)라고 한다.

㉡ EVA는 주주가 예상하는 최종 수익을 의미하므로 EVA 극대화는 주주가치의 극대화를 의미한다. 만약 EVA를 경영자 의사결정의 판단지표로 삼게 되면, 주주의 의사결정과 경영자의 의사결정을 일치시킬 수 있다.

② 투자판단 기준으로서의 적합성
   ㉠ 주주의 입장에서는 회계적 이익보다는 진정한 기업의 가치를 나타내 주는 경영성과지
      표가 필요하다.
   ㉡ EVA는 주주가 요구하는 수익률(기업의 입장에서는 자기자본비용)까지 감안된 성과지
      표이므로 주주의 투자판단 기준으로서 적합하다.

01 시장가치비율과 관련한 설명 중 가장 옳지 않은 것은?

① PER은 자기자본비용과 반비례 관계이다.

② 지속가능성장률은 유보율에서 자기자본순이익률을 곱한 값이다.

③ ROE(자기자본순이익률)는 PBR 산출 시 영향을 주는 요인이다.

④ 매출액순이익률은 PSR 산출 시 영향을 주는 요인이다.

⑤ PBR과 PSR은 PER과 반비례 관계이다.

다른 조건이 일정하다고 할 때 PER이 증가하면 PBR과 PSR도 증가한다.

① 주가수익비율(PER)

$$= \frac{현재주가(P)}{전기\ 주당순이익(EPS)}$$ 이고,

$$주가(P_o)$$

$$= \frac{1기말\ 배당(D1)}{자기자본비용(K) - 성장률(g)}$$

로 나타낼 수 있다. 따라서 현재주가와 자본비용이 반비례이므로 PER과 자본비용도 반비례이다.

③ 주가순자산비율(PBR)

$$= \frac{현재주가(P)}{주당장부가치(BPS)}$$

$$= PER \times ROE$$

④ 주가매출액비율(PSR)

$$= \frac{현재주가(P)}{주당매출액(SPS)}$$

$$= PER \times 매출액순이익률(ROS)$$

답 ⑤

02 양정기업의 정상 PER은 4이다. 자본금이 100억원, 올해 순이익이 10억원, 주식액면가가 5,000원일 때, 이 기업의 정상주가는 얼마인가?

① 2,000원 ② 2,500원

③ 3,000원 ④ 3,500원

⑤ 4,000원

• EPS = $\dfrac{순이익}{주식수^{주1}}$ = $\dfrac{10억원}{2백만주}$

= 500

※ 주1 : 주식수 = $\dfrac{100억원}{5,000원}$

= 2백만주

• 주가 = PER × EPS

= 4 × 500 = 2,000원

답 ①

03 주가를 주당순자산(장부가치)으로 나눈 비율은?

① PBR   ② PER

③ PCR   ④ PSR

⑤ EVA

답 ①

04 다음 시장가치분석에 관한 설명 중 가장 옳지 않은 것은?

① PCR이 주주현금흐름(레버리지효과가 반영된 현금흐름)을 기준으로 주가평가 정도를 파악하는 재무정보인 데 반해서, EV/EBITDA비율은 기업의 현금흐름(영업과 관련된 현금흐름)을 기준으로 주가평가 정도를 파악하는 재무정보이다.

② EVA(경제적부가가치)를 산정하는 과정에서 투하자본은 영업자산에서 비이자발생부채를 차감한 값이다.

③ PSR의 변동성은 PER의 변동성보다 크다.

④ EVA(경제적부가가치)는 자기자본조달비용을 비용으로 인식함으로써 자기자본조달비용에 대한 인식의 차이로 인해 발생하는 경영자와 주주 간 마찰을 해결할 수 있다.

⑤ 시장부가가치(MVA : Market Value Added)는 미래 EVA를 개별기업의 가중평균자본비용(WACC)으로 할인한 가치이다.

PSR의 변동성은 PER의 변동성보다 작다.

② 투하자본 = 영업자산(총자산 − 비영업용자산[주1]) − 비이자발생부채[주2]

※ 주1 : 비영업용자산 − 영업 목적 외 보유 금융자산, 투자자산, 건설 중인 자산 등

※ 주2 : 비이자발생부채 − 이자가 발생하지 않는 부채
예 매입채무, 미지급금

답 ③

05 세후영업이익 15억원, ROIC 15%, WACC 10%, 총자산 150억원, 건설 중인 자산 30억원, 매입채무 및 미지급금은 20억원일 경우, EVA(경제적 부가가치)는?

① 2.5억원   ② 3.8억원

③ 5.0억원   ④ 5.5억원

⑤ 6.0억원

EVA

= NOPLAT(영업이익 − 조정된 법인세) − 투하자본조달비용

= 투하자본 × (ROIC − WACC)

• 투하자본 = (150억원 − 30억원) − 20억원 = 100억원

• EVA = 100억원 × (15% − 10%) = 5억원

답 ③

06 장기국채수익률이 2%이고, 시장위험프리미엄이 6%, 주식베타가 1.2인 경우 주주의 요구수익률(자기자본비용)은 얼마인가?

① 5%
② 6%
③ 8%
④ 9.2%
⑤ 10.8%

주주의 요구수익률(k)
= 무위험이자율 + (시장포트폴리오수익률 − 무위험이자율) × 베타
= 무위험이자율 + 시장위험프리미엄 × 베타 = 2% + 6% × 1.2
= 9.2%

答 ④

07 자기자본비용이 12.2%, 지속가능성장률이 3%, 유보율이 60%, 당기 주당순이익이 1,000원인 경우 이론주가에 가장 가까운 값은 얼마인가?

① 3,300
② 3,878
③ 4,123
④ 4,478
⑤ 5,200

항상성장모형의 주가
$$= \frac{당기\ 주당순이익(EPS) \times (1 - 유보율) \times (1 + 성장률)}{자기자본비용 - 성장률}$$
$$= \frac{1,000 \times (1 - 0.6) \times (1 + 0.03)}{0.122 - 0.03}$$
$$≒ 4,478$$

答 ④

08 다음 중 PER을 결정하는 요인과 가장 거리가 먼 것은?

① 배당성향
② 위험
③ 총자산회전율
④ 성장률
⑤ 무위험이자율

$PER(= \frac{주가}{당기\ 주당순이익(EPS_0)})$을
$\frac{(1 - 유보율) \times (1 + 성장률)}{자기자본비용 - 성장률}$로
나타낼 수 있다.
총자산회전율$(\frac{매출액}{총자산})$은 관련이 없다.

答 ③

09 PSR은 정상주가(이론주가)를 무엇으로 나눈 값인가?

① 주당순이익
② 매출액순이익률
③ 주당매출액
④ 총자본회전율
⑤ 자본의 주당장부가치

PSR은 주가를 주당매출액으로 나눈 값이다.

答 ③

10 경제적 부가가치(EVA)에 관한 설명으로 옳지 않은 것은?

① EVA의 측정은 영업이익에서 총자본비용을 차감한 것이다.

② EVA가 양(+)의 값이면 효과적인 경영을 하였다는 것을 의미한다.

③ 수익성이 높은 부문에 투자를 유도하고 생산성 향상에 기여한다.

④ EVA를 강조할 경우 경영자들은 단기성과를 추구하는 경향이 있다.

⑤ EVA를 증가시키려면 자본비용을 낮추어야 하고 적절한 재무구조를 유지하여야 한다.

EVA는 세금까지 차감한 순영업이익에서 총자본비용을 차감한 값이다.

답 ①

TOPIC 1   ROI(총자본수익률) 분석   TOPIC 2   지수법 분석

TOPIC 3   재무비율의 상호관련성   TOPIC 4   물가수준 변동과 비율 분석

··· TOPIC 1 ROI(총자본수익률) 분석

1. ROI 분석의 의의

$$ROI = \frac{(당기)순이익}{총자본} = \frac{(당기)순이익}{매출액} \times \frac{매출액}{총자본} = 매출액순이익률 \times 총자본회전율 = 매출마진 \times 회전속도$$

2. ROI 분석의 활용

① 평가대상기업의 ROI 적정성 여부는 동종산업의 ROI 평균과 비교하여 분석하거나 목표 ROI를 설정 · 비교하여 판단한다.

② 목표 ROI에 미치지 못한다면 부진한 이유를 매출마진 또는 자산회전속도에서 원인을 찾아 해결한다.

3. ROI 분석의 유용성

① 매출수익성과 활동성에 대해 동시 분석할 수 있다.

② 경영자나 종업원의 평가 및 통제에 있어서 효과적이다.

③ 임직원들에게 구체적인 관리목표를 제시할 수 있다.

④ ROI 도표를 만들면 모든 재무요인 간의 상호관계에 대해서 쉽게 분석할 수 있다.

4. ROE(자기자본순이익률) 분석으로의 확장

$$ROE = \frac{(당기)순이익}{자기자본} = \frac{(당기)순이익}{매출액} \times \frac{매출액}{총자본} \times \frac{총자본}{자기자본} = 매출액순이익률 \times 총자본(산)회전율 \times (1 + 부채비율)$$

$$= ROI \times (1 + 부채비율)$$

···TOPIC 2 지수법 분석

1. 지수법의 의의

지수법은 분석을 위한 주요비율을 선정한 뒤 선정된 비율들의 중요도에 따라 가중치를 부여하여 구한 종합평점이며, 기업의 재무상태와 경영성과를 종합적으로 평가하는 방법이다.

[지수법에 의한 비율분석의 종합적 평가절차]

Step1 분석 목적에 따라 주요비율을 산정한다.
Step2 선택된 주요비율의 중요도에 따라 가중치를 부여(총합은 100)한다.
Step3 선택된 주요비율의 실제비율과 이에 대응하는 표준비율 간의 관계비율을 산출한다.
Step4 산출된 관계비율에 비율별 가중치를 곱하여 평점을 계산하고 합산한다.
Step5 지수가 100점 이상이면 양호, 100점 이하이면 불량으로 판단한다.

2. 지수법의 종류

① **월의 지수법** : 여신자 입장에서 재무유동성을 비롯한 재무안정성을 중시하고, 상대적으로 유동비율과 부채비율에 큰 가중치를 둔다.

② **트렌트 지수법** : 경영자 입장에서 기업자산의 활동성을 중시하고, 상대적으로 재고자산회전율과 비유동자산회전율에 큰 가중치를 둔다.

③ **브리체트 지수법** : 주요비율의 선정과 가중치 부여를 분석 주체에 따라 다르게 설정하는 지수법이다.

  ㉠ 금융기관 입장 : 유동비율, 당좌자산구성비율, 매출채권회전율, 재고자산회전율 등의 단기지급능력비율과 활동성비율에 큰 가중치를 둠

  ㉡ 사채권자 입장 : 부채비율, 총자산회전율, 이자보상비율에 큰 가중치를 둠

  ※ 수익성비율도 주요비율로 선정한다.

3. 기업체종합평가표 분석

기업체종합평가표 분석은 우리나라의 은행에서 널리 이용되고 있는 종합적 평가방법이다. 지수법의 변형 형태로 기업의 재무비율을 비롯한 양적 자료뿐만 아니라 환경대응력, 경영일반 등 각종 질적 자료까지 평가항목에 포함하며, 100점 만점으로 구성되어 있고 재무상태(60점)의 평점 구성 비율이 가장 높다.

```
··· T O P I C 3  재무비율의 상호관련성
```

1. 수익성과 유동성

① **양자의 중요성** : 수익성과 유동성 모두 기업이 영업활동을 수행하는 데 중요한 요소이다. 수익성은 기업을 계속 유지·발전시키고 기업을 성장시키기 위한 요소이며, 유동성은 기업이 보유하고 있는 자산들을 신속히 현금화할 수 있는 능력으로 예측하지 못했던 불의의 사태에도 대처 가능한지 판단할 수 있는 요소이다.

② **상호관련성** : 수익성과 유동성은 두 가지를 동시에 만족시키기는 어려운 상충관계(trade off relationship)이다. 수익성을 극대화하기 위해서는 많은 자금을 소요해야 하고, 유동성을 극대화하기 위해서는 많은 자금을 보유해야 한다. 수익성을 극대화하기 위해 설비투자를 증가시키고 차입을 늘리면 유동비율이 낮아지고, 부채비율이 증가한다.

2. 수익성과 레버리지

① **레버리지 효과** : 고정비로 인해 최종 수익률의 변동성이 커지는 현상이다.

② **투자수익률의 측정** : 비율분석에서는 투자수익률을 총자산영업이익률로 대용하는 경우가 많지만, 이론적인 투자안의 투자수익률은 투자안의 현재가격과 투자안으로부터 발생하는 미래 현금흐름의 현재가치를 일치시켜주는 할인율이다.

예 투자안의 현재가격이 1,000원이며, 1,000원을 투자하여 1년 후 1,200원의 수익이 기대된다면 투자수익률은 20%로 산정된다.

$$\text{투자안의 현재가격 } 1{,}000 = \frac{1{,}200}{(1 + \text{투자수익률})} \rightarrow \text{투자수익률} = 20\%$$

앞에서 배운 고든의 배당평가모형으로 산정한 주식의 가치를 통해 투자수익률을 계산할 수도 있다.

$$\text{현재주가}(P_0) = \frac{\text{1기말 주당배당}}{\text{할인율}(R) - \text{지속가능성장률}(g)} \rightarrow \text{투자수익률(할인율 } R)$$

$$= \frac{\text{1기말 주당배당}}{\text{현재주가}(P_0)} + \text{성장률}(g)$$

③ 총자산영업이익률과 투자수익률

예1 영업이익이 매년 20억원씩 영구히 지속(성장률 = 0%)되고, 자산의 가치가 100억원일 경우 투자수익률

$$투자수익률(할인율\ R) = \frac{20억}{100억} + 0\%(성장률) = 20\% \rightarrow 총자산영업이익률$$

예2 영업이익이 처음 1년 동안 20억원 발생하고 이후 매년 1% 성장했을 때, 자산의 가치가 100억원일 경우 투자수익률

$$투자수익률(할인율\ R) = \frac{20억}{100억} + 1\%(성장률) = 21\% \rightarrow 총자산영업이익률$$

※ 앞에서 구한 투자수익률과 자본비용(자본을 조달함으로써 지급해야 할 대가)을 비교하여 투자 의사를 결정한다. 예를 들어, 10% 이자율로 차입하여 20% 투자수익률을 얻을 수 있는 투자안이 있다면 투자안을 채택하고, 반대로 5% 투자수익률을 얻을 수 있는 투자안이라면 투자안을 기각한다. 일반적으로 채권자의 입장에서는 차입금평균이 자율을 자본비용으로 대용하는 경우가 많다.

④ 기업건전성 판단 : 은행실무에서는 기업세전순이익률과 차입금평균이자율을 비교한다 (CHAPTER 03 재무상태표 분석과 CHAPTER 04 손익계산서 분석에서 배운 재무비율 참고). 기업세전순이익률은 기업의 사후적 투자수익률 개념으로 만약 기업세전순이익률이 차입금평균이자율보다 높으면 기업의 건전성이 최소한 유지되는 것으로 판단한다.

···TOPIC **4** 물가수준 변동과 비율 분석

1. 물가수준 변동이 재무비율에 미치는 영향

① 유동비율 : 물가상승이 심하면 일반적으로 장부가액으로 계산하는 재고자산의 가치가 상대적으로 낮아져 실제보다 낮게 나타날 가능성이 있다.

② 부채비율 : 물가상승이 심하면 일반적으로 공정가치로 계상하는 부채의 규모가 상대적으로 커져 실제보다 높게 나타날 가능성이 있다.

③ 수익성비율 : 물가상승이 심하면 분자인 손익계산서 항목은 물가상승을 반영하여 높아지고 분모의 각종 자산액은 물가상승이 반영되지 않아 실제보다 높게 나타날 가능성이 있다.

④ 활동성비율 : 물가상승이 심하면 분자인 매출액은 물가상승을 반영하여 높아지고 분모의 각종 자산 및 부채는 물가상승이 반영되지 않아 실제보다 높게 나타날 가능성이 있다.

⑤ 성장성비율 : 물가상승이 심하면 당기증가액이 상대적으로 증가하므로 실제보다 높게 나타날 가능성이 있다.

2. 물가수준변동에 따른 재무분석의 수정

물가변동이 미치는 영향을 감안한 재무분석의 방법은 다음과 같다.

① 후입선출법(LIFO)으로 재고자산의 평가를 시가에 접근시킨다.

② 비유동자산은 수시로 재평가하여 시가에 접근시킨다.

③ 비용을 시장에서 현재 구입 가능한 대체원가로 계상하여 시가에 접근시킨다.

④ 물가지수를 고려한 수정재무제표를 정기적으로 작성한다.

01 ROE는 산업평균에 비해서 높은데 ROI는 산업평균에 비해서 낮은 기업이 있다. 그 이유를 설명한 것으로 옳은 것은?(단, ROI는 양의 값이다)

① 총자본회전율이 산업평균에 비해서 높다.
② 부채비율이 산업평균에 비해서 낮다.
③ 매출액순이익률이 산업평균에 비해서 높다.
④ 매출액영업이익률이 산업평균에 비해서 낮다.
⑤ 자기자본비율이 산업평균에 비해서 낮다.

자기자본순이익률(ROE)
$= ROI \times (1 + 부채비율)$
$= ROI \times \dfrac{1}{자기자본비율}$
부채비율이 높은 경우 ROE가 커질 수 있다. 부채비율이 높은 경우 자기자본비율이 낮다.

답 ⑤

02 ROI가 2%, 유동비율이 100%, 부채비율 300%, 매출액순이익률 1%, 총자산회전율이 2일 때, ROE의 값은?

① 6%   ② 8%
③ 10%   ④ 12%
⑤ 14%

ROE
$= \dfrac{당기순이익}{자기자본}$
$=$ 매출액순이익률 $\times$ 총자산회전율 $\times (1 + 부채비율)$
$= ROI \times (1 + 부채비율) \rightarrow ROE$
$= 2\% \times (1 + 300\%) = 8\%$

답 ②

03 (주)토마토의 2020년도 재무제표를 이용하여 산출한 결과 매출액순이익률이 6%, 자기자본순이익률이 20%, 자기자본비율이 30%로 측정되었다. (주)토마토의 총자산회전율은?

① 0.5회   ② 1회
③ 2회   ④ 3회
⑤ 4회

ROE = 매출액순이익률×총자산회전율×자기자본비율의 역수
$20\% = 6\% \times 총자산회전율 \times \dfrac{1}{0.3}$
$\rightarrow$ 총자산회전율 = 1회

답 ②

04 재무비율분석과 관련한 설명 중 가장 옳지 않은 것은?

① 활동성 분석에서는 매출액이 필수적 요소이고, 생산성 분석에서는 부가가치가 필수적 요소이다.

② 기업의 생산마진을 나타내는 정보는 매출액총이익률이다.

③ 노동집약적인 기업일수록 노동생산성은 높아지고, 자본집약적인 기업일수록 자본생산성은 높아진다.

④ ROI는 분모와 분자가 논리적으로 대응되는 비율이 아니다.

⑤ 일반적으로 사양기업일수록 부가가치율이 낮고, 성장기업일수록 부가가치율이 높다.

05 지수법에 대한 설명으로 옳지 않은 것은?

① 지수법은 분석을 위한 주요비율을 선정한 후, 선정된 비율들의 중요도에 따라 가중치를 부여하여 구한 종합평점이다. 기업의 재무상태와 경영성과를 종합적으로 평가하는 방법으로, 우리나라의 은행에서 널리 이용되고 있는 종합적 평가방법 중에 기업체종합평가표 분석이 있다.

② 월의 지수법은 재무유동성을 비롯한 재무안정성을 중시한다.

③ 트렌트 지수법은 경영자의 입장에서 기업자산의 활동성을 중시하므로 재고자산회전율과 비유동자산회전율에 큰 가중치를 둔다.

④ 브리체트 지수법은 주요비율의 선정과 가중치 부여를 분석 주체에 따라 다르게 설정한다.

⑤ 지수법은 객관적으로 평가할 수 있다는 장점이 있다.

06 다음 중 분석주체에 따라 가중치를 달리하는 지수법은?

① 월의 지수법 ② 트렌트의 지수법
③ 브리체트의 지수법 ④ 골든의 지수법
⑤ 기업체종합평가표 분석

노동집약적인 기업일수록 종업원 수가 많아 노동생산성이 낮고, 자본집약적인 기업일수록 총자본이 많아 자본생산성이 낮다.

답 ③

지수법은 주요비율의 선정과 가중치의 부여에 있어서 분석자의 주관적인 판단이 개입될 가능성이 높다.

② 월의 지수법은 여신자 입장에서 재무유동성을 비롯한 재무안정성을 중시하여 유동비율과 부채비율에 큰 가중치를 둔다.

③ 트렌트 지수법은 경영자의 입장에서 기업자산의 활동성을 중시하므로 재고자산회전율과 비유동자산회전율에 큰 가중치를 둔다.

답 ⑤

브리체트는 금융기관의 입장과 사채권자의 입장에서 각각 주요비율의 가중치를 달리하여 지수를 산정하였다.

답 ③

07 종합적인 비율분석과 관련된 설명 중 옳지 않은 것은?

① 물가상승이 심하면 일반적으로 유동비율이 낮게 나타날 수 있다.

② 물가상승이 심하면 일반적으로 부채비율이 낮게 나타날 수 있다.

③ 수익성비율은 재무비율 중 물가변동에 가장 민감하게 영향을 받는 경향이 있다.

④ 수익성과 유동성은 상충관계(trade off relationship)에 있다.

⑤ 은행실무에서는 기업세전순이익률과 차입금평균이자율을 비교하여 기업건정성을 판단한다.

①, ② 물가상승이 심할 경우 일반적으로 유동비율이 낮게 나타난다. 반대로 부채비율, 수익성비율, 활동성비율, 성장성비율은 높게 나타날 수 있다.

④ 수익성을 극대화하기 위해서는 많은 자금을 소요해야 하고, 유동성을 극대화하기 위해서는 많은 자금을 보유해야 한다. 수익성을 극대화하기 위해 설비투자를 증가시키고 차입을 늘리면 유동비율이 낮아지고 부채비율이 증가한다.

答 ②

08 브리체트 지수법에서 금융기관의 입장에서 볼 때 가중치가 가장 큰 것은?

① 총자산회전율　　　② 부채비율

③ 이자보상비율　　　④ 매출채권회전율

⑤ 매출액순이익률

브리체트는 금융기관의 입장에서는 단기지급능력비율 및 활동성비율(매출채권회전율, 재고자산회전율)에 가장 큰 가중치를 두었고, 사채권자의 입장에서는 부채비율, 총자산회전율 및 이자보상비율에 큰 가중치를 두었다.

答 ④

TOPIC I 레버리지와 레버리지 분석   TOPIC 2 레버리지 효과

···TOPIC 1 레버리지와 레버리지 분석

1. 레버리지의 의의

① 레버리지 : 고정적인 비용으로 인해 손익이 확대되는 현상을 말한다.

② 고정비는 매출액의 변화와 관계없이 일정하게 발생하는 비용이며, 변동비는 매출액 등 독립변수에 따라 일정한 비율로 발생하는 비용이다.

2. 레버리지의 종류

① 영업레버리지 : 영업비용 중에서 고정비 부분으로 인해 매출액의 변동률 대비 영업이익의 변동률이 확대되는 레버리지 현상이다.

② 재무레버리지 : 재무활동에서 발생하는 이자비용 부분으로 인해 영업이익의 변동률 대비 당기순이익(주당순이익) 변동률이 확대되는 레버리지 현상이다.

···TOPIC ② 레버리지 효과

1. 영업레버리지 효과 → 영업레버리지도(DOL)

예

I/S 구분	기존금액	매출 10% 증가	매출 10% 하락
매출액	6,000	6,600	5,400
변동비(매출액의 50%)	3,000	3,300	2,700
고정비(일정하게 2,000)	2,000	2,000	2,000
영업이익(손실)	1,000	1,300	700

$$영업레버리지도 = \frac{영업이익의\ 변화율}{매출액의\ 변화율} = \frac{30\%}{10\%} = 3$$

$$= \frac{공헌이익(= 매출액 - 변동비)}{영업이익} = \frac{6,000 - 3,000}{1,000} = 3$$

예시에 따르면 매출액이 10% 변동할 때, 영업이익은 영업레버리지도 3을 곱한 30%가 변동한다.

2. 재무레버리지 효과 → 재무레버리지도(DFL)

예

I/S 구분	기존금액	영업이익 30% 증가	영업이익 30% 감소
영업이익	1,000	1,300	700
이자비용(500으로 일정)	500	500	500
세전이익	500	800	200
법인세(세전이익의 40%)	200	320	80
당기순이익(손실)	300	480	120

$$재무레버리지도 = \frac{당기순이익(주당순이익)의\ 변화율}{영업이익의\ 변화율} = \frac{60\%}{30\%} = 2$$

$$= \frac{영업이익}{세전이익} = \frac{1,000}{500} = 2$$

예시에 따르면 영업이익이 30% 변동할 때, 당기순이익(주당순이익)은 재무레버리지도 2를 곱한 60%가 변동한다.

3. 결합레버리지 효과 → 결합레버리지도(DCL)

결합레버리지 효과는 영업레버리지 효과와 재무레버리지 효과를 곱한 개념으로 매출액 변동률 대비 당기순이익(주당순이익)의 변동률이 확대되는 효과를 말한다. 앞의 예시에서 결합레버리지도를 구하면 다음과 같다.

$$\text{결합레버리지도} = \frac{\text{당기순이익(주당순이익)의 변화율}}{\text{매출액의 변화율}} = \frac{60\%}{10\%} = 6$$

$$= \frac{\text{공헌이익}}{\text{세전이익}} = \frac{3,000}{500} = 6$$

$$= \text{영업레버리지도} \times \text{재무레버리지도} = 3 \times 2 = 6$$

4. 자본조달분기점(FBEP) 분석

자본조달방법이 주당순이익에 미치는 영향을 분석하기 위해 자본조달분기점을 구한다. 자본조달분기점(FBEP)은 자본구성비율에 관계없이 주당순이익을 동일하게 만들어주는 영업이익 수준을 의미한다. 즉, 조달방법(1)의 EPS와 조달방법(2)의 EPS를 만들어주는 영업이익(EBIT)이 자본조달분기점이다.

$$\frac{\text{EBIT} - \text{조달방법(1)의 부채금액} \times \text{이자율}}{\text{조달방법(1)의 발행주식수}} = \frac{\text{EBIT} - \text{조달방법(2)의 부채금액} \times \text{이자율}}{\text{조달방법(2)의 발행주식수}} \text{에서 EBIT를 구한다.}$$

위 식을 정리하면, 자본조달분기점하에서 총자본영업이익률$\left(\dfrac{\text{EBIT}}{\text{총자본}}\right)$ = 이자율이다.

01 다음 중 레버리지와 가장 밀접한 관계가 있는 것은?

① 변동비율 　　　　② 변동영업비용
③ 영업외비용 　　　④ 고정비
⑤ 법인세

> 레버리지는 고정적으로 발생하는 비용(고정영업비, 이자비용)으로 인한 손익확대효과를 말한다.
>
> 답 ④

02 이익민감도와 관련된 영업레버리지 효과를 가장 적절하게 설명한 것은?

① 매출액 변동률보다 영업이익 변동률이 줄어드는 효과를 말한다.
② 영업이익 증가율보다 순이익 증가율이 늘어나는 효과를 말한다.
③ 매출액 증가율보다 순이익 증가율이 늘어나는 효과를 말한다.
④ 영업비용의 변동률이 매출액의 변동률보다 축소되는 효과를 말한다.
⑤ 영업변동비의 구성비중이 클수록 커진다.

> 영업레버리지 효과는 영업이익의 변동률이 매출액의 변동률보다 확대되는 현상으로, 영업비용의 변동률이 매출액의 변동률보다 축소되는 효과로 설명할 수도 있다.
> ② 영업이익 증가율보다 순이익 증가율이 늘어나는 효과 → 재무레버리지 효과
> ③ 매출액 증가율보다 순이익 증가율이 늘어나는 효과 → 결합레버리지 효과
> ⑤ 영업고정비의 구성비중이 클수록 영업레버리지 효과가 커진다.
>
> 답 ④

03 다른 것은 일정한데 영업고정비는 증가하고 이자비용이 줄어드는 경우, 다음 설명 중 가장 옳은 것은?

① 매출액 변동률보다 영업이익 변동률이 줄어드는 효과가 줄어든다.
② 영업이익 변동률보다 매출액 변동률이 확대되는 효과가 늘어난다.
③ 매출액 변동률보다 순이익 변동률이 확대되는 효과가 늘어난다.
④ 영업이익 변동률보다 순이익 변동률이 확대되는 효과가 늘어난다.
⑤ 영업이익 변동률보다 순이익 변동률이 확대되는 효과가 줄어든다.

> 영업고정비가 증가하면 영업레버리지 효과가 증가하고 이자비용이 증가하면 재무레버리지 효과가 증가한다. 영업고정비는 증가하고 이자비용이 줄어드는 경우, 영업레버리지 효과는 증가하고 재무레버리지 효과는 줄어든다.
>
> 답 ⑤

04 **다음 중 영업레버리지와 관련된 설명 중 적절하지 않은 것은?**

① 영업고정비가 클수록 영업레버리지가 크다.

② 영업레버리지 정도를 영업레버리지도(DOL)을 통해 구할 수 있다.

③ 영업레버리지도(DOL)은 매출액 1% 변화에 따른 공헌이익의 변화율이다.

④ 영업레버리지는 부채크기와 관계없다.

⑤ 영업레버리지가 클수록 주주의 위험이 크다고 볼 수 있다.

영업레버리지도는 매출액 1% 변화에 따른 영업이익의 변화율이다.

답 ③

05 **재무레버리지도(DFL)에 대한 설명으로 적절하지 않은 것은?**

① 영업이익 1% 변화에 따른 당기순이익의 변화율이다.

② 주식수가 일정하다면 당기순이익의 변화율은 주당순이익의 변화율과 같다.

③ 세전순이익에서 영업이익으로 나누어서 계산할 수도 있다.

④ 이자비용이 작아지면 DFL도 작아진다.

⑤ 법인세율이 커져도 DFL은 일정하다.

재무레버리지도는 영업이익에서 세전이익으로 나누어서 계산할 수도 있다.

답 ③

06 매출액이 100억원, 영업비용이 90억원, 변동원가율이 50%, 이자비용이 2억원, 법인세율이 50%일 경우의 영업레버리지도(DOL)와 재무레버리지도(DFL), 그리고 매출액이 90억원이 될 때의, 영업이익은 각각 얼마인가?

	DOL	DFL	매출액 변화 후 영업이익
①	5	1.25	5억원
②	5	1.5	10억원
③	5	1	7.5억원
④	5.5	1.5	5억원
⑤	5.5	1.25	7.5억원

- DOL
$$= \frac{공헌이익}{영업이익}$$
$$= \frac{100억원 - 100억원 \times 50\%}{10억원}$$
$$= 5$$

- $DFL = \frac{영업이익}{세전이익}$
$$= \frac{10억원}{10억원 - 2억원} = 1.25$$

- 매출액이 90억원일 때(10% 감소)
영업이익 = 10억원 - 10% × 5
= 5억원

답 ①

07 DOL이 5이고, DFL이 2이다. 매출액이 5% 감소하면 주당순이익은 몇 % 하락하는가?

① 5%   ② 10%

③ 20%   ④ 40%

⑤ 50%

DCL(결합레버리지도)은 매출액이 변할 때 주당순이익 또는 당기순이익이 변동하는 민감도를 나타내는 것이다. DOL과 DFL의 곱으로 산정하면 DCL = 5 × 2 = 10이므로 매출액이 5% 감소하면 주당순이익은 50%(= 5% × 10) 감소한다.

답 ⑤

CHAPTER

08 손익분기점 분석

TOPIC 1 손익분기점 분석의 기초개념   TOPIC 2 BEP 도표와 MS비율
TOPIC 3 다품종 제품의 BEP 분석   TOPIC 4 비선형 손익분기점과 현금분기
TOPIC 5 비용분해   TOPIC 6 BEP 분석의 한계점

···TOPIC 1 손익분기점 분석의 기초개념

1. 손익분기점(BEP : Break-Even Point)의 의미

손익분기점(BEP)은 매출액과 비용이 일치하여 이익 또는 손실이 발생하지 않는 매출 수준 또는 조업도 수준을 의미하고, 일반적으로 영업이익이 0이 되는 매출 수준을 의미한다. 여기서 매출수준은 매출액이 될 수도 있고, 매출수량이 될 수도 있다.

2. 영업레버리지 분석으로서의 BEP 분석

영업비용은 영업변동비와 영업고정비로 분류되는데, 매출액에서 변동비를 차감한 공헌이익이 고정비와 같아지면 영업이익이 0이 된다.

3. BEP 측정공식

① BEP 수준
  ㉠ BEP 수준이란 "영업수익 = 영업비용"을 만드는 매출액 또는 판매수량을 의미한다.
   • 영업수익 = 매출액 = 판매단가(P) × 판매수량(Q)
   • 영업비용 = 변동비(VC)[*] + 고정비(FC)
    (*) 변동비 = 단위당변동비(@VC) × 판매수량(Q)
  ㉡ 위 ㉠ 식을 정리하면 다음과 같은 공식으로도 BEP 수준을 구할 수 있다.
   • 공헌이익 = 고정비

② BEP 매출량

$$\text{판매단가(P)} \times \text{판매수량(Q*)} = \text{단위당 변동비(V)} \times \text{판매수량(Q*)} + \text{고정비(FC)}$$

> **예** 판매단가(P)가 1,000원, 단위당 변동비(V)가 600원, 고정비가 10,000원일 경우 BEP 판매수량은?
>   → 1,000 × 판매수량(Q*) = 600 × 판매수량(Q*) + 10,000
>   → 판매수량(Q*) = 25개

③ BEP 매출액

$$\text{매출액(Sales)} = \text{변동비(매출액의 일정비율)} + \text{고정비(FC)}$$

> **예** 판매단가(P)가 1,000원, 단위당 변동비(V)가 600원, 고정비가 10,000원일 경우 BEP 매출액은?
>   → BEP 매출액(Sales*) = BEP 매출액(Sales*) × 60% + 10,000
>   → BEP 매출액(Sales*) = 25,000원

④ 손익분기점률과 목표이익

$$\text{손익분기점률(\%)} = \frac{\text{BEP 매출액}}{\text{실현한 매출액}} \times 100$$

목표이익은 손익분기점(BEP)의 매출액에서 고정비가 일정할 때 추가적으로 발생되는 매출액을 의미한다.

⑤ 한국은행의 '기업경영분석' 기준 BEP : 일반적으로 BEP 분석은 영업이익이 0이 되는 매출액 수준을 의미하지만, 한국은행의 '기업경영분석'에서의 BEP는 세전순이익이 0이 되는 매출액 수준을 의미한다.

> **예** 판매단가(P)가 1,000원, 단위당 변동비(V)가 600원이며 고정비가 10,000원, 이자비용이 2,000원일 경우 '기업경영분석' 기준 BEP 매출액은?
>   → BEP 매출액(Sales*) = BEP 매출액(Sales*) × 60% + 10,000 + 2,000
>   → BEP 매출액(Sales*) = 30,000원

1. BEP 도표

BEP 도표란 '판매량 또는 매출액'과 '종속변수의 금액' 간의 관계를 나타낸 그래프를 의미한다.

① 판매수량 기준의 BEP 도표 : 매출액과 총비용이 같아지는 지점이 BEP 매출수량이다.

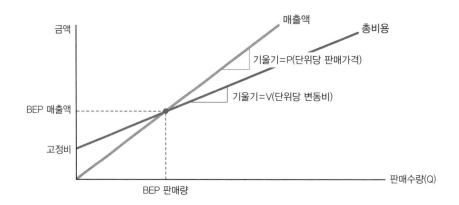

② 매출액 기준의 BEP 도표 : 매출액과 총비용이 같아지는 지점이 BEP 매출액이다.

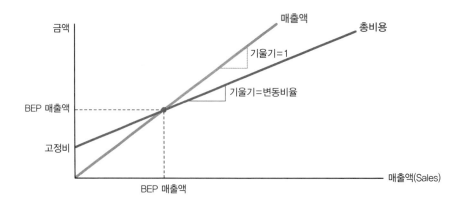

2. MS비율

MS비율은 실현한 매출액이 BEP 매출액을 얼마나 초과하는지 나타내는 지표이다.

$$MS비율(\%) = \frac{실현한\ 매출액 - BEP\ 매출액}{실현한\ 매출액} \times 100 = 1 - 손익분기점률$$

···TOPIC **3** 다품종 제품의 BEP 분석

[다품종 제품의 BEP 측정절차]

Step1 제품별 공헌이익률 계산 : 공헌이익률 = 1 − 변동비율
Step2 각 제품의 공헌이익률을 제품별 매출구성비율로 가중평균한다.
　　　 📌 A제품의 매출액 75억원 공헌이익률이 20%, B제품의 매출액 25억원 공헌이익률이 30%일 때 가중평균공헌이익률은 다음과 같이 구한다.

$$\text{가중평균공헌이익률} = \frac{75억원}{100억원} \times 20\% + \frac{25억원}{100억원} \times 30\% = 22.5\%$$

Step3 고정비를 가중평균공헌이익률로 나누어 총 BEP 매출액을 산정한다.
　　　 • BEP 매출액 = 변동비 + 고정비
　　　 • 공헌이익(BEP 매출액 × 가중평균공헌이익률) = 고정비
Step4 총 BEP 매출액에서 제품별 매출구성비율을 곱하여 개별제품의 BEP 매출액을 산정한다.

···TOPIC **4** 비선형 손익분기점과 현금분기점

1. 비선형 손익분기점

현실에서는 매출액 규모에 따라 판매단가와 변동비가 변동할 수 있다. 이러한 현실적인 가정을 추가하여 BEP를 분석하는 것을 비선형 손익분기점이라고 한다.

2. 현금분기점

현금분기점(CBEP)은 현금지출액을 모두 회수할 수 있는 매출수준을 의미한다. 고정비 중 현금지출이 없는 비용인 감가상각비를 제외하여 계산한다.

CBEP 매출액 × 공헌비율 = 고정비 − 감가상각비

따라서 다른 모든 것이 동일할 때, CBEP 매출액은 BEP 매출액보다 작은 수준이다.

···TOPIC **5** 비용분해

비용분해란 고정비와 변동비로 분류하는 방법을 말한다.

1. 비례율법

비례율법은 연속된 2개 연도의 매출액과 영업비용을 비교하여 비용을 분해하는 방법이다. 단, 연속된 2개 연도의 생산시설 변화가 없어야 변동비율과 고정비가 일정하므로, 이를 통해 산정하는 것은 의미가 있다.

예 전년도 매출액이 80억원, 영업비용이 60억원이고, 금년도 매출액이 100억원, 영업비용이 70억원일 때 비용을 다음과 같이 구분할 수 있다.

ⓐ 전년도 기준 영업비용(60억) = 변동비(80억 × 변동비율) + 고정비
ⓑ 금년도 기준 영업비용(70억) = 변동비(100억 × 변동비율) + 고정비

→ ⓐ와 ⓑ 식을 통해 변동비율 50%, 고정비 20억원을 산정할 수 있다.

2. 회귀분석법

회귀분석법이란 몇 년 동안의 매출액과 영업비용을 관찰하여 평균적인 관계식을 구하는 방법이다. 회귀식을 구하는 과정은 복잡한 통계기법을 이용한다. 만약 회귀분석을 통해 구한 회귀식이 '총 영업비용 = 매출액 × 0.65 + 100억원'으로 나왔다면 변동비율은 0.65, 고정비용은 100억원으로 구분한다는 의미이다.

···TOPIC **6** BEP 분석의 한계점

① 비용분해가 쉽지 않다.
② 시간의 경과에 따라 판매가격과 생산원가가 달라지므로 분석식이 매번 바뀌어야 한다. 일반적인 BEP 분석은 판매가격과 변동비율이 일정하다고 가정하기 때문이다.
③ 현실적으로 제품의 종류가 많으면 개별제품별 원가구조를 전부 파악하기 어려워 정확성이 떨어진다.

01 손익분기점 분석과 관련한 설명으로 옳지 않은 것은?

① 고정비 20,000원, 단위당 변동비 500원, 판매단가 1,000원일 때 BEP 매출액은 40,000원이다.

② BEP는 영업레버리지를 이용한 분석기법이고, FBEP는 재무레버리지를 이용한 분석기법이다.

③ BEP는 일반적으로 영업이익이 0이 되는 매출수준이다.

④ BEP 매출액은 CBEP 매출액보다 크기가 항상 크다.

⑤ BEP 수준이 높다는 것은 영업성과의 마진이 크다는 것을 의미한다.

'BEP 매출액 = 고정비 ÷ 공헌이익률'이므로 BEP 매출액이 크다는 것은 공헌이익률(마진률)이 작다는 것을 의미한다.

① 공헌이익(매출액 × 50%)
= 고정비(20,000원)
→ BEP 매출액 = 40,000원

④ 'CBEP 매출액 × 공헌비율 = 고정비 − 감가상각비'이므로 다른 모든 것이 동일할 때, CBEP 매출액은 BEP 매출액보다 작은 수준이다.

답 ⑤

02 손익분기점 분석에 관한 설명으로 옳지 않은 것은?

① 손익분기점이 높을수록 경영 위험은 낮다고 판단한다.

② 기업의 생산 및 판매활동에서 일정기간의 매출액과 영업비용이 일치하여 손익 제로(zero)상태를 의미한다.

③ 판매단가와 단위당 변동비가 일정하다고 할 때, 수익과 비용 간의 선형관계를 의미한다.

④ 비용, 매출액, 이익 간의 관계를 분석하는 것으로 CVP분석이라고도 한다.

⑤ 기업의 설비투자 등으로 고정비 부담이 증가하는 경우 매출액 변동에 따라 이익수준의 변동이 어떻게 나타나는지를 분석할 수 있다.

손익분기점이 낮을수록 적은 판매량으로 이익을 달성할 수 있다.

답 ①

03 판매단가가 100원, 단위당 변동비가 60원, 고정비가 8,000원일 때, BEP 매출액은 얼마인가?

① 10,000원 ② 12,000원

③ 15,000원 ④ 18,000원

⑤ 20,000원

BEP 매출액 × 공헌비율 = 고정비

$$\text{BEP 매출액} \times (1 - \frac{60}{100})$$
$$= 8,000$$

→ BEP 매출액 = 20,000원

답 ⑤

04 (주)토마토는 1년간 단위당 10,000원의 가격으로 50,000개의 제품을 판매하여 5억원의 매출액을 실현하였다. 단위당 변동비가 6,000원이고, 고정비는 4억원일 때 MS비율은?

① −50% 　　　　② −100%

③ 50% 　　　　④ 10%

⑤ 100%

MS비율

$$= \frac{\text{실현한 매출액} - \text{BEP 매출액}^{주1}}{\text{실현한 매출액}}$$

$$= \frac{5억원 - 10억원}{5억원} = -100\%$$

※ 주1 : BEP 매출액
= 고정비 ÷ 공헌이익률
= 4억원 ÷ 0.4
= 10억원

답 ②

05 (주)토마토는 다음과 같은 3가지 제품을 생산, 판매하고 있다. 이 기업의 고정비는 연간 200,000원이라고 할 때, 현재 제품구성이 변하지 않는다는 가정하에 A제품 매출 BEP를 구하면?

제품	매출	변동비	매출구성비율
A제품	200,000원	120,000원	20%
B제품	200,000원	150,000원	20%
C제품	600,000원	420,000원	60%

① 129,000원 　　　　② 150,000원

③ 193,500원 　　　　④ 200,000원

⑤ 387,000원

• 각 제품 공헌비율

제품	공헌비율	매출구성비율
A제품	40%	20%
B제품	25%	20%
C제품	30%	60%

• 가중평균공헌이익률 = 40 × 20% + 25 × 20% + 30 × 60% = 31%
• 전체 BEP 매출액 = 200,000원 ÷ 31% ≒ 645,000원
• A제품 BEP 매출액 = 645,000원 × 20% = 129,000원

답 ①

06 비용분해(고정비와 변동비로 분류하는 방법)에 관한 설명으로 옳지 않은 것은?

① 금년도와 내년도 매출액이 10억원, 12억원이고 비용이 9억원, 10억원일 때, 비례율법에 의해 고정비를 구하면 4억원이다.

② 비례율법은 연속된 2개 연도의 생산시설의 변화가 없어야 의미가 있다.

③ 회귀분석법이란 과거 몇 년 동안의 매출액과 영업비용을 관찰하여 평균적인 관계식을 구하는 방법이다.

④ 회귀분석을 통해 구한 회귀식이 '총 영업비용 = 매출액 × 0.65 + 100억원'으로 나왔다면 0.65는 공헌이익률을 의미한다.

⑤ 회귀분석을 통해 구한 회귀식이 '총 영업비용 = 매출액 × 0.8 + 20억원'으로 나왔고, 실제 매출액이 200억원이면 손익분기점률은 50%이다.

07 비용분석의 한계점으로 옳지 않은 것은?

① 현실적으로 변동비와 고정비를 구분하는 것이 쉽지 않다.

② 시간의 경과에 따라 판매가격이 달라지면 분석식을 매번 수정해야 한다.

③ 시간의 경과에 따라 생산원가가 달라져서 변동비율이 달라지면 분석식을 매번 수정해야 한다.

④ 제품이 단일 종목일 경우 비용분석이 어렵다.

⑤ 매출액과 영업비용 간의 일정한 관계가 없을 수 있다.

회귀분석을 통해 구한 회귀식이 '총 영업비용 = 매출액 × 0.65 + 100억원'으로 나왔다면 변동비율은 0.65, 고정비용은 100억원으로 구분한다는 의미한다.

① 변동비율

$= \dfrac{\text{증가한 변동비}}{\text{증가한 매출액}} = \dfrac{1억원}{2억원}$

$= 50\% \rightarrow$ 고정비

$= 9억원 - 10억원 \times 50\%$

$= 4억원$

⑤ 손익분기점 매출액

$= 20억원 \div (1 - 0.8)$

$= 100억원$

$\rightarrow$ 손익분기점률 $= \dfrac{100억원}{200억원}$

$= 50\%$

답 ④

현실적으로 제품의 종류가 많으면 개별제품별 원가구조를 전부 파악하기 어렵다.

답 ④

08 자본조달분기점(FBEP)은 (　　)와(과) 관계없이 주당순이익이 동일하게 되는 영업이익 수준이다. 빈칸에 들어갈 말로 가장 적절한 것은?

① 매출액　　　　　　　② 총자본
③ 자본구성비　　　　　④ 부채금액
⑤ 영업비용

자본조달분기점(FBEP)에 대한 정의이다.

답 ③

09 (주)잔송은 단일제품을 생산하여 판매하고 있다. 전년에는 1,000개의 제품을 생산하여 단가 1,000원에 모두 판매하였다. 제품 단위당 변동영업비용은 500원이고, 고정영업비용은 300,000원이다. 금년에 1,600개를 판매하였을 때 전년 대비 금년도의 수치 변화를 가장 잘 설명한 것은?

	영업이익	변동영업비용	영업레버리지도(DOL)
①	증가	불변	불변
②	감소	감소	증가
③	증가	증가	불변
④	증가	감소	증가
⑤	증가	증가	감소

판매량이 증가한다면 영업이익이 증가하며, 동일한 원가구조하에서 변동영업비가 증가한다. 또한, 매출액이 증가할 때 DOL은 1에 가까워지므로 DOL은 감소한다.

• 1,000개 판매일 때,

$$DOL = \frac{공헌이익}{영업이익}$$

$$= \frac{1,000개 \times (1,000원 - 500원)}{1,000개 \times (1,000원 - 500원) - 300,000원}$$

$$= 2.5$$

• 1,600개 판매일 때, DOL

$$= \frac{1,600개 \times (1,000원 - 500원)}{1,600개 \times (1,000원 - 500원) - 300,000원}$$

$$= 1.6$$

답 ⑤

10 현재 FBEP 수준에 있고, 총자산이 100억원, 영업이익이 10억원, 부채(차입금)가 10억원일 때, 이자비용은 얼마인가?

① 1.5억원　　　　　　② 1.2억원
③ 1억원　　　　　　　④ 0.8억원
⑤ 0.5억원

FBEP 수준에서는 총자본영업이익률이 이자율과 동일하다.

총자본영업이익률

$$= \frac{10억원}{100억원} = 10\%$$

→ 이자비용
= 부채금액 × 이자율
= 10억원 × 10%
= 1억원

답 ③

11 서울기업의 결합레버리지도(DCL)가 3이고, 영업레버리지도(DOL)는 1.5이며, 주가수익비율(PER)이 12인 것으로 확인되었다. 서울기업의 영업이익이 10% 증가할 경우 주가가 10% 상승한다면, 영업이익이 증가한 후의 PER은 얼마가 되겠는가?

① 10
② 10.5
③ 11
④ 12
⑤ 12.5

3(DCL) = 1.5(DOL) × DFL
→ DFL = 2
→ 영업이익이 10% 증가할 때 주당순이익(EPS) 20% 증가
→ 변동 후 PER

$$= \frac{기존\ 주가 \times (1 + 10\%)}{기존\ EPS \times (1 + 20\%)}$$

$$= 12 \times \frac{1 + 10\%}{1 + 20\%} = 11$$

답 ③

12 발행주식수가 5만주이고, 이자비용이 3억원인 자본조달 1안과, 발행주식수가 3만주이고 이자비용이 5억원인 자본조달 2안에서 FBEP와 가장 가까운 값은?

① 15억원
② 10억원
③ 8억원
④ 2.5억원
⑤ 2억원

· 자본조달 1안의 주당순이익

$$= \frac{(EBIT - 3억원) \times (1 - 법인세율)}{5만주}$$

· 자본조달 2안의 주당순이익

$$= \frac{(EBIT - 5억원) \times (1 - 법인세율)}{3만주}$$

자본조달 1안과 2안의 주당순이익이 동일하도록 EBIT(영업이익)를 구하면 8억원이 나온다.

답 ③

CHAPTER

09 기업부실 예측

TOPIC 1   기업부실과 경제적 실패
TOPIC 2   단순예측모형
TOPIC 3   단일변량 판별모형과 다변량 판별모형
TOPIC 4   기업부실 판별모형의 적용 및 한계점

···TOPIC 1 기업부실과 경제적 실패

1. 기업부실의 의의

기업부실은 대체로 기업이 경제적 실패 또는 지급불능상태에 있거나 법원에 의하여 파산선고를 받는 경우를 총칭한다. 기업부실의 원인은 다음과 같다.

① 총수익 < 총비용(영업활동으로 인한 손실 + 과도한 부채사용으로 인한 비용)
② 투자수익률 < 자본비용
③ 투자수익률 < 동일업종 평균투자수익률

2. 기업부실화 과정

① 기술적 지급불능상태 : 일시적인 유동성 부족으로 인한 것으로 정상화로 갈 가능성이 높은 상태를 말한다.
② 실질적 지급불능상태 : 부채가치가 자산가치를 초과한 경우로 기업부도를 의미한다.
※ 실질적 지급불능상태에서 법정관리 등을 통해 정상화로 갈 수도 있으나 회생할 수 없는 경우 파산선고에 이를 수도 있다.

1. 비버의 예측모형

부실기업과 정상기업을 표본으로 프로파일 분석과 이원분류검정을 실시하여 재무비율의 기업부실 예측능력을 평가하는 모형이다.

2. 즘쥬스키의 예측모형

부실기업의 재무특성들을 분석하여 정상기업들의 재무특성들과 어떤 차이를 보이는지 분석하는 모형이다.

··· T O P I C **3** 단일변량 판별모형과 다변량 판별모형

1. 단일변량 판별모형의 과정

Step 1   실제 부실화된 기업들과 정상적인 기업들을 선택한다.
Step 2   양 집단을 잘 분류할 수 있는 재무정보를 선택한다.
Step 3   양 집단을 분류하는 데 기준이 되는 최적절사점을 결정한다.
　　　　 • 1종오류 : 실제는 부실인데 정상으로 분류
　　　　 • 2종오류 : 실제는 정상인데 부실로 분류
Step 4   확인표본을 대상으로 추정모형의 예측정확도를 검증한다.

2. 다변량 판별모형의 과정

Step 1   실제 부실화된 기업들과 정상적인 기업들을 선택한다.
Step 2   양 집단을 잘 분류할 수 있는 2개 이상의 재무정보를 선택한다.
Step 3   2개 이상의 재무정보를 변량으로 판별함수를 추정한 후 → 다변량 판별분석
Step 4   양 집단을 분류하는 데 기준이 되는 Z평점의 최적절사점을 결정한다.
Step 5   확인표본을 대상으로 추정모형의 예측정확도를 검증한다.

···TOPIC **4** 기업부실 판별모형의 적용 및 한계점

1. 기업부실 판별모형의 실제

모형	특징
Z-Score모형	• 알트만이 파산한 33개 제조기업과 유사한 정상적인 33개 제조기업을 추정표본으로 하여 개발한 모형이다. • 변량이 5개(순운전자본/총자산, 이익잉여금/총자산, EBIT/총자산, 자기자본시장가치/총부채, 매출액/총자산)이다.
Z'-Score모형	비상장기업의 부실예측을 위해 Z-Score모형에서 약간 변형한 모형이다.
Zeta모형	• 알트만, 할드만 그리고 나라야난이 개발한 모형으로 Z'-Score모형보다 분류정확도가 우수하다. • 기업 표본으로 111개를 설정했고, 변량은 7개이다.
K-Score모형	• 한국은행과 알트만이 공동으로 개발한 모형이다. • 상장기업과 비상장기업을 구분한 점이 특징이다.

2. 판별모형의 유용성과 한계점

① 판별모형의 유용성

  ㉠ 여러 재무변수를 동시에 고려하는 종합적인 재무분석기법이다.

  ㉡ 동일한 기준으로 동시에 평가하는 분석이므로 주관이 개입될 여지가 적다.

② 판별모형의 한계점

  ㉠ 과거의 재무자료를 이용하여 미래를 추정하는 기법이므로 기업환경이 변하게 되면 모형의 예측력이 떨어진다.

  ㉡ 어떤 재무변수가 최적인가에 대한 객관적 산정기준과 이론적 근거가 불명확하다.

  ㉢ 비회계적 자료를 고려하지 않았다.

  ㉣ 회계처리방법에 따라 분석방법이 달라지는 위험이 존재한다.

01 알트만(E. Altman)은 기업평가를 위한 유의적인 지표로 사용된 22개의 재무비율 중 기업부실 예측에 이용될 수 있는 5개의 재무비율을 선정하였다. 선정된 5개의 재무비율이 아닌 것은?

① 매출액/총자산
② 유동자산/총자산
③ 영업이익/총자산
④ 유보이익/총자산
⑤ 자기자본/총부채

'순운전자본/총자산'이 5가지 변량 중 하나이다.

답 ②

02 기업부실 예측모형 중 판별분석에 관한 설명으로 옳은 것은?

① 판별분석은 기업에 따라 다른 재무자료를 사용하기 때문에 주관이 개입될 여지가 적다.
② 판별분석은 경영환경 변화가 많은 경우에 모형의 예측력이 높아진다.
③ 판별분석은 여러 개의 재무비율을 선정하여 이를 종합적으로 분석하고 부실화의 가능성을 예측하는 분석방법이다.
④ 알트만의 Z-score모형은 단일변량 분석모형이다.
⑤ 판별분석은 분석대상 기업의 재무변수를 개별적으로 분석하는 방법이다.

① 판별분석은 많은 기업을 대상으로 하여 동일한 기준으로 동시에 평가하므로 주관이 개입될 여지가 적다.
② 판별분석은 경영환경 변화가 많은 경우에 재무변수가 달라지지 않는 이상 모형의 예측력이 떨어지는 단점이 있다.
④ 알트만의 Z-score모형의 변량은 5가지이다.
⑤ 판별분석은 분석대상 기업의 재무변수를 개별적으로 분석하는 것이 아니라 여러 재무변수를 동시에 고려하는 종합적인 재무분석 기법이다.

답 ③

03 기업부실의 개념에 관한 설명으로 가장 적절하지 않은 것은?

① 경제적 실패란 기업의 평균투자수익률이 자본조달비용에 미달하는 경우를 뜻한다.
② 경제적 실패란 기업의 총수익이 총비용에 미달하는 경우를 뜻한다.
③ 기술적 지급불능이란 기업의 총자본가치가 자기자본가치를 넘어 실질순자산가치가 마이너스가 되는 경우이다.
④ 실질적 지급불능이란 기업의 총부채가치가 총자산가치보다 커서 자본잠식이 발생한 경우를 뜻한다.
⑤ 파산이란 기업이 법원에 의하여 파산선고가 공식적으로 내려진 경우를 뜻한다.

총자본가치가 자기자본가치를 넘는 경우는 순자산이 마이너스가 되는 경우가 아니다. 게다가 기술적 지급불능은 유동성 부족으로 만기가 된 채무를 상환할 수 없는 경우를 말하며, 실질순자산가치가 마이너스가 되는 경우는 실질적 지급불능이라 한다.

답 ③

04 기업부실 예측에 사용되는 판별분석에 관한 설명으로 옳지 않은 것은?

① 제1종 오류란 건전기업을 부실기업으로 잘못 분류하는 경우를 의미한다.

② 동일기준으로 여러 기업을 동시에 평가하기 때문에 평가의 일관성을 유지할 수 있다.

③ 관찰치들의 특성을 나타내는 변수에 기초하여 관찰집단을 두 개 이상의 그룹으로 분류하는 데 사용되는 통계적 분석기법이다.

④ 사전에 기업 부실화의 가능성을 예측하기 위하여 다양한 통계기법을 이용한 판별모형이 개발 되고 있다.

⑤ 비회계적 질적 자료를 반영하지 못하며 기업 간 서로 다른 회계처리 방법의 사용에 따라 예측력이 감소될 수 있다.

기업부실예측에서 제1종 오류란 부실기업을 건전기업으로 잘못 분류하는 경우를 의미하며, 건전기업을 부실기업으로 잘못 분류하는 경우는 제2종 오류라고 한다.

답 ①

05 재무적 부실징후로 옳지 않은 것은?

① 기업의 자산 가치가 부채 가치보다 감소

② 과다한 금융비용 발생

③ 재고자산의 감소

④ 자본잠식의 심화

⑤ 현금·예금의 지속적 감소

재고자산이 감소한다고 무조건 부실징후로 보지 않는다. 일시적으로 제품이 많이 팔려 재고자산이 감소하는 경우도 있기 때문이다.

답 ③

출제예상문제

01 재무비율 분석에 관한 설명으로 옳지 않은 것은?

① 기업의 연간 재무제표를 이용하여 계산되는 재무비율 분석은 회계기간 동안의 계절적인 변화를 나타낼 수 있다.

② 과거자료를 기준으로 미래를 예측한다는 한계점이 있다.

③ 기업 간 회계처리 방법이 다를 경우 재무비율들을 단순 비교하는 것은 의사결정 자료로 충분하지 않다.

④ 동일 산업에 속한 기업들 간에도 경영방침이나 기업의 성격에 따라 재무비율에 큰 차이가 생길 수 있다.

⑤ 재무비율 분석의 한계점을 보완하기 위해 상호비교분석, 추세분석, 지수형 재무제표 등을 활용할 수 있다.

정답 | ①

해설 | 연간 재무제표의 경우 계절적인 요소를 반영할 수 없다. 분기별 재무제표라면 계절적인 요소를 어느 정도 반영할 수 있을 것이다.

02 기업가치평가에 사용되는 주가이익비율(PER)과 주가순자산비율(PBR)에 관한 설명으로 옳지 않은 것은?

① 주가이익비율의 구성요소인 주당순이익 계산에 사용되는 주식 수에는 자기주식을 차감한다.

② 주가순자산비율은 자기자본이익률(ROE)이 높을수록 증가한다.

③ 주가가 일정하다면, 주당순이익이 경기순환에 민감하게 변동하는 기업의 주가이익비율은 경기저점에서는 낮게 나타나고 고점에서는 높게 나타나는 경향이 있다.

④ 일반적으로 주가이익비율이 높다면 주가순자산비율도 높은 경향이 있다.

⑤ 주가이익비율의 구성요소인 주당순이익 계산에 사용되는 주식 수는 보고기간 말의 주식수가 아닌 가중평균한 주식수이다.

정답 | ③

해설 | 주가가 일정한 상태에서 경기저점에서는 주당순이익이 낮으므로 PER가 높고 경기고점에서는 주당순이익이 높으므로 PER가 낮아지는 경향이 있다.

[03~05] 2020년도 (주)토마토의 재무상태표가 다음과 같을 때 다음 물음에 답하시오.

현금	500	매입채무	500
매출채권	1,500	단기차입금	2,000
재고자산	3,000	장기차입금	3,300
비유동자산	3,500	자본	2,700
자산총계	8,500	부채와 자본 총계	8,500

03 순운전자본은 얼마인가?

① 0

② 500

③ 1,000

④ 2,500

⑤ 4,000

정답 | ④
해설 | 순운전자본=(500+1,500+3,000)-(500+2,000)=2,500

04 당좌비율은 얼마인가?

① 55%

② 60%

③ 80%

④ 120%

⑤ 140%

정답 | ③
해설 | 당좌비율=당좌자산/유동부채=(500+1,500)/(500+2,000)=80%

05 비유동비율에 가장 가까운 값은 얼마인가?

① 50%

② 80%

③ 100%

④ 130%

⑤ 140%

정답 | ④
해설 | 비유동비율=비유동자산/자기자본=3,500/2,700≒130%

06 (주)토마토가 발행한 채권의 신용등급이 투자부적격에서 투자적격 등급으로 상승할 경우 재무적 영향이 아닌 것은?

① 추가적인 부채 조달이 용이하다.

② 신규 차입금의 평균 이자율이 하락할 가능성이 높다.

③ 영업이익이 일정한 경우, 고정재무비 보상비율이 더 낮아질 것이다.

④ 영업이익이 일정한 경우, 이자비용이 증가하여 이자보상비율이 더 높아질 것이다.

⑤ 영업이익과 이자수익이 일정한 경우, 순이자보상비율이 더 높아질 것이다.

정답 | ③, ④
해설 | 신용등급이 상승하면 이자율이 하락하여 이자비용, 고정재무비가 하락하고 고정재무비 보상비율(영업이익/고정재무비)은 상승한다.

07 기업의 생산성을 평가하기 위한 재무비율에 해당하는 것은?

① 부가가치율   ② 매출액이익률

③ 당좌비율   ④ 비유동비율

⑤ 총자산회전기간

정답 | ①
해설 | 부가가치율은 생산성과 관련된 재무비율이다.

08 비율분석을 보완하기 위해 개발된 지수법에 관한 설명으로 옳지 않은 것은?

① 월(A. Wall), 트랜트(J. Trant) 등에 의하여 제시된 방법이다.

② 여러 개의 재무비율을 사용하여 지수화한다.

③ 지수법은 분석을 위한 주요 비율을 선정하고, 선정된 비율들의 중요도를 가중치로 해서 구한 종합평점으로 기업의 재무상태와 경영성과를 종합적으로 평가하는 방법이다.

④ 재무비율 상호 간의 상관관계를 고려해야 한다.

⑤ 재무비율의 선정과 가중치 부여가 객관적이다.

정답 | ⑤
해설 | 재무비율 선정 및 가중치 부여 시 분석자의 판단이 개입될 여지가 있다.

09 (주)토마토에서 주력제품으로 판매하고 있는 A상품의 단위당 판매가격이 20,000원, 단위당 변동비용이 12,000원이다. (주)토마토의 고정비용이 20,000,000원이라면 손익분기점(BEP)매출액은?

① 10,000,000원
② 20,000,000원
③ 40,000,000원
④ 50,000,000원
⑤ 60,000,000원

정답 | ④
해설 | $(20,000-12,000) \times Q_{BEP} - 20,000,000 = 0 \rightarrow Q_{BEP} = 2,500$개
손익분기점(BEP) 매출액 $= 2,500 \times 20,000 = 50,000,000$원

10 (주)토마토는 2020년 12월에 장기차입금을 자기자본으로 출자전환하였다. 이 경우 연말 재무비율에 미치는 영향으로 옳은 것을 모두 고른 것은?

ㄱ. 부채비율의 감소
ㄴ. 총자산회전율의 증가
ㄷ. 비유동장기적합률의 감소
ㄹ. 이자보상비율의 증가

① ㄱ, ㄴ
② ㄱ, ㄹ
③ ㄴ, ㄷ
④ ㄴ, ㄹ
⑤ ㄷ, ㄹ

정답 | ②
해설 | 부채(장기차입금)가 감소하고 자기자본이 증가하며, 총자산 또는 총자본에는 변화없다. 따라서 부채비율(부채/자기자본)은 감소, 총자산회전율(매출/총자산)은 일정, 비유동장기적합률(비유동자산/(비유동부채+자기자본))은 일정, 이자보상비율(영업이익/이자비용)은 증가한다.

11 경영분석의 수행 주체와 분석 목적의 연결이 옳지 않은 것은?
① 금융기관 : 제품의 품질과 사후 서비스 분석
② 투자자 : 주식이나 채권의 내재가치 또는 위험특성 분석
③ 세무당국 : 담세능력이나 수익성 분석
④ 신용평가기관 : 채권등급 평정
⑤ 주주 : 수익성과 위험분석

정답 | ①
해설 | 금융기관은 주로 채무불이행 위험 등 안정성을 분석한다.

12 재무비율 중 동태비율에 해당하는 것은?

① 현금·예금비율 　　　　　　② 당좌비율

③ 이자보상비율 　　　　　　　④ 부채비율

⑤ 유동비율

정답 | ③

해설 | 동태비율은 정태비율에 대비되는 개념으로 일정 기간 동안의 손익이나 현금흐름으로 계산한 비율을 말한다. 이자보
상비율은 손익계산서의 항목으로 계산한 비율이고 나머지는 재무상태표의 항목으로 계산한 비율이다.

13 판매부진으로 인한 재고누적이 많은 기업의 유동성을 분석하는 데 보다 적절한 재무비율은 다음 중
무엇인가?

① 당좌비율 　　　　　　　　　② 현금비율

③ 순운전자본비율 　　　　　　④ 부채비율

⑤ 유동비율

정답 | ①

해설 | 재고자산은 유동성이 상대적으로 떨어지므로 이를 제외한 재무비율을 이용하는 것이 재고누적이 많은 기업을 분석할
때 적합하다.

[14~17] A기업의 재무제표와 A기업이 속해 있는 산업의 평균재무정보를 보고 다음 물음에 답하시오.

A기업 재무상태표의 일부

(단위 : 원)

	2017년 말	2018년 말		2017년 말	2018년 말
자산			부채와 자본		
현금	4,000	2,500	유동부채	2,000	2,200
매출채권	1,000	3,000	비유동부채	20,000	26,000
비유동자산	25,000	30,000	자본	8,000	7,300

A기업 2018년도 포괄손익계산서의 일부

(단위 : 원)

매출액	15,000
매출원가	8,000
영업이익	7,000
이자비용	200

동종산업의 산업평균 재무정보

유동비율	1.8
매출채권회전율	4회
이자보상비율	10

14 이자보상비율은 얼마인가?

① 0.03　　　　　　　　　　② 0.5

③ 1.14　　　　　　　　　　④ 10

⑤ 35

정답 | ⑤
해설 | 이자보상비율=영업이익/이자비용=7,000/200=35

15 총자본영업이익률에 가장 가까운 값은 얼마인가?(계산과정에서 필요하다면 기초와 기말의 평균을 이용한다.)

① 3%

② 5%

③ 10%

④ 20%

⑤ 25%

정답 | ④

해설 | 총자본영업이익률=영업이익/{(기초총자본+기말총자본)/2}=7,000/{(30,000+35,500)/2}=20%

16 매출채권회전율은 얼마인가?

① 7.5회

② 10회

③ 14회

④ 20회

⑤ 35회

정답 | ①

해설 | 매출채권회전율=매출액/{(기초매출채권+기말매출채권)/2}=15,000/{(1,000+3,000)/2}=7.5회

17 다음 A기업의 재무상태 분석 중 가장 적절하지 않은 것은?

① A기업의 2개년(17~18년) 유동비율은 변하지 않았다.

② A기업의 유동성은 산업평균에 비해 높다고 볼 수 있다.

③ A기업의 매출채권회전기간은 산업평균에 비해 높다.

④ A기업의 이자보상비율은 산업평균에 비해 높다.

⑤ 전반적으로 산업평균에 비해 재무구조가 안정적이라고 판단된다.

정답 | ③

해설 | A 기업의 매출채권회전율은 7.5회로 산업평균에 비해 높으므로 매출채권회전기간은 낮다.

18 (주)중기는 외국인 관광객 대상으로 화장품을 판매하고 있다. 전 세계적인 한류의 확산으로 (주)중기의 화장품 판매매출이 10% 증가하게 되고, 이에 따른 영업이익이 30% 증가할 것으로 기대하고 있다. (주)중기의 영업레버리지도(DOL)는?

① 1
② 2
③ 3
④ 4
⑤ 5

정답 | ③
해설 | DOL=영업이익변화율/매출액변화율=30%/10%=3

19 손익분기점(BEP) 분석과 관련한 설명으로 옳지 않은 것은?

① BEP분석은 단위당 판매가격과 단위당 변동비가 일정하다고 가정한다.
② BEP는 영업레버리지를 이용한 분석기법이다.
③ BEP는 일반적으로 영업이익이 0이 되는 매출수준이다.
④ BEP분석에서 고정비는 매출의 변화에도 일정하다고 가정한다.
⑤ BEP 수준이 높다는 것은 영업성과의 마진율이 크다는 것을 의미한다.

정답 | ⑤
해설 | 손익분기점은 영업이익이 0이 되는 매출수준으로 손익분기점이 높을수록 영업이익을 0으로 만들기 위해 더 많은 판매를 해야 된다는 것을 의미한다. 따라서 손익분기점(BEP)수준이 많은 제품을 판매해야 하므로 마진율이 낮은 상태로 볼 수 있다.

20 알트만(Altman)이 제시했던 모형 중 비상장기업에 적용할 수 있는 모형은?

① Z-Score 모형
② Z'-Score 모형
③ Zeta 모형
④ X-Score 모형
⑤ Y-Score 모형

정답 | ②
해설 | Z'-Score모형은 비상장기업의 부실예측을 위해 Z-Score 모형에서 약간 변형한 모형이다.

21 다음 중 기술적 지급불능상태에 대한 설명으로 가장 거리가 먼 것은?

① 일시적 유동성 부족으로 인해 발생한다.

② 자산규모가 부채규모를 초과하고 있는 상태이다.

③ 대부분 기업부도로 이어진다.

④ 단기적으로 현금화할 수 있는 자산의 부족을 의미한다.

⑤ 실무적으로는 흑자도산상태라는 용어로 사용된다.

정답 | ③

해설 | 기술적 지급불능상태는 장기적으로 유동성 확보가 가능한 경우가 많으며, 당장 부도로 이어지는 상태는 아니다. 기업 부도는 실질적 지급불능상태에서 발생한다.

S U M M A R Y

현금흐름분석에서는 주로 현금흐름표에 나타나는 영업활동현금흐름, 투자활동현금흐
름, 재무활동현금흐름의 개념과 현금흐름의 계산이 주로 나온다. 그러기 위해서는 재무
제표를 구성하고 있는 계정과목에 대한 이해와 분개를 숙달해야 한다. 특히 영업활동현
금흐름을 구하는 방법 중 간접법으로 구하는 과정은 까다로우면서도 매우 중요하므로
시간을 많이 할애해서 공부하는 것이 좋다.
또한 현금흐름을 보고 기업의 현재 상태를 분석할 수 있는 능력을 보는 문제들이 많아지
고 있다. 만약 부정적인 현금흐름의 문제가 영업 측면인지, 조달 측면인지를 빠르게 파
악한 후 상황을 보면 분석이 수월해지는 경우가 많으니 참고하도록 한다.

PART **02**

현금흐름분석

CONTENTS

CHAPTER 01 ㅣ 현금흐름분석의 기본개념
CHAPTER 02 ㅣ 현금흐름표
CHAPTER 03 ㅣ 현금흐름표의 분석
CHAPTER 04 ㅣ 현금수지분석표의 분석
CHAPTER 05 ㅣ 재무제표 분식과 현금흐름
CHAPTER 06 ㅣ 현금흐름의 추정

CHAPTER 01 현금흐름분석의 기본개념

TOPIC 1 현금흐름 및 현금흐름분석의 기초   TOPIC 2 현금주의와 발생주의
TOPIC 3 자금의 개념   TOPIC 4 현금거래와 비현금거래

··· TOPIC 1 현금흐름 및 현금흐름분석의 기초

1. 의의

현금흐름이란 일정 기간 동안 발생한 현금의 유입과 유출을 의미하며, 현금흐름분석은 기업이 현금을 조달하여 어떻게 운용하였는지를 검토함으로써 그 흐름의 건전성 여부를 분석하고 예측하는 것을 말한다.

2. 기업의 지급능력 분석

유동성은 단기지급능력을 평가하는 매우 유용한 지표로, 그 예로는 유동비율, 당좌비율 등이 있다. 단, 현금을 제외한 나머지 유동자산은 현금화의 확실성 문제가 존재함을 유의한다. 참고로 이자보상비율 역시 기업의 지급능력을 평가하는 지표지만 현금주의가 아닌 발생주의 회계제도에 근거하고 있다.

··· TOPIC 2 현금주의와 발생주의

1. 현금주의

장부를 작성할 때와 현금을 수취하였을 때 수익으로 인식하고, 현금을 지급하였을 때 비용으로 인식하는 방법이다.

2. 발생주의

장부를 작성할 때 현금의 수취나 지급과 관계없이 어떤 거래나 사건이 실제로 발생한 시점 또는 그 시점이 속하는 회계기간에 수익과 비용을 인식하는 방법이다.

예를 들어 20X1년도에 10,000원을 외상매출하고, 20X2년도에 현금을 수취하였다면 현금주의에서는 20X2년도에 매출수익을 인식하고 발생주의에서는 사건이 발생한 20X1년도에 매출수익을 인식한다.

··· TOPIC 3 자금의 개념

1. 현금

① 현금 = 통화 + 통화대용증권 + 요구불예금 + 현금성자산

② 현금의 조건 : 큰 거래비용 없이 현금으로 전환이 용이하고, 이자율 변동에 따른 가치 변동이 작은 금융상품

③ 현금성자산의 예
    ㉠ 취득 당시 만기가 3개월 이내에 도래하는 채권
    ㉡ 취득 당시 상환일까지의 기간이 3개월 이내인 상환우선주
    ㉢ 취득 당시 3개월 이내의 환매조건인 환매채

2. 순운전자본

순운전자본은 일반적으로 유동자산에서 유동부채를 차감한 값을 말하고, 영업활동에 추가로 사용하거나 단기차입금 상환에 이용할 수 있는 성격의 자금을 의미한다. 단, 유동자산 중 재고자산과 매출채권은 환금성이 떨어지므로 순운전자본의 크기로 지급능력을 평가할 때는 주의한다. 재고자산이나 매출채권이 상대적으로 많은 경우 순운전자본이 크게 나타나지만 실제로는 단기지급능력이 떨어질 수 있다.

···TOPIC **4** 현금거래와 비현금거래

1. 현금거래

현금거래는 현금의 유입이나 유출이 동반되는 거래이며, 현금흐름분석은 이러한 현금거래를 중심으로 이루어진다.

2. 비현금손익거래

비현금손익거래는 수익이나 비용이 발생하였으나 현금의 변동이 없는 거래이다. 비현금손익거래의 예로는 유형자산의 감가상각, 무형자산의 상각, 퇴직급여의 계상(퇴직급여충당금 적립), 증권의 평가손익의 계상, 외환환산손익의 계상, 기타 충당금 적립 등이 있다.

3. 비현금교환거래

비현금교환거래는 현금 변동도, 손익 변동도 없는 거래이다. 비현금교환거래의 예로는 현물출자로 인한 유형자산의 취득, 유형자산의 연불구입 및 연불매각, 무상증자 및 감자, 주식배당, 전환사채의 전환, 건설 중인 자산의 유형자산계정 대체, 장기차입부채의 유동성 대체 등이 있다.

01 다음 중 현금성자산에 해당하지 않을 수도 있는 것은?

① 취득 당시의 만기가 3개월 이내에 도래하는 국민주택채권

② 3개월 이내의 환매조건인 환매채

③ 보고기간 종료일로부터 만기가 3개월 이내에 도래하는 도시철도공채

④ 취득 당시의 만기가 3개월 이내에 도래하는 양도성정기예금

⑤ 취득 당시 상환일까지의 기간이 3개월 이내인 상환우선주

보고기간 종료일로부터 만기가 3개월 이내에 도래하는 도시철도공채는 단기금융상품으로 분류한다. 보고기간 종료일이 기준이 아니라 취득 당시일 기준이라는 점에 유의한다.

답 ③

02 다음 중 기업의 현금유입을 가져오는 활동은?

① 매출채권의 회수　② 매입채무의 지급

③ 자기주식 취득　　④ 이자비용 지급

⑤ 부채의 상환

외상매출로 생긴 매출채권을 회수하면 현금이 유입된다.

답 ①

03 다음 설명 중 옳지 않은 것은?

① 결산기간 말에 장기차입금 중에서 향후 1년 이내에 상환할 금액을 유동성장기부채로 대체하더라도 그 기업의 현금과 순운전자본에는 변화가 없다.

② 순운전자본은 유동자산에서 유동부채를 차감한 개념으로 재고자산이나 매출채권이 상대적으로 많은 경우 순운전자본이 크게 나타나지만 실제로는 단기지급능력이 떨어질 수 있다.

③ 전환사채의 전환거래는 비현금교환거래이다.

④ 외상매출금을 현금으로 회수한 경우 순운전자본 변동을 초래하지 않는다.

⑤ 유형자산의 감가상각은 비현금손익거래이다.

결산기간 말에 장기차입금 중에서 향후 1년 이내에 상환할 금액을 유동성장기부채로 대체하면 현금에는 변화가 없지만 유동부채가 증가하면서 순운전자본이 감소한다(장기차입금 XX / 유동성장기부채 XX).

③ 비현금손익거래의 예 : 현물출자로 인한 유형자산의 취득, 유형자산의 연불구입 및 연불매각, 무상증자 및 감자, 주식배당, 전환사채의 전환, 건설 중인 자산의 유형자산계정 대체, 장기차입부채의 유동성 대체 등

④ 현금 XX / 매출채권 XX

⑤ 비현금손익거래의 예 : 유형자산의 감가상각, 무형자산의 상각, 퇴직급여의 계상(퇴직급여충당금 적립), 증권의 평가손익의 계상, 외환환산손익의 계상, 기타 충당금 적립 등

답 ①

04 다음 중 현금주의와 대비하여 발생주의로 인해 나타나는 계정 과목이 아닌 것은?

① 매출채권 ② 선수금
③ 선급비용 ④ 선수수익
⑤ 판매관리비

판매관리비는 발생주의뿐만 아니라 현금주의하에서도 발생가능한 항목이다.

답 ⑤

05 다음 중 순운전자본에 대한 설명으로 적절하지 않은 것은?

① 순운전자본은 유동자산에서 유동부채를 차감한 값이다.
② 순운전자본은 영업활동에 필요한 자금을 의미하기도 한다.
③ 재고자산이나 매출채권이 많으면 순운전자본이 증가하나 실제 단기지급능력이 떨어질 수 있다.
④ 순운전자본이 많으면 유동성이 좋다고 말할 수 있다.
⑤ 순운전자본은 음수가 나올 수 없다.

유동부채가 유동자산보다 크면 순운전자본은 음수가 나올 수 있다.

답 ⑤

06 다음 중 비현금거래가 아닌 것은?

① 유형자산의 감가상각
② 전환사채의 전환
③ 신주인수권부 사채 행사
④ 장기차입부채의 유동성 대체
⑤ 손상차손 계상

신주인수권부사채를 행사한다면 사채가 줄어들지 않는 상태에서 현금이 추가로 유입되면서 자본이 늘어난다.

답 ③

CHAPTER 02 현금흐름표

TOPIC 1   현금흐름표 개요
TOPIC 2   현금흐름의 분류
TOPIC 3   재무상태표등식과 현금흐름표의 작성원리
TOPIC 4   영업활동 현금흐름
TOPIC 5   투자활동 현금흐름
TOPIC 6   재무활동 현금흐름
TOPIC 7   현금흐름표의 작성
TOPIC 8   K–IFRS에 의한 현금흐름표 작성과 일반기준에 의한 현금흐름표와의 차이점

···TOPIC 1 현금흐름표 개요

1. 현금흐름표의 목적

① 기업의 미래현금창출 능력에 관한 평가정보를 제공한다.

② 기업의 배당금 지급능력 및 부채상환능력과 외부자금조달의 필요성에 관한 평가정보를 제공한다.

③ 당기순이익과 영업활동으로 인한 현금흐름과의 차이에 대한 평가정보를 제공한다.

④ 일정 기간의 현금 및 비현금투자와 재무거래 결과가 기업의 재무상태에 미치는 영향에 관한 평가정보를 제공한다.

2. 현금흐름표의 한계

① 기간 간 관계에 대한 정보는 없어 미래의 현금흐름에 대한 장기적인 전망을 평가하기에는 불완전하다.

② 당기에 많이 발생한 현금흐름 유입이 내년에도 지속될 것이라는 보장이 없다. 따라서 현금흐름표는 단독보다 재무상태표와 손익계산서 등과 함께 사용되는 것이 효과적이고 유용하다.

3. 현금흐름표 양식

① 직접법 : 현금흐름의 유입과 유출을 계정별로 직접 추적하여 작성하는 방법이다.

② 간접법 : 회계적 이익인 당기순이익부터 출발하여 비현금성 손익, 관련 자산부채 증감을 고려하여 작성하는 방법이다.

••• TOPIC 2 현금흐름의 분류

1. 영업활동으로 인한 현금흐름

영업활동은 기업의 고유활동인 구매–생산–판매–회수와 관련된 활동을 의미하며, 이러한 활동으로부터 발생한 현금흐름을 영업활동으로 인한 현금흐름이라 한다. 영업활동으로 인한 현금흐름정보의 기초는 손익계산서로부터 발생하며, 간접법과 직접법 등의 보고양식에서 차이가 난다.

직접법	간접법
1. 영업활동으로 인한 현금흐름 　가. 매출 등 수익활동으로부터의 유입액 　나. 매입 및 종업원에 대한 유출액 　다. 이자수익 유입액 　라. 배당금수익 유입액 　마. 이자비용 유출액 　바. 법인세 등 유출액 　사. 기타 유출액	1. 영업활동으로 인한 현금흐름 　가. 당기순이익 　나. 현금의 유출이 없는 비용 등 가산 　다. 현금의 유입이 없는 수익 등 차감 　라. 영업활동으로 인한 자산/부채의 변동

2. 투자활동으로 인한 현금흐름

투자활동은 비유동자산 취득 및 처분, 현금의 대여 및 회수, 유가증권 취득 및 처분 등의 영업과 관련된 고정자산을 구입 및 처분하는 활동 또는 영업과 상관없는 수익창출 활동을 의미한다.

① 투자활동현금흐름 유입 : 단기대여금 회수, 금융상품 및 투자자산 처분, 유형자산 및 무형자산 처분

② 투자활동현금흐름 유출 : 단기대여, 금융상품 및 투자자산 취득, 유형자산 및 무형자산 취득

3. 재무활동으로 인한 현금흐름

재무활동은 기업이 필요로 하는 자본을 조달하고 차입자금을 상환하거나 배당금 등을 지급하는 활동을 말한다.

① 재무활동현금흐름 유입 : 장/단기차입금의 차입, 사채의 발행, 주식의 발행(유상증자), 자기
주식의 처분
② 재무활동현금흐름 유출 : 장/단기차입금의 상환, 사채의 상환, 배당금 지급, 유상감자, 자기
주식의 취득

4. 일반기업회계기준에 따른 각 활동 구분에 대한 지침

① 이자수익, 이자비용, 배당금수익, 법인세 지급을 영업활동으로 구분한다.
② 주주에 대한 배당금 지급은 재무활동으로 구분한다.
③ 퇴직금의 지급, 부가가치세예수금의 증감, 소득세예수금의 증감 및 예수보증금의 증감과
같은 거래는 영업활동으로 구분한다.

5. K-IFRS 제1007호를 적용하는 경우 기업활동 분류의 변동

① 일반 기준에서는 유가증권의 취득 및 처분에 따른 현금흐름을 투자활동으로 구분하고 있
으나, K-IFRS에서는 단기매매목적의 유가증권에서 발생하는 현금흐름을 영업활동으로
구분한다.
② 일반 기준에서는 파생상품계약에 따른 현금흐름에 대한 규정이 없으나, K-IFRS에서는
투자활동으로 구분하고 있다.
③ 일반 기준에서는 이자수익, 이자비용, 배당금수익, 법인세 지급을 영업활동으로 구분하고
있으나, K-IFRS에서는 영업활동으로 구분할 수도 있고 각 활동별로 나누어 분류할 수도
있다.

```
···TOPIC 3 재무상태표등식과 현금흐름표의 작성원리
```

• 현금의 변동 + 현금 외 자산의 변동 = 부채의 변동 + 자본의 변동
• 현금의 변동 = − 현금 외 자산의 변동ⓐ + 부채의 변동ⓑ + 자본의 변동ⓒ
  ⓐ 현금 외 자산의 변동 = 현금 외 기타유동자산의 변동 + 비유동자산의 변동
  ⓑ 부채의 변동 = 기타유동부채 변동 + 차입금의 변동
  ⓒ 자본의 변동 = 자본금 및 자본잉여금의 변동 + 이익잉여금의 변동[주1]
    주1 : 이익잉여금의 변동 = 당기순이익 − 배당금

···TOPIC 4 영업활동 현금흐름

1. 직접법에 의거한 영업활동현금흐름 산출 방법

① 제1방법 : 직접 현금유입액과 현금유출액을 구하는 방법

② 제2방법 : 손익계산서상의 각 계정 항목에서 현금의 유출입이 없는 손익과 관련 자산부채의 증감을 가감하여 계산하는 방법

※ 일반적으로 제2방법에 의한 직접법 작성방법을 주로 사용하고 있으므로 별다른 언급이 없으면 제2방법에 의한 직접법 계산으로 간주한다.

2. 매출활동에 의한 현금유입액 분석

① 관련 손익계산서 항목 → 매출액

② 관련 자산부채

ㄱ 매출채권의 증가 : 외상으로 매출한 부분은 현금유입 없이 매출채권 증가

ㄴ 매출채권의 감소 : 외상매출 회수분은 현금유입이 발생하면서 매출채권 감소

ㄷ 선수금의 증가 : 매출이 발생하기 전에 미리 수령한 현금으로 현금유입이 발생하면서 선수금 증가

ㄹ 선수금의 감소 : 매출이 발생하면서 현금유입 없이 선수금 감소

3. 매입활동에 의한 현금유출액 분석

① 관련 손익계산서 항목 → 매출원가

② 관련 자산부채

ㄱ 재고자산의 증가 : 발생한 제조원가가 재고자산으로 집계, 즉 현금유출이 발생하면서 재고자산 증가

ㄴ 재고자산의 감소 : 현금유출 없이 매출원가로 대체되면서 재고자산 감소

ㄷ 매입채무의 증가 : 재료비 외상매입 부분은 현금유출 없이 매입채무 증가

ㄹ 매입채무의 감소 : 외상매입 부분을 지급하면서 현금유출이 발생하여 매입채무 감소

ㅁ 선급금의 증가 : 제조경비 등 선지급액이 있을 경우 현금유출이 발생하면서 선급금 증가

ㅂ 선급금의 감소 : 생산활동을 통해 생산원가로 집계, 즉 현금유출 없이 선급금 감소

③ 비현금성비용 : 감가상각비, 퇴직급여

ㄱ 생산 관련 감가상각비는 현금유출 없이 매출원가로 계상되는 조정 항목

ㄴ 생산직 퇴직급여는 현금유출 없이 원가로 집계되는 조정 항목(충당부채 항목)

4. 판매비와 관리비 현금유출액 분석

① 관련 손익계산서 항목 → 판매비와 관리비

② 관련 자산부채
- ⊙ 선급비용의 증가 : 판매관리비 관련 선지급액이 있을 경우 현금유출이 발생하면서 선급비용 증가
- ⓒ 선급비용의 감소 : 선지급한 금액에 대한 판매 및 관리 활동을 통해 판매관리비로 대체, 즉 현금유출 없이 선급비용 감소
- ⓒ 미지급비용의 증가 : 현금유출이 없는 판매관리비 발생으로 인한 미지급비용 증가
- ② 미지급비용의 감소 : 미지급비용을 추후 지급(현금유출)하면서 미지급비용 감소

③ 비현금성비용 : 감가상각비, 퇴직급여, 대손상각비
- ⊙ 판매 관련 감가상각비는 현금유출 없이 판매관리비로 계상되는 조정 항목
- ⓒ 사무직 퇴직급여는 현금유출 없이 판매관리비로 집계되는 조정 항목(충당부채 항목)
- ⓒ 대손상각비는 현금유출 없이 판매관리비로 계상되는 조정 항목

5. 이자수익 현금유입액 분석

① 관련 손익계산서 항목 → 이자수익

② 관련 자산부채
- ⊙ 미수이자의 증가 : 이자 수령 권리가 발생했지만 아직 이자 수령을 못 한 상태로 현금유입 없이 미수이자 증가
- ⓒ 미수이자의 감소 : 수령할 이자를 지급받아 현금유입이 발생하면서 미수이자 감소
- ⓒ 선수이자의 증가 : 아직 이자 수령 권리가 발생하지 않았지만 미리 이자 수령을 한 상태로 현금유입이 발생하면서 선수이자 증가
- ② 선수이자의 감소 : 이자 수령 권리가 발생하여 이자수익 계상, 즉 현금유입 없이 선수이자 감소

③ 비현금성비용 : 현재가치할인차금, 평가이익

※ 현재가치할인차금은 액면가액과 현재가치의 차액을 의미하며 향후 이자수익 대체 부분이므로 현금유입이 없는 수익 인식 항목이다.

6. 배당금수익 현금유입액 분석

① 관련 손익계산서 항목 → 배당금수익

② 관련 자산부채
- ⊙ 미수배당금의 증가 : 배당금 수령 권리가 발생했지만 아직 배당금 수령을 못 한 상태로 현금유입 없이 미수배당금 증가
- ⓒ 미수배당금의 감소 : 수령할 배당금을 지급받아 현금유입이 발생하면서 미수배당금 감소

6. 이자비용 현금유출액 분석

① 관련 손익계산서 항목 → 이자비용

② 관련 자산부채

    ㉠ 미지급이자의 증가 : 이자 지급 의무가 발생했지만 아직 이자 지급을 못 한 상태로 현금 유출 없이 미지급이자 증가

    ㉡ 미지급이자의 감소 : 지급해야 할 이자를 지급(현금유출)하면서 미지급이자 감소

    ㉢ 선급이자의 증가 : 아직 이자 지급 의무가 발생하지 않았지만 미리 이자를 지급한 상태로 현금유출이 발생하면서 선급이자 증가

    ㉣ 선급이자의 감소 : 이자 지급 의무가 발생하여 이자비용 계상, 즉 현금유출 없이 선급이자 감소

③ 비현금성비용 : 현재가치할인차금

    ※ 현재가치할인차금은 액면가액과 현재가치의 차액을 의미하며, 향후 이자비용 대체 부분이므로 현금유출이 없는 비용 인식 항목이다.

7. 법인세 현금유출액 분석

① 관련 손익계산서 항목 → 법인세비용

② 관련 자산부채

    ㉠ 미지급법인세의 증가 : 법인세 지급 의무가 발생했지만 아직 법인세 지급을 못 한 상태로 현금유출 없이 미지급법인세 증가

    ㉡ 미지급법인세의 감소 : 지급해야 할 법인세를 지급(현금유출)하면서 미지급법인세 감소

    ㉢ 미지급법인세를 법인세부채라고도 함

    ㉣ 선급법인세의 증가 : 아직 법인세 지급 의무가 발생하지 않았지만 미리 법인세를 지급한 상태로 현금유출이 발생하면서 선급법인세 증가

    ㉤ 선급법인세의 감소 : 법인세 지급 의무가 발생하여 법인세비용 계상, 즉 현금유출 없이 선급법인세 감소

    ㉥ 이연법인세자산 : 세무조정 과정에서 향후 지급할 법인세 감소 부분

    ㉦ 이연업인세부채 : 세무조정 과정에서 향후 지급할 법인세 증가 부분

③ 비현금성비용 : 토지등양도소득에 대한 법인세납부액

    ※ 토지등양도소득에 대한 법인세납부액은 투자활동으로 분류되므로 영업활동현금흐름 계산 시 제외되어야 할 항목이다.

8. 간접법

간접법이란 손익계산서상의 당기순이익으로부터 출발하여 현금유출입이 없는 수익과 비용, 영업활동과 관련된 자산 부채 증감액 등을 가감함으로써 영업현금흐름을 구하는 방법이다. 또한 영업활동과 무관한 투자나 재무활동으로부터의 수익과 비용을 가감한다.

→ 영업활동현금흐름 = 당기순이익 − 현금유입이 없는 수익(영업과 무관한 수익) + 현금유출이 없는 비용(영업과 무관한 비용) ± 영업활동으로 인한 자산 및 부채의 변동액

① 현금유입이 없는 수익 항목과 비영업활동 수익

현금 유입이 없는 수익	비영업활동 수익
• 유형자산손상차손 환입액 • 외화환산이익 • 대손충당금환입액 • 공사손실충당부채 환입액 • 하자보수충당부채 환입액 • 이자수익 중 현재가치할인차금 상각액 등	• 투자자산처분이익 • 유형자산처분이익 • 사채상환이익 • 외환차익 등

② 현금유출이 없는 비용 항목과 비영업활동 비용

현금유출이 없는 비용	비영업활동 비용
• 감가상각비 • 무형자산상각비 • 외환환산손실 • 대손상각비 • 퇴직급여 • 공사손실충당부채 전입액 • 하자보수충당부채 전입액 • 이자비용 중 현재가치할인차금 상각액 등	• 투자자산처분손실 • 유형자산처분손실 • 사채상환손실 • 외환차손 등

③ 영업활동으로 인한 자산부채의 변동

　㉠ 영업활동으로 인한 자산 : 매출채권, 재고자산, 선급비용, 선급금, 미수수익, 이연법인세자산 등

　㉡ 영업활동으로 인한 부채 : 매입채무, 선수금, 선수수익, 미지급비용, 당기법인세부채, 이연법인세부채, 소득세 예수금, 부가가치세 예수금 등

···TOPIC 5 투자활동 현금흐름

1. 투자활동 현금흐름의 개념

투자활동은 비유동자산 취득 및 처분, 현금의 대여 및 회수, 유가증권 취득 및 처분 등의 영업과 관련된 고정자산을 구입 및 처분하는 활동 또는 영업과 상관없는 수익창출 활동을 의미한다. 투자활동현금흐름은 영업활동과 달리 직접법과 간접법의 구분이 없이 항상 직접법으로 표시하며, 직접법 중에서도 직접 현금유입액과 현금유출액을 구하는 방법으로 산정한다.

2. 투자자산 등의 변동 분석

① 투자자산 세부분류

ㄱ 단기투자자산 : 단기예금, 단기매매증권, 단기대여금 등 단기투자자산

ㄴ 비유동자산 : 장기예금, 장기투자증권, 지분법적용투자주식, 임차보증금 등 비유동자산

② 현금유입 및 유출액

ㄱ 현금유입액 : 투자자산 처분으로 발생되는 현금흐름

ㄴ 현금유출액 : 투자자산 구입으로 발생되는 현금흐름

···TOPIC **6** 재무활동 현금흐름

1. 재무활동 현금흐름의 개념

재무활동은 기업이 필요로 하는 자본을 조달하고 차입자금을 상환하거나 배당금 등을 지급하는 활동이다. 재무활동도 투자활동과 마찬가지로 직접법과 간접법의 구분 없이 항상 직접법으로 표시하며, 직접법 중에서도 직접 현금유입액과 현금유출액을 구하는 방법으로 산정한다. 현물출자 등과 같은 현금의 유출입이 수반되지 않는 거래, 즉 비현금거래는 재무제표 주석사항으로 기재한다.

2. 차입금 및 사채의 변동 분석

① 차입금 및 사채 세부 분류

ㄱ 차입금 : 장·단기차입금, 유동성장기부채 등

ㄴ 사채 : 사채, 전환사채, 신주인수권부사채 등

② 현금유입 및 유출액

ㄱ 현금유입액 : 차입 및 사채 발행으로부터 발생되는 현금흐름

ㄴ 현금유출액 : 차입금 및 사채 상환으로부터 발생되는 현금흐름

3. 자본계정의 변동분석

① 자본계정 세부 분류 : 자본금, 주식발행초과금, 자기주식, 미처분이익잉여금

② 현금유입 및 유출액

ㄱ 현금유입액 : 유상증자 등으로부터 발생되는 현금흐름

ㄴ 현금유출액 : 유상감자, 자사주매입 등으로부터 발생되는 현금흐름

···TOPIC 7 현금흐름표의 작성

1. 현금흐름표의 작성을 위한 자료

비교재무상태표, 손익계산서, 자본변동표, 합계잔액시산표와 기타재무제표 부속명세서를 통해 현금흐름표를 작성한다.

2. 현금흐름표 작성절차

① 현금의 변동액 계산 : 비교재무상태표에서 현금의 기초와 기말 잔액 비교

② 현금 이외의 계정 분석 : 현금거래와 비현금거래의 파악

③ 영업활동으로 인한 현금흐름 계산

④ 투자활동으로 인한 현금흐름 계산

⑤ 재무활동으로 인한 현금흐름 계산

⑥ 현금흐름표의 작성 및 중요한 비현금거래의 주석 작성

   ※ 주석사항 : 현물출자로 인한 유형자산의 취득, 유형자산의 연불구입 및 연불매각, 무상증자 및 무상감자, 주식배당, 전환사채의 전환, 건설 중인 자산의 건물계정 대체, 장기부채의 유동성 대체 등
   ※ 영업활동으로 인한 현금흐름을 직접법에 의해 작성한 경우, 일반기준에서는 주석에 간접법으로도 표시하도록 요구하고 있다.

⑦ K-IFRS 제1007호를 적용하는 경우 주석사항의 변동 : K-IFRS는 일반기준과 달리 영업활동으로 인한 현금흐름을 직접법에 따라 작성한 경우, 주석에 간접법 표시 요구 규정이 없다.

   ※ 일반기준에 추가하여 요구되는 공시내용 : 둘 이상의 활동에 배분되는 법인세의 총지급액, 사용 제한된 현금, 영업능력 유지 이외에 영업능력 증대를 나타내는 현금, 차입한도 중 미사용금액과 사용 제한 내용, 비례연결 기준 조인트벤처기업의 영업·투자·재무활동 현금흐름, 각 보고 부문의 영업·투자·재무활동 현금흐름

3. 정산표법에 의한 현금흐름표 작성

① 정산표법의 의의

   재무상태표의 모든 계정을 정산표에 집합하고 각 계정의 당기증감액에 대한 기중거래를 분석하여 현금흐름표 작성자료를 수집하는 방법이다.

② 정산표법에 의한 현금흐름표의 작성절차

   현금의 변동액 계산(비교재무상태표에서 현금의 기초와 기말잔액 비교) → 재무상태표 계정의 기초잔액과 기말잔액을 정상표에 기입 → 현금 이외의 계정 분석(발생거래 중에서 현금흐름에 영향을 미친 거래들을 취합하여 정산표 하단에 각 활동별로 현금흐름 구분) → 현금흐름표 작성

① 기업활동에 대한 구분 차이

 ㉠ 단기매매 목적으로 보유하는 유가증권의 취득과 처분을 일반기준은 투자활동으로 분류하지만 K-IFRS는 영업활동으로 분류한다.

 ㉡ 이자수익, 이자비용, 배당금수익을 일반기준은 영업활동으로 분류하지만 K-IFRS는 각 활동성향에 맞게 분류 가능하다.

 ㉢ 배당금 지급과 관련하여 일반기준은 재무활동으로 분류하지만 K-IFRS는 각 활동성향에 맞게 영업활동 또는 재무활동으로 분류 가능하다.

② K-IFRS에 의한 현금흐름표에서는 영업활동을 간접법으로 표시하는 경우 이자와 배당금의 수취 및 지급에 따른 현금흐름과 법인세로 인한 현금흐름을 별도로 표시한다.

③ K-IFRS에서는 외화로 표시된 현금의 환율변동효과를 영업 · 투자 · 재무활동 현금흐름으로 구분 표시한다.

④ 일반기준에서는 통일된 현금흐름표 양식을 제시하고 있지만, K-IFRS에서는 구체적인 양식이 없다.

⑤ K-IFRS에 의한 재무제표는 반드시 연결재무제표를 작성해야 하므로, 현금흐름표도 연결기준으로 작성한다.

01 현금흐름표의 기능으로 옳지 않은 것은?

① 분석 대상기업의 미래 현금흐름에 관한 정보를 제공한다.

② 기업의 부채상환능력과 배당금 지급능력을 알 수 있다.

③ 영업활동에서 발생한 순현금흐름과 당기순이익의 차이 및 그 이유에 관한 정보를 제공한다.

④ 현금흐름을 포괄적으로 표시해서 기업 자금흐름을 대략 적으로만 볼 수 있다.

⑤ 기업의 투자활동과 재무활동으로 인한 현금흐름을 검토 함으로써 일정기간 동안 자산이나 부채의 증감 이유를 파 악할 수 있다.

> 현금흐름표는 과거 사건의 결과에 대한 정보를 제공하므로 미래 현금흐름에 대한 정보를 알 수 없다. 단지 현재 현금흐름을 통해 미래 현금흐름을 추정할 수 있을 뿐이다.
>
> 답 ①

02 다음 항목 중 영업활동으로 인한 현금흐름을 간접법으로 표시 할 경우 당기순이익에 차감되는 항목은 무엇인가?

① 전환권조정상각액

② 매도가능증권손상차손

③ 퇴직급여

④ 감가상각비

⑤ 매도가능증권손상차손 환입

> ①～④ 당기순이익에 가산되는 항목이다.
>
> 답 ⑤

03 일반기준에 의한 현금흐름표를 간접법으로 작성할 경우 다음 중 옳지 않은 것은?

① 당기순이익과 영업활동으로 인한 현금흐름액과 차이가 나는 원인을 잘 보여줄 수 있다.

② 주식보상비용은 현금의 유출이 없는 비용 등의 가산항목 에 속한다.

③ 매도가능증권손상차손 환입액은 현금의 유입이 없는 수익 항목 중 손익계산서에서 그 금액을 즉시 확인할 수 있다.

④ 유형자산의 감가상각비는 당기순이익에서 차감하여 계산 한다.

⑤ 매출채권의 감소는 당기순이익에서 가산하여 계산한다.

> 유형자산의 감가상각비는 당기순이익에서 가산하여 계산한다.
>
> ③ 참고로 사채할인발행차금상각액은 손익계산서로 그 금액을 알 수 없다.
>
> 답 ④

04 다음 항목 중 영업활동으로 인한 현금흐름을 간접법으로 표시할 경우 당기순이익에 가산되는 항목은 무엇인가?

① 매도가능증권평가손실
② 주식보상비용
③ 자산수증이익
④ 감자차익
⑤ 외화차입금에 대한 외화환산이익

①, ④ 당기순이익에 포함되지 않는 항목으로 당기순이익에 가산되거나 차감되는 항목이 아니다.
③, ⑤ 당기순이익에 차감되는 항목이다.
답 ②

05 다음 항목 중 영업활동으로 인한 현금흐름을 간접법으로 표시할 경우 당기순이익에 가산되지도 않고 차감되지도 않는 항목은 무엇인가?

① 신주인수권조정상각액
② 유형자산처분손실
③ 대손상각비
④ 사채할인발행차금상각액
⑤ 자산재평가이익

①~④ 당기순이익에 가산되는 항목이다. 자산재평가이익은 기타포괄손익으로 당기순이익 항목이 아니다.
답 ⑤

06 기업회계기준에 의한 경우 다음 중 투자활동에 속하는 것은?

① 개발비 지출
② 해외투자법인으로부터 배당금 수령
③ 장기대여금에 대한 이자 수령
④ 유형자산 취득 시 발생하였던 미지급금 상환
⑤ 보통주를 발행하여 유상증자

개발비 지출 → 투자활동
② 해외투자법인으로부터 배당금 수령 → 영업활동
③ 장기대여금에 대한 이자 수령 → 영업활동
④ 유형자산 취득 시 발생하였던 미지급금 상환 → 재무활동
  ※ 자산 취득에 따른 부채의 지급을 재무활동으로 분류
⑤ 보통주를 발행하여 유상증자 → 재무활동
답 ①

07 다음 항목 중 재무활동으로 인한 현금흐름이 아닌 것은?

① 유가증권의 처분   ② 어음 및 사채의 발행
③ 차입금의 상환   ④ 배당금의 지급
⑤ 유상감자

유가증권의 처분은 투자활동으로 인한 현금흐름의 유입이다.
답 ①

08 다음 제시된 기업의 활동의 분류 중에서 잘못된 것은?

① 유형자산의 취득 → 투자활동

② 거래 기업에 현금을 단기대여 → 투자활동

③ 자기주식 취득 → 재무활동

④ 종업원에게 퇴직금 지급 → 영업활동

⑤ 매출처에 제품을 매출하고 부가가치예수금 현금 수령 →
   재무활동

매출과 관련된 활동은 영업활동이
므로 부가가치예수금 관련 거래도
영업활동으로 분류한다.

답 ⑤

09 현금흐름표와 관련된 설명 중 옳지 않은 것은?

① 현금흐름표를 통해 기업의 배당금 지급능력 및 부채상환
   능력과 외부자금조달의 필요성에 관한 평가정보를 얻을
   수 있다.

② 회계기준에 따라 영업현금흐름, 투자현금흐름, 재무현금흐
   름 구분이 다르지 않다.

③ 현금흐름표는 단독보다 재무상태표와 손익계산서 등과
   함께 사용되는 것이 효과적이고 유용하다.

④ 현금흐름표를 통해 미래의 현금흐름에 대한 장기적인 전
   망을 평가하기에 충분하다.

⑤ 당기순이익과 영업활동으로 인한 현금흐름과의 차이에
   대한 평가 정보를 확인할 수 있다.

회계기준에 따라 현금흐름에 대한
분류가 다를 수 있다.

답 ②

10 현금흐름표 작성과 관련한 설명 중 옳지 않은 것은?

① K-IFRS에서는 영업활동으로 인한 현금흐름을 직접법에 의해 작성한 경우, 주석에 간접법으로도 표시하도록 요구하고 있다.

② 비현금거래 중 비현금교환거래는 재무제표에 주석으로 기재할 필요가 없다.

③ 둘 이상의 활동에 배분되는 법인세의 총지급액, 사용 제한된 현금, 영업능력 유지 이외에 영업능력 증대를 나타내는 현금은 K-IFRS상 주석에 기재하도록 요구하고 있다.

④ 일반기업회계 기준에서는 영업활동으로 인한 현금흐름을 직접법 또는 간접법으로 표시한다.

⑤ 사채발행 또는 주식발행으로 인한 현금유입 시에는 발행가액으로 기재한다.

중요한 비현금거래의 경우 재무제표에 주석으로 기재해야 한다.

[참고] 일반기준에 추가하여 요구되는 공시내용 : 둘 이상의 활동에 배분되는 법인세의 총지급액, 사용 제한된 현금, 영업능력 유지 이외에 영업능력 증대를 나타내는 현금, 차입한도 중 미사용금액과 사용 제한 내용, 비례연결 기준 조인트벤처기업의 영업 · 투자 · 재무활동 현금흐름, 각 보고부문의 영업 · 투자 · 재무활동 현금흐름

답 ②

11 현금흐름표에 관하여 일반기업회계기준과 K-IFRS의 규정의 차이에 대한 설명 중 옳지 않은 것은?

① 일반기업회계기준에서는 파생상품계약에 따른 현금흐름에 대한 규정이 없으나, K-IFRS에서는 투자활동으로 구분하고 있다.

② 일반기업회계기준에서는 단기매매 목적으로 보유하는 유가증권에서 발생하는 현금의 유입과 유출은 영업활동으로 보고 있다.

③ 일반기업회계기준과 K-IFRS 모두 영업활동현금흐름을 직접법 또는 간접법으로 보고한다.

④ 일반기준에서는 이자수익, 이자비용, 배당금수익, 법인세 지급을 영업활동으로 구분하고 있다.

⑤ K-IFRS에서는 이자비용을 재무활동으로 구분할 수도 있다.

일반기업회계기준에서 단기매매 목적으로 보유하는 유가증권에서 발생하는 현금의 유입과 유출은 투자활동으로 보고 있고, K-IFRS에서는 영업활동으로 보고 있다.

답 ②

12 (주)토마토의 20X1년도 손익계산서상 매출원가와 기초와 기말의 재무상태표상 매입관련 계정의 잔액이 다음과 같다.

(1) 20X1년도 손익계산서상 매출원가	7,000
(2) 20X1년 기초 재고자산	5,000
(3) 20X1년 기말 재고자산	4,000
(4) 20X1년 기초 매입채무	3,000
(5) 20X1년 기말 매입채무	5,000
(6) 20X1년 기초 선급금	2,000
(7) 20X1년 기말 선급금	2,500

위 매출원가 중 감가상각비는 1,000원이고 추가로 퇴직급여로 충당된 금액은 500원이라고 할 때, 현금주의 매출원가는 얼마인가?

① 1,000원 ② 2,000원

③ 3,000원 ④ 4,000원

⑤ 5,000원

내역	금액	
매입 및 종업원에 대한 유입(유출액)		(3,000)
매출원가	(7,000)	
+ 재고자산의 감소	1,000	
+ 매입채무의 증가	2,000	
− 선급금의 증가	(500)	
+ 비현금성비용 (감가상각비 + 퇴직급여)	1,500	

답 ③

13 (주)토마토의 20X1년도 손익계산서상 법인세비용과 기초와 기말의 재무상태표상 법인세 관련 계정의 잔액은 다음과 같다.

(1) 20X1년도 손익계산서상 법인세비용	500
(2) 20X1년 기초 미지급법인세	500
(3) 20X1년 기말 미지급법인세	300
(4) 20X1년 기초 이연법인세자산	300
(5) 20X1년 기말 이연법인세자산	0
(6) 20X1년 기초 이연법인세부채	0
(7) 20X1년 기말 이연법인세부채	500

토지 등 양도소득에 대한 법인세 납부는 없다면, 법인세 현금 납부(환급)액은 얼마인가?

① 납부 100원 ② 납부 200원

③ 0원 ④ 환급 100원

⑤ 환급 200원

내역	금액	
법인세 등 유입(유출)액		100
법인세비용	(500)	
− 이연법인세자산의 감소	300	
+ 이연법인세부채의 증가	500	
− 미지급법인세의 감소	(200)	

답 ④

14 (주)토마토의 20X1년 중 기계장치 계정과 감가상각누계액 계정의 변화는 다음과 같다.

기계장치			(단위 : 백만원)
전기이월	6,000	처분^{주1}	8,000
현금취득	6,600	차기이월	8,500
장기연불취득	3,900		

주1 : 취득원가 8,000백만원(감가상각누계액 4,800백만원)의 기계장치를 3,900백만원 현금 수령

감가상각누계액			(단위 : 백만원)
처분으로 감소	4,800	전기이월	5,300
차기이월	2,100	감가상각비	1,600

현금흐름표 작성 시 투자활동으로 인한 현금유입액과 투자활동으로 인한 현금유출액은 각각 얼마인가?

	투자활동 현금유입	투자활동 현금유출
①	3,900	6,600
②	3,200	6,600
③	3,900	10,500
④	2,500	6,600
⑤	2,500	10,500

- 투자활동현금유입
  = 처분액 3,900백만원
- 투자활동현금유출
  = 현금구입액 6,600백만원

답 ①

15 (주)토마토의 20X1년 중 기계장치 계정과 감가상각누계액 계정의 변화는 다음과 같다.

기계장치		(단위 : 백만원)	
전기이월	6,000	처분[주1]	8,000
현금취득	6,600	차기이월	8,500
장기연불취득	3,900		

주1 : 취득원가 8,000백만원(감가상각누계액 4,800백만원)의 기계장치를 3,900백만원 현금 수령

감가상각누계액		(단위 : 백만원)	
처분으로 감소	4,800	전기이월	5,300
차기이월	2,100	감가상각비	1,600

현금흐름표 작성 시 영업활동현금흐름 중 현금의 유출이 없는 비용 등에 가산하는 금액과 영업활동현금흐름 중 현금의 유입이 없는 수익 등 차감은 각각 얼마인가?

	영업활동현금흐름 중 현금의 유출이 없는 비용 등 가산	영업활동현금흐름 중 현금의 유입이 없는 수익 등 차감
①	2,100	1,600
②	1,200	600
③	1,600	700
④	700	1,600
⑤	1,600	2,100

- 영업활동현금흐름 중 현금의 유출이 없는 비용 등 가산 = 감가상각비 1,600백만원
- 영업활동현금흐름 중 현금의 유입이 없는 수익 등 차감 = 유형자산처분이익 700백만원

답 ③

16 토마토상사는 20X1년도 사채 액면가 5,000원(장부가액 4,600)을 4,800원에 상환하였고, 기말에 사채 액면가 6,000원을 발행하고 사채발행할인차금 100원을 상각하였다. 이때 재무활동 관련 현금유입액과 현금유출액을 각각 구하면 얼마인가?

	현금유입	현금유출
①	6,000	4,800
②	6,100	4,800
③	6,000	4,600
④	6,100	4,600
⑤	6,000	5,000

(1) 사채상환	(차)	사채	5,000
	(대)	현금	4,800
	(차)	사채상환손실	200
	(대)	사채발행할인차금	400
(2) 사채발행	(차)	현금	6,000
	(대)	사채	6,000
(3) 사채상각	(차)	이자비용	100
	(대)	사채발행할인차금	100

- 현금유입 = 6,000
- 현금유출 = 4,800

답 ①

17 토마토상사의 20X1년도 기계장치 관련 재무자료는 다음과 같다.

계정과목(단위 : 원)	20X1년 초	20X1년 말
기계장치	2,000	1,000
(감가상각누계액)	(1,000)	(500)

기계장치는 연초에 전량 1,500원에 매각하였고, 당기감가상각비는 500원이다. 기계장치는 전부 현금으로 구입한다면 20X1년도 기계장치 현금구입액은 얼마인가?

① 500원   ② 1,000원

③ 1,500원   ④ 2,000원

⑤ 2,500원

(1) 기계장치 매각	(차)	현금	1,500	
	(대)	기계장치	2,000	
	(차)	감가상각 누계액	1,000	
	(대)	처분이익	500	
(2) 감가상각	(차)	감가 상각비	500	
	(대)	감가상각 누계액	500	
(3) 기계장치 구입[주1]	(차)	기계장치	1,000	
	(대)	현금	1,000	

주1 : 2,000(기초) − 2,000(매각)
　　+ x(구입) = 1,000(기말)
　　→ x = 1,000

답 ②

18 토마토상사의 20X1년도 단기금융상품 관련 재무자료는 다음과 같다.

계정과목(단위 : 원)	20X1년 초	20X1년 말
단기금융상품	8,000	4,500

단기매매증권을 당기 중 2,000원 취득하고 장부가액 5,000원의 단기금융상품을 매각하였다. 20X1년 손익계산서상 단기금융상품처분손실 1,000, 단기금융상품평가손실 500원이 표시되었다. 당기 중 단기금융상품 매각으로 인한 현금유입액은?

① 2,000원   ② 2,500원

③ 3,500원   ④ 4,000원

⑤ 4,500원

(1) 단기금융 상품 취득	(차)	단기금융 상품	2,000	
	(대)	현금	2,000	
(2) 단기금융 상품매각	(차)	현금	4,000	
	(차)	단기금융 상품처분 손실	1,000	
	(대)	단기금융 상품	5,000	
(3) 단기금융 상품평가	(차)	단기금융 상품평가 손실	500	
	(대)	단기금융 상품	500	

(2) 단기금융상품 매각 분개만 살펴보아도 현금유입액을 도출해 낼 수 있다.

답 ④

19 (주)토마토의 투자자산에는 시장성 있는 투자주식과 시장성 없는 투자주식 및 지분법 평가대상 주식이 모두 포함되어 있다. 관련 재무제표자료는 다음과 같다.

계정과목(단위 : 원)	20X1년 초	20X1년 말
투자자산	7,000	13,000
매도가능증권 평가이익 (자본조정)	500	1,500

계정과목(단위 : 원)	20X1년
지분법이익	1,000
매도가능증권손상차손	1,200
투자자산처분손실	500

당기 중 투자자산 취득원가는 9,000원이다. 그렇다면 당기 중 장기투자증권의 처분으로 인한 현금유입액은 얼마인가?

① 2,800원
② 3,300원
③ 3,800원
④ 4,400원
⑤ 5,500원

(1) 투자자산 취득	(차)	투자자산		9,000
	(대)	현금		9,000
(2) 지분법 이익	(차)	투자자산		1,000
	(대)	지분법 이익		1,000
(3) 투자자산 평가	(차)	투자자산		1,000
	(대)	매도가능 증권평가 이익		1,000
	(차)	매도가능증 권손상차손		1,200
	(대)	투자자산		1,200
(4) 투자자산 처분	(차)	현금		3,300
	(차)	투자자산처 분손실		500
	(대)	투자자산[주1]		3,800

주1 : 7,000(기초) + 9,800(관련증감) − x = (처분)
= 13,000(기말) → x
= 3,800

답 ②

20 토마토상사의 20X1년도 자본 관련 재무자료는 다음과 같다.

계정과목(단위 : 원)	20X1년 초	20X1년 말
자본금	6,000	8,500
주식발행초과금	5,000	6,500
이익준비금	2,500	2,000

이익잉여금의 변동내역을 살펴본 결과, 이익준비금 500원 적립, 현금배당 1,000원, 주식배당 500원을 실시하였다. 추가로 이익준비금 중 1,000원을 자본에 전입하여 무상증자를 실시하고 유상증자를 통해 자금을 조달하였을 때, 유상증자로 인해 유입된 현금은 얼마인가?(단, 상기 외 나머지 거래는 없다.)

① 2,000원 ② 2,500원

③ 3,000원 ④ 3,500원

⑤ 4,000원

(1) 이익 잉여금 처분		(대)	이익 준비금	500
		(차)	이익 잉여금	2,000
		(대)	현금 (현금 배당)	1,000
		(대)	자본금 (주식 배당)	500
(2) 무상증자		(대)	자본금	1,000
		(차)	이익 준비금	1,000
(3) 유상증자		(대)	자본금[주1]	1,000
		(차)	현금	2,500
		(대)	주식발행 초과금	1,500

주1 : 6,000(기초) + 1,500(관련증감) + x(증자) = 8,500(기말)
→ x = 1,000

답 ②

21 다음은 토마토상사의 재무상태표상 재고자산과 매입채무의 금액이다.

계정과목(단위 : 원)	20X1년 초	20X1년 말
재고자산	50,000	65,000
매입채무	55,000	66,000

한편 20X1년도 손익계산서상 매입채무와 관련된 외환차익은 8,000원, 외화환산이익은 10,000원으로 계상되었다. 20X1년도 현금흐름표상 공급자에 대한 유출이 66,000원이라면 20X1년도 손익계산서상 매출원가는 얼마인가?

① 60,000원 ② 75,500원

③ 79,000원 ④ 80,000원

⑤ 84,000원

손익 + 현금유출 없는 비용 등 − 현금유입 없는 수익 등 ± 관련자산부채 증감 = 현금흐름
x (매출원가) + 18,000(환율변동이익) − 15,000(재고자산) + 11,000(매입채무) = − 66,000
→ x = − 80,000
[참고] 여기서 환율변동이익, 즉 외환차익과 외화환산이익을 더해 주는 것은 관련 있는 I/S금액을 구하는 과정이다. 매출원가 이외에도 매입과 관련된 I/S는 외환차손과 외화환산손익이다. 그리고 매입채무의 변동에서 이를 조정하면서 최종 현금흐름이 나온다.

답 ④

CHAPTER 03 현금흐름표의 분석

TOPIC 1 현금흐름표 해석의 기초
TOPIC 2 현금흐름의 유형에 따른 현금흐름 분석의 방향
TOPIC 3 현금흐름표의 수평적 분석과 수직적 분석
TOPIC 4 현금흐름표의 재구성
TOPIC 5 현금흐름표의 비율 분석
TOPIC 6 전통적인 현금흐름과 EBITDA 및 잉여현금흐름
TOPIC 7 현금흐름표를 통한 신용 분석

••• TOPIC 1 현금흐름표 해석의 기초

1. 영업활동으로 인한 현금흐름이 제공하는 정보

① 기업의 부채원리금 상환능력 : 재무비율 분석 중 이자보상비율은 손익계산서상 영업이익으로 이자비용을 상환할 수 있는지 알아보는 지표로, 만약 이자보상비율이 1보다 크면 영업이익으로 이자비용을 상환할 수 있다고 판단한다. 단, 영업이익이 높아도 현금흐름 측면에서 보면 영업현금흐름이 음수(-)가 나올 수 있다. 예를 들어 매출이 발생했지만 외상매출로 회수가 늦어지거나, 원가가 발생하기 전에 선지급한 매입대금이 있다면 영업이익은 높지만 영업현금흐름은 낮을 수 있다.

② 배당금 지급능력 : 배당금은 잔여이익을 가지고 마지막에 주주에게 지급하는 금액으로 기업을 운영하는 데 필수적인 지출액을 제외한 현금이 실질적인 배당금의 지급원천이다. 따라서 배당금의 지급원천은 영업현금흐름에서 필수적인 자본적 지출을 제외한 현금으로, 만약 영업현금흐름이 음수라면 배당금 지급능력이 없다고 해석할 수 있다.

③ 기업의 미래 현금흐름 창출능력과 계속기업으로서의 존속능력 : 영업활동은 기업을 유지하게 하는 기본활동으로 기업의 미래현금흐름 창출능력은 영업활동에서 비롯된다. 과거의 영업활동현금흐름을 분석하여 미래의 현금흐름 창출액을 추정할 수 있고, 이를 통해 기업의 가치도 산정할 수 있다. 만약 영업활동현금흐름이 지속적으로 좋지 않다면 기업의 존속가능성에도 의문을 제기할 수 있다.

④ 당기순이익과 영업활동으로 인한 현금흐름과의 차이에 대한 정보 : 간접법으로 현금흐름표를 작성하면 당기순이익과 영업활동현금흐름과의 차이를 분석할 수 있다.

⑤ 기업의 신규투자능력 : 기업이 신규사업을 확장할 경우 투자자금이 필요한데, 이를 전액 외부에서 조달하기에는 한계가 존재한다. 영업현금흐름이 충분하다면 신규사업을 확장하는 데 상대적으로 부담이 덜하므로 신규투자능력이 좋다고 해석할 수 있다.

2. 투자활동으로 인한 현금흐름이 제공하는 정보

① 영업활동에서 부족한 자금을 유휴시설의 처분을 통하여 조달하였는지 여부 : 기업이 계속적으로 유지 또는 성장하기 위해서는 지속적으로 유·무형자산에 투자하여야 하는데, 영업활동현금흐름이 양호한 경우에는 이러한 필수 투자자금을 충당할 수 있다. 그러나 영업활동현금흐름이 부족하다면 기존의 불필요한 투자자산을 처분·매각함으로써 필수 투자자금을 충당해야 하는 경우가 있을 수 있다.

② 설비투자의 적정규모 여부 : 설비투자를 유지하기 위해서 유지 및 보수액이 소요되는데, 영업활동현금흐름과 비교하여 설비투자의 확장 또는 축소 여부를 결정한다.

③ 투자활동을 통한 기업의 성장전략 : 투자에는 설비투자를 통해 생산시설을 확충하는 직접투자와 타기업의 지분에 투자하는 간접투자로 구분한다. 투자현금흐름 분석을 통해 기업이 어떤 성장전략을 추구하는지 예측 또는 판단할 수 있다.

④ 외부자금 조달의 필요성 : 영업활동과 투자활동을 통한 현금흐름이 합쳐서 음수(-)인 경우에는 추가적인 자금 조달이 필요하다.

3. 재무활동으로 인한 현금흐름이 제공하는 정보

① 내부금융과 외부금융의 균형 여부 : 내부금융은 기업이 창출한 현금흐름을 통해 내부에 유보한 금액을 말하고, 외부금융은 차입 또는 증자를 통한 외부조달금액을 말한다. 지나치게 외부금융에 의존하고 있다면, 이자비용 또는 배당금 부담으로 인해 향후 현금흐름에 부정적인 영향이 있을 것으로 해석할 수 있다.

② 장·단기 자금의 조달 및 운용의 균형 여부 : 기업의 일상적 영업활동을 영위하기 위해 필요한 운영자금은 단기자금으로 조달하는 것이 유용하며, 일반적인 대규모의 시설투자를 통한 현금흐름 유입은 장기적이므로 시설투자자금은 장기차입금이나 자기자본으로 조달하는 것이 유용하다. 이렇듯 영업활동으로부터의 자금의 유입과 유출의 시점을 재무활동현금흐름으로 일치시키는 전략을 통해 자금부족의 위험을 감소시킬 수 있다.

4. 기말 현금보유액이 제공하는 정보

기말 현금보유액 수준을 보면 유망한 투자기회를 위한 여유자금의 비축 및 재무탄력성을 보유하고 있는지 여부를 판단하는 데 도움이 된다. 예상치 못한 자금의 필요에 대비할 수 있는 능력, 위기극복 능력, 유리한 투자기회 활용 능력 등을 판단할 수 있다. 단, 현금보유액이 너무 높다면 비효율적인 자금운용으로 볼 수도 있어, 기업의 수익성에 의문을 가질 수도 있다.

···TOPIC ② 현금흐름의 유형에 따른 현금흐름 분석의 방향

1. 현금흐름 유형의 분류

① 제1유형(현금보유형) : 영업현금흐름(+), 투자현금흐름(+), 재무현금흐름(+)

② 제2유형(우량·성숙기업형) : 영업현금흐름(+), 투자현금흐름(−), 재무현금흐름(−)

③ 제3유형(부채축소형, 일부사업 구조조정형) : 영업현금흐름(+), 투자현금흐름(+), 재무현금흐름(−)

④ 제4유형(성장형) : 영업현금흐름(+), 투자현금흐름(−), 재무현금흐름(+)

⑤ 제5유형(저수익사업 매각형) : 영업현금흐름(−), 투자현금흐름(+), 재무현금흐름(+)

⑥ 제6유형(신생기업, 급성장기업형) : 영업현금흐름(−), 투자현금흐름(−), 재무현금흐름(+)

⑦ 제7유형(대규모 구조조정형) : 영업현금흐름(−), 투자현금흐름(+), 재무현금흐름(−)

⑧ 제8유형(보유현금소진형, 쇠퇴기업형) : 영업현금흐름(−), 투자현금흐름(−), 재무현금흐름(−)

2. 현금흐름의 유형에 따른 현금흐름분석의 방향

기업의 라이프사이클에 따라 회계적 손익과 활동별 현금흐름이 나타내는 경향은 일반적으로 다음과 같은 현상을 보인다.

구분	도입기	성장기 ·	성숙기	쇠퇴기
매출 및 순이익	거의 없음	증가 추세	최고점	하락 추세
영업활동CF	음(−)의 CF	손익분기	양(+)의 CF	하락 추세
투자활동 CF	음(−)의 CF	음(−)의 CF	음(−)의 CF 감소 추세	양(+)의 CF
재무활동 CF	양(+)의 CF	양(+)의 CF	양(+)의 CF 감소 추세	음(−)의 CF

① **제1유형(현금보유형)** : 모든 활동에서 현금흐름을 창출하는 기업이다. 이러한 유형의 기업은 각 활동으로부터 축적된 현금을 향후의 기업성장전략(M&A, 기술투자, 대규모투자)에 사용할 가능성이 높다.

② **제2유형(우량·성숙기업형)** : 영업현금흐름을 통해 창출한 풍부한 현금흐름을 시설 등에 투자하고, 채무 상환 및 배당금 지급까지 하는 기업이다. 이러한 유형의 기업은 가장 성숙기에 진입한 성공적인 기업이지만, 이러한 상태의 지속 여부를 정기적으로 확인하는 것이 필요하다.

③ **제3유형(부채축소형, 일부사업 구조조정형)** : 영업활동으로 인해 현금흐름이 창출되지만 채무만 상환하고 추가적인 투자는 하지 않는 기업이다. 기업의 구조조정이 성공한다 해도 부족한 설비투자로 인해 향후 영업활동이 위축될 여지가 있음을 유의하여 분석한다.

④ **제4유형(성장형)** : 영업활동으로 인한 현금흐름이 아직 충분하지 않아 설비투자금액 중 일부를 외부자금을 통해 조달하는 초기 성장 기업이다. 설비투자 효과가 언제 영업현금흐름으로 나타나는지 확인이 필요하다.

⑤ 제5유형(저수익사업 매각형) : 투자자산을 매각하고 차입으로 자금을 조달하면서 현재 업종에서 버텨서 업종의 회복 국면을 기다리는 기업이다. 향후 빠른 기간 내에 영업현금흐름이 회복하는지에 중점을 두고 관찰해야 한다.

⑥ 제6유형(신생기업, 급성장기업형) : 미래의 대규모 매출 증가를 기대하면서 최대한 외부자금을 통해 설비투자를 계속하는 기업이다. 지속되는 설비투자가 영업현금흐름 창출로 이어지지 않는 이유에 대해 파악하고 단기간 내에 영업현금흐름이 회복되는지 관찰이 필요하다.

⑦ 제7형(대규모 구조조정형) : 대규모 차입금 상환자금을 마련하기 위해 투자자산을 매각하는 구조조정 중인 기업이다. 영업현금흐름을 회복하지 못한 이유가 이자비용 과다지급으로 인한 것인지 파악하고 구조조정 후 영업활동이 더 위축되지 않는지 검토해야 한다.

⑧ 제8유형(보유현금소진형, 쇠퇴기업형) : 보유 현금을 소진하면서 재무구조 안정과 설비투자를 동시에 추구하려는 기업이다. 재무구조 안정으로 인한 효과와 설비투자로 인한 영업현금흐름 창출 여부를 검토하고 보유 현금의 소진 시기를 확인하여 향후 도산 여부를 판단해야 한다.

···TOPIC 3 현금흐름표의 수평적 분석과 수직적 분석

1. 현금흐름표의 수평적 분석

수평적 분석기법은 회계기간 사이의 정보 변화 초점을 맞춘 분석기법이다. 매출액, 매출총이익, 영업이익, 순이익, 관련비용 등이 각 항목별로 시간의 흐름에 따라 어떻게 증감하는지 분석한다. 따라서 수평적 분석기법을 추세분석기법으로 부르기도 한다.

2. 현금흐름표의 수직적 분석

수직적 분석기법은 특정 시점의 각 재무항목 간의 관계를 분석하는 기법이다. 특정 시점의 각 항목별 비율을 분석한다.

3. 종합적 분석

분석자는 수평적 분석과 수직적 분석의 결과를 종합하여 미래 현금흐름 추정에 반영한 후 최종적인 진단을 내린다.

1. 신용분석 목적용 현금흐름표

① 신용분석 목적용 현금흐름표 양식

양식	
1. 영업활동현금흐름 원천 　가. 영업이익 　나. 감가상각비 등 가산 2. 영업활동현금흐름 원천 　가. 운전자산투자액 　나. 법인세의 납부 　다. 기타 영업관련 자산·부채 증감액 　라. 영업외수익과 비용 3. 이자 지급 전 영업활동 현금흐름 4. 이자와 배당금 지급 후 현금흐름	5. 유동성장기차입금상환액 6. 유동성장기차입금상환후 현금흐름 7. 투자활동 현금흐름 8. 외부자금 조달 전 현금흐름 9. 외부자금의 조달 　가. 단기차입금의 증감 　나. 장기차입금의 증감 　다. 자본금의 증감 10. 현금의 증감

② 신용분석 목적용 현금흐름표의 특징

　㉠ 영업활동현금흐름을 원천과 운용으로 구분 : 운전자산 투자액, 법인세의 납부 등을 구분함으로써 간접법 현금흐름표에 비하여 추가적인 정보 제공

　㉡ 영업활동을 이자 지급 전 영업활동현금흐름과 배당금 지급 후 현금흐름으로 구분 : 영업활동현금흐름으로 이자와 배당금 지급능력이 어느 정도인지 판단하기 위한 정보 제공

　㉢ 유동성장기차입금 상환여부를 판단하기 위한 정보 제공

　㉣ 투자활동과 재무활동의 과목별 증감액을 순액으로 표시 : 각 활동에서 조달되거나 사용된 현금을 간략하게 표시

2. 계속기업으로서의 존속능력 평가에 중점을 둔 양식 – J양식

기업이 계속적으로 사업을 영위하기 위해서는 설비자산에 대한 필수투자(자본적 지출, 재투자)가 지속적으로 이루어져야 한다. J양식은 필수투자인 자본적 지출과 재투자를 고려한 양식이다.

① J양식

양식
1. 영업활동현금흐름 원천 2. 자금공급자를 위한 현금흐름 3. 외부자금과 보유현금 조달(상환) 전 현금흐름 4. 현금의 증가 5. 외부자금과 보유현금 증감액 합계

② 특징

　　㉠ 자금공급자를 위한 현금흐름 표시 : 기업이 영업활동에서 벌어들인 현금으로 영업에 필요한 운전자산과 설비자산에 투자하고 남는 현금

　　㉡ 자금공급자를 위한 현금흐름은 기업의 잉여현금흐름을 의미하나, 법인세납부금액을 영업과 관련된 법인세로 조정하지 않음

3. 계속기업으로서의 존속능력 평가에 중점을 둔 양식 – P양식

기업의 가치평가를 위한 잉여현금흐름(Free cash flow) 산출에 중점을 둔 양식이다.

① P양식

양식
1. 법인세차감전순이익 　– 법인세지급 　+ 세후 순 이자비용 　+ 투자와 재무활동 영업외손익 　+ 비현금손익 2. 운전자본투자 이전 영업활동현금흐름 3. 비유동자산투자 이전 영업활동 현금흐름 4. 채권자와 주주가 이용 가능한 잉여현금흐름 5. 주주가 이용 가능한 잉여현금흐름 6. 현금 및 단기매매증권잔액의 순증감

② 특징

　　㉠ 기업의 잉여현금흐름(FCF) 산정 : 법인세차감전순이익에서 영업과 관련된 법인세로 조정하여 차감하고 세후 순 이자비용을 가산하는 방식으로 세후영업현금흐름 계산

　　㉡ 기업의 잉여현금흐름을 채권자 부분과 주주 부분으로 구분하여 구성

　　㉢ 채권자와 주주가 이용 가능한 잉여현금흐름 : 이자 지급 및 차입원금 상환능력 평가에 도움

　　㉣ 주주가 이용 가능한 잉여현금흐름 : 기업의 배당정책에 대한 평가에 도움

1. 한국은행 '기업경영분석'의 현금흐름 분석지표 해설

① 현금흐름보상비율

⊙ 기업의 단기지급능력을 평가하는 지표

ⓒ 현금흐름보상비율 $= \dfrac{\text{영업활동현금흐름 + 이자비용}}{\text{연평균 단기차입금 + 이자비용}}$

② 현금흐름이자보상비율

⊙ 기업의 단기지급능력을 평가하는 보조지표

ⓒ 현금흐름이자보상비율 $= \dfrac{\text{영업활동현금흐름 + 이자비용}}{\text{이자비용}}$

③ 영업활동현금흐름 대 매출액

⊙ 기업이 매출활동을 통해 얼마만큼의 현금 창출이 가능한지 파악하기 위한 지표

ⓒ 영업활동현금흐름 대 매출액 $= \dfrac{\text{영업활동현금흐름}}{\text{매출액}}$

④ 당기순이익 대 영업활동현금흐름

⊙ 영업활동현금흐름 중에서 당기순이익이 차지하는 비중

ⓒ 당기순이익 대 영업활동현금흐름 $= \dfrac{\text{당기순이익}}{\text{영업활동현금흐름}}$

⑤ 투자안정성비율

⊙ 유형자산에 투자한 자금을 영업활동현금흐름으로 얼마만큼 충당 가능한지 알려주는 지표

ⓒ 투자안정성 비율(%) $= \dfrac{\text{영업활동현금흐름}}{\text{유형자산 투자순지출}} \times 100$

⑥ 영업활동현금흐름 대 투자활동현금지출

⊙ 투자활동 현금지출을 영업활동현금흐름으로 얼마만큼 충당 가능한지 알려주는 지표

ⓒ 영업활동현금흐름 대 투자활동현금지출 $= \dfrac{\text{영업활동현금흐름}}{\text{투자활동현금흐름}}$

⑦ 영업활동현금흐름 대 총부채

⊙ 영업활동현금흐름으로 총부채를 어느 정도 상환할 수 있는지 알려주는 지표

ⓒ 영업활동현금흐름 대 총부채 $= \dfrac{\text{영업활동현금흐름}}{\text{연평균총부채}}$

⑧ 영업활동현금흐름 대 차입금

　　㉠ 영업활동현금흐름으로 차입금을 어느 정도 상환할 수 있는지 알려주는 지표

　　㉡ 영업활동현금흐름 대 차입금 $= \dfrac{\text{영업활동현금흐름}}{\text{연평균차입금}}$

2. 주당현금흐름비율과 주가현금흐름비율

① 주당현금흐름비율(CPS)

　　㉠ 주당순이익의 대체적인 비율로서 주당영업활동현금흐름을 나타낸 지표

　　㉡ 주당현금흐름비율 $= \dfrac{\text{영업활동현금흐름}}{\text{총유통보통주식수}}$

② 주가현금흐름비율(PCR)

　　㉠ PER의 대체적인 비율로서 기업의 성장가능성을 가늠하는 지표로 활용

　　㉡ 주가현금흐름비율 $= \dfrac{\text{보통주 1주당 시가(주가)}}{\text{주당현금흐름비율(CPS)}}$

∙∙∙ T O P I C 6 전통적인 현금흐름과 EBITDA 및 잉여현금흐름

1. 전통적인 현금흐름

전통적인 현금흐름 = 당기순이익 + 감가상각비

2. 법인세 · 이자 · 감가상각비 차감 전 영업이익(EBITDA)

EBITDA = 당기순이익 + 법인세 + 이자비용 + 감가상각비

3. 전통적인 현금흐름과 EBITDA가 영업현금흐름으로 보는 것의 문제점

① 투자를 고려하지 않는다.

② 감가상각비 외에도 비현금성 손익 항목이 다수 존재함에도 이를 고려하지 않는다.

③ 당기순이익에는 투자 및 재무활동과 관련된 손익 항목이 그대로 있음에도 이를 제외하지 않는다.

4. 잉여현금흐름(FCF : Free Cash Flow)

① 기업의 잉여현금흐름 계산식

　㉠ 기업 FCF = EBIT[주1] − 법인세[주2] + 감가상각비 − 자본적 지출 − 운전자본의 증감[주3]

　　주1 : EBIT − 이자와 법인세 차감 전 이익
　　주2 : 법인세 − EBIT에서 법인세율을 곱하여 산출한 영업 관련 법인세
　　주3 : 운전자본의 증감(매출채권 + 재고자산 − 매입채무)

　　※ 영업활동현금흐름에는 이자비용이 차감되어 있고 법인세, 감가상각비, 운전자본 증감이 모두 포함되어 있으므로
　　　㉡의 식으로 조정 가능하다.

　㉡ 기업 FCF ≒ 영업활동현금흐름 + 이자비용 × (1 − T) − 자본적 지출

　　※ 기업의 가치는 앞에서 구한 기업의 잉여현금흐름을 적절한 할인율(가중평균자본비용)으로 할인하여 산정한다.

② 보통주주 잉여현금흐름

　㉠ 보통주주 FCF = 당기순이익 + 감가상각비 − 자본적 지출 − 운전자본의 증가
　㉡ 보통주주 FCF ≒ 영업활동현금흐름 − 자본적 지출

···TOPIC 7 현금흐름표를 통한 신용 분석

1. 단기차입금 상환능력 검토

현금흐름보상비율을 통해 상환능력을 검토한다. 일반 현금흐름보상비율식에서 분모의 연평균단기차입금을 기초단기차입금의 20%와 유동성장기부채상환액의 합으로 수정한 '수정된 현금흐름보상비율'을 산정하기도 한다.

$$\text{수정된 현금흐름보상비율(\%)} = \frac{\text{영업활동현금흐름 + 이자비용}}{\text{기초단기차입금} \times 20\% + \text{유동성장기부채상환액 + 이자비용}} \times 100$$

2. 총차입금 상환능력 검토

총차입금 상환능력을 검토하고자 한다면, 기업의 존속능력에 대한 파악이 필요하다. 이때, 신용분석목적용 현금흐름표를 활용하는 것이 좋다.

3. 적정차입금 규모의 측정

양식	
1. 이자 지급 전 영업활동현금흐름	10,000(A)
2. 금융비용보상비율 → 목표배율 설정	2(B)
3. 부담가능차입이자	5,000(C = A ÷ B)
4. 적정차입금 → 평균차입이자율로 계산	100,000(D = C ÷ 5%)
5. 기존차입금잔액	70,000(E)
6. 추가차입가능금액	30,000(F = D - E)

단, 설정할 목표배율과 평균차입이자율은 기업마다 다를 수 있다.

4. 영업활동현금흐름 원천액의 추세 분석

영업활동현금흐름 원천액은 운전자산투자액의 변동이 없고 기타 영업외손익이 없다고 가정할 경우 영업활동으로부터 조달되는 총현금을 의미한다. 해당 원천액의 추세를 검토하고 동업종 기업과 비교하는 분석 등이 필요하다.

5. 운전자산의 변동내역 분석

1회전 소요운전자금을 산출하여 분석하거나 운전자본비율 등을 계산하여 산업평균과 비교하기도 한다.

6. 영업활동 중 비경상적인 부분에 대한 분석

기타 영업 관련 자산 및 부채의 증감액과 영업외손익은 금액이 중요하지 않은 경우가 많지만 중요한 경우 면밀한 분석이 필요하다.

7. 법인세 납부액에 대한 분석

이연법인세회계를 적용하는 기업의 경우에는 법인세비용 발생액과 실제 법인세 현금지출의 시기 차이가 클 수 있으니 주의하여 분석한다.

8. 기타 분석

투자활동과 재무활동에 대한 분석과 대출약관에 추가할 내용을 검토한다.

01 다음 중 영업활동으로 인한 현금흐름이 제공하는 정보로 옳지 않은 것은?

① 기업의 부채원리금 상환능력
② 배당금 지급능력
③ 기업의 미래 현금흐름 창출능력과 계속기업으로서의 존속능력
④ 기업의 신규투자능력
⑤ 내부금융과 외부금융의 균형 여부

> 내부금융과 외부금융의 균형 여부는 재무활동현금흐름으로 알 수 있다.
>
> 답 ⑤

02 현금흐름표 분석과 관련한 설명 중 가장 옳지 않은 것은?

① 기말 현금보유액 수준을 보면 유망한 투자기회를 위한 여유자금의 비축 및 재무탄력성을 보유하고 있는지 여부를 판단하는 데 도움이 된다.
② 현금보유액이 높다면 효율적인 자금운용을 하는 것으로 볼 수 있다.
③ 영업활동과 투자활동을 통한 현금흐름이 합쳐서 음수(-)인 경우에는 추가적인 자금 조달이 필요하다.
④ 지나치게 외부금융에 의존하고 있다면, 이자비용 또는 배당금 부담으로 인해 향후 현금흐름에 부정적인 영향이 있을 것으로 해석할 수 있다.
⑤ 일반적인 대규모의 시설투자를 통한 현금흐름 유입은 장기적이므로 시설투자자금은 장기차입금이나 자기자본으로 조달하는 것이 유용하다.

> 현금보유액이 높다면 적절한 투자대상을 찾지 못한 것으로 볼 수 있으므로, 비효율적인 자금운용으로 해석할 수 있다. 기말현금보유액을 통해 예상치 못한 자금의 필요에 대비할 수 있는 능력, 위기극복 능력, 유리한 투자기회 활용 능력 등을 판단할 수 있다.
>
> 답 ②

03 다음 현금흐름의 유형의 분류와 관련된 설명 중 적절하지 않은 것은?

① 우량성숙기업형은 영업현금흐름이 풍부하다.

② 우량성숙기업형은 투자현금흐름과 재무현금흐름이 모두 음수(−)이다.

③ 투자현금흐름이 음수(−)라는 것은 기업의 수명주기 중 쇠퇴기로 볼 수 있다.

④ 성장형은 설비투자할 재원이 부족하기 때문에 외부로부터 자금을 조달하는 초기성장 기업이다.

⑤ 모든 활동의 현금흐름이 음수(−)라면 보유현금을 소진하고 있는 것으로 볼 수 있다.

투자현금흐름이 음수(−)라는 것은 투자를 하고 있는 것으로 기업이 정상적으로 운영되고 있다는 것을 의미한다.

답 ③

04 토마토주식회사의 20X1년 현금흐름표를 아래와 같이 요약하였다. 해당 현금흐름을 바탕으로 토마토주식회사의 현 상황을 가장 잘 설명한 것은?

구분	금액
영업활동CF	−2,000
투자활동CF	−1,000
재무활동CF	+3,500
기초현금	500
기말현금	1,000

① 회사는 우량 성숙기업의 형태다.

② 회사는 부채 축소 및 일부 사업을 구조조정하고 있는 형태다.

③ 회사는 저수익사업을 매각하고 있다.

④ 회사는 신생기업 또는 급성장하고 있는 형태다.

⑤ 회사는 보유현금을 소진하고 쇠퇴하고 있다.

본 회사의 현금흐름[영업현금흐름(−), 투자현금흐름(−), 재무현금흐름(+)]은 신생기업이나 급성장기업에서 나타나는 형태로 미래의 대규모 매출 증가를 기대하면서 최대한 외부자금을 통해 설비투자를 계속할 때 나타난다.

답 ④

05 현금흐름 유형에 따른 현금흐름 분석 방향에 대한 설명 중 옳지 않은 것은?

① 영업활동현금흐름은 도입기에는 음(−)의 현금흐름을 보이나 성장기에 손익분기 전환되어 성숙기에 양(+)의 현금흐름을 보인다.

② 투자활동현금흐름은 기업의 영속성을 고려할 때 성숙기까지 음(−)의 현금흐름을 보이다가 쇠퇴기에 자산 등을 매각하면서 양(+)의 현금흐름을 보인다.

③ 양(+)의 영업현금흐름, 음(−)의 투자현금흐름, 음(−)의 재무현금흐름을 보이는 기업은 가장 성숙기에 진입한 성공적인 기업이나 이러한 상태의 지속 여부를 정기적으로 확인하는 것이 필요하다.

④ 대규모 차입금 상환자금을 마련하기 위해 투자자산을 매각하는 구조조정 중인 기업은 모든 활동현금흐름이 양(+)의 값이다.

⑤ 일반적으로 투자활동현금흐름과 재무활동현금흐름은 반대 방향으로 움직이는 경우가 많다.

대규모 차입금 상환자금을 마련하기 위해 투자자산을 매각하는 구조조정 중인 기업은 음(−)의 영업현금흐름, 양(+)의 투자현금흐름, 음(−)의 재무현금흐름을 보인다.

답 ④

06 현금흐름표 분석과 관련한 설명 중 옳지 않은 것은?

① 수평적 분석기법은 회계기간 사이의 정보 변화에 초점을 두고, 수직적 분석기법은 특정 시점의 각 재무항목 간의 관계를 분석하는 기법이다.

② 영업활동을 이자 지급 전 영업활동현금흐름과 배당금 지급 후 현금흐름으로 구분한 신용분석용 현금흐름표는 영업활동현금흐름으로 이자와 배당금 지급능력이 어느 정도인지 판단할 정보를 제공한다.

③ EBITDA와 현금흐름표상 '영업활동으로 인한 현금흐름'과 가장 중요하게 차이가 나는 부분은 자본적 지출이다.

④ 기업잉여현금흐름은 현금흐름표상 '영업활동으로 인한 현금흐름'에 이자비용을 더하고 자본적 지출을 차감한 금액을 말한다.

⑤ 영업활동 중 비경상적인 영업활동에서 나타난 현금흐름이 중요하다면 그러한 상황이 향후에도 발생될 것인지에 대한 검토도 필요하다.

07 영업활동에서 창출된 현금흐름으로 기업의 단기차입금과 이자비용을 부담할 수 있는가를 알아보는 지표는 다음 중 무엇인가?

① 현금흐름보상비율
② 잉여현금흐름
③ 투자안정성 비율
④ 주가현금흐름 비율
⑤ 영업활동으로 인한 현금흐름 대 차입금

'EBITDA = 세전이익 + 이자비용 + 상각비'로 자본적 지출을 고려하지 않으며 현금흐름표상 영업현금흐름도 자본적 지출을 고려하지 않는다.

④ 'FCF(기업잉여현금흐름) = EBIT × (1 – 법인세율) + 상각비 등 ± 운전자본변동 – 자본적 지출'로 이자비용을 고려하지 않고 자본적 지출을 추가로 고려한 점이 현금흐름표상 영업현금흐름과 다른 점이다. 추가로 FCF에서 고려한 법인세는 영업이익과 관련한 법인세인 점도 현금흐름표상 영업현금흐름과 다른 점이다.

답 ③

현금흐름보상비율

$$= \frac{\text{영업활동으로 인한 현금흐름} + \text{이자비용}}{\text{단기차입금(평균)} + \text{이자비용}}$$

답 ①

08 다음 중 재무활동현금흐름이 제공하는 정보와 가장 가까운 것은 무엇인가?

① 배당금 지급능력
② 기업의 신규투자능력
③ 외부조달자금의 필요성
④ 설비투자의 적정규모
⑤ 내부금융과 외부금융의 균형 여부

①~② 영업활동현금흐름으로부터 얻을 수 있는 정보이다.
③~④ 투자활동현금흐름으로부터 얻을 수 있는 정보이다.
답 ⑤

09 다음 현금흐름과 관련한 비율에 대한 설명 중 옳지 않은 것은?

① 현금흐름보상비율은 영업활동으로 창출된 현금흐름으로 기업의 단기차입금과 이자비용을 부담할 수 있는가를 알아보는 지표이다.
② 투자안성정비율은 영업활동으로 창출된 현금흐름을 유형자산 투자를 위한 현금지출에 어느 정도 충당할 수 있는가를 나타내는 지표이다.
③ 주당현금흐름비율(CPS)은 주당 재무활동현금흐름을 나타낸 지표이다.
④ 주가현금흐름비율(PCR)은 기업의 성장가능성을 가늠하는 지표로 활용 가능하다.
⑤ 현금흐름이자보상비율은 기업의 단기지급능력을 평가하는 보조지표이다.

주당현금흐름비율(CPS)
$$= \frac{\text{영업활동현금흐름}}{\text{총유통보통주식수}}$$
답 ③

10 20X1년도 (주)토마토의 현금흐름을 분석한 결과 당기순이익보다 영업활동으로 인한 현금흐름이 더 적었다. 그 원인에 대한 설명으로 옳지 않은 것은?

① 단기매매증권의 공정가치가 증가하여 평가이익을 인식하였다.

② 지분법적용대상 피투자회사의 이익이 큰 폭으로 증가하였다.

③ 투자주식에 대한 배당금이익이 감소하였다.

④ 당기 중 대규모 구조조정으로 퇴직금의 지급액이 큰 폭으로 증가하였다.

⑤ 외상매출로 인한 매출채권회수가 지연되고 있다.

배당금이익은 영업활동현금흐름이므로 배당금이익의 감소는 당기순이익과 영업활동현금흐름에 모두 영향을 미친다.
①~② 영업과 관련없는 손익은 영업활동현금흐름 계산 시 제외한다.
④ 당기순이익에는 영향을 미치지 않는 현금유출 항목이다.
⑤ 매출은 인식하였으나 관련 현금유입이 지연되고 있는 상황이다.

답 ③

11 A기업에서 매출로부터의 현금유입액이 증가하고 있는 경우 이에 대한 원인으로 적절하지 않은 것은?

① 경기 호황으로 인한 판매량 증가

② 판매가격의 인상

③ 매출채권회전율 상승

④ 매출채권 할인액의 증가

⑤ 전기이월된 선수금의 당기 매출액 대체

현금유입액의 증가 원인은 매출액 자체의 증가 혹은 선수금의 증가, 매출채권의 회수 등과 관련이 있다. 전기이월된 선수금의 당기 매출액 대체 → 현금 유입이 없다.
① 경기 호황으로 인한 판매량 증가 → 매출 증가
② 판매가격의 인상 → 매출 증가
③ 매출채권회전율 상승 → 매출채권 회수 증가
④ 매출채권 할인액의 증가 → 매출채권 할인을 통한 현금 유입

답 ⑤

12 투자활동현금흐름을 통하여 파악할 수 있는 정보를 나열한 것 중 옳지 않은 것은?

① 영업활동에서 부족한 자금을 유휴시설 처분을 통하여 조달하였는지 여부

② 외부자금조달의 필요성

③ 기업의 신규투자능력

④ 설비투자의 적정규모 여부

⑤ 투자활동을 통한 기업의 성장전략

기업의 신규투자능력은 영업활동현금흐름을 통하여 확인할 수 있다.

답 ③

13 다음 자료를 보고 산출한 해당 기업의 추가 차입 가능금액으로 적절한 것은?

(1) 이자 지급 전 영업활동현금흐름	10,000
(2) 금융비용 목표배율	2
(3) 평균차입이자율	5%
(4) 기존 차입금액	70,000

① 60,000원   ② 55,000원

③ 50,000원   ④ 40,000원

⑤ 30,000원

구분	금액
1 이자 지급 전 영업활동 현금흐름	10,000(A)
2 금융비용 보상비율 (목표배율 설정)	2(B)
3 부담가능 차입이자	5,000 (C = A ÷ B)
4 적정차입금 (평균차입 이자율 활용)	100,000 (D = C ÷ 5%)
5 기존차입금 잔액	70,000(E)
6 추가차입 가능금액	30,000 (F = D − E)

답 ⑤

14 다음에 열거한 재무제표 분식방법 중 영업활동으로 인한 현금흐름이 과대표시되지 않는 방법은?

① 기업이 건물에 대한 수선비를 비용으로 계상하지 않고 자본적 지출로 기록

② 현금을 횡령하고 이를 대표이사에 대한 단기대여금으로 기록

③ 선수금 수령액을 즉시 매출액으로 계상

④ 장기연불조건으로 유형자산을 취득하였으나, 유형자산이 증가한 내용을 투자활동에 현금유출한 것처럼 기록하고, 미지급금이 증가한 내용을 영업활동에 기록

⑤ 금융기관으로부터 차입을 하여 증권을 취득하고 향후 이를 매각 후 차입금을 상환할 때, 매각 대금을 영업현금흐름으로 기록

선수금과 매출액 모두 영업활동과 관련이 있는 계정이고, 둘 중 어느 회계처리를 하더라도 영업현금흐름 유입액은 동일하여 과대 또는 과소표시되지 않는다.

① 수선비는 영업활동현금흐름의 음(−)의 값이지만 자본적 지출로 분석하면 투자활동현금흐름 유출로 인식한다.

② 횡령한 현금은 분류상 영업활동 유출이지만 단기대여금으로 기록하면서 투자활동으로 분류한 분식이다.

④ 손익계산서와 재무상태표는 변함없이 현금흐름표만 분식된 경우다.

⑤ 증권 매각대금은 투자활동현금흐름 유입이지만 이를 영업활동현금흐름으로 분석한 경우다.

답 ③

15 다음 설명 중 옳지 않은 것은?

① 일반적으로 매출액증가율을 상회하는 운전자산 증가 추세가 매출액증가율을 하회하는 운전자산 증가 추세보다 바람직하다.

② 재고자산 보유비율이 높거나 급격히 증가하는 기업에 대하여는 재고자산순실현가능가액에 대해 판단해 보아야 한다.

③ 유형자산증가가 큰 경우 그 내역을 세밀히 분석하여 금융기관에서 조달된 자금으로 비업무용 부동산을 취득하였는지도 점검할 필요가 있다.

④ 재고자산의 보유 내용 중 완제품의 비중이 높다면 진부화된 제품이 많을 가능성이 높다.

⑤ 매입채무가 급격히 증가한 경우 매입채무 상환자금을 일시적으로 투자자산에 이용하고 있을 수 있다.

일반적으로 매출액증가율을 상회하는 운전자산 증가 추세는 운전자본에 대한 부담을 가중시킬 수 있다. 따라서 매출액증가율을 하회하는 운전자산 증가 추세가 보다 바람직하다.

답 ①

16 다음 자료를 보고 산출한 해당 기업의 잉여현금흐름(FCF)으로 옳은 것은?(단, 법인세율은 24%이다.)

(1) 영업이익	600,000
(2) 감가상각비	100,000
(3) 자본적 지출	50,000
(4) 운전자본의 증가분	70,000

① 600,000원 ② 550,000원

③ 483,000원 ④ 436,000원

⑤ 430,000원

• FCF = 영업이익 × (1 − 법인세율) + 감가상각비 등 − 자본적 지출 − 순운전자본의 증가 = 600,000 × (1 − 24%) + 100,000 − 50,000 − 70,000 = 436,000

답 ④

17 EBITDA와 FCF의 차이를 발생하는 항목들 중 다음 보기에서 가장 적합한 것은 무엇인가?

① 재료비   ② 매출채권의 증가

③ 이자비용   ④ 감가상각비

⑤ 판매관리비

• EBITDA = EBIT + 감가상각비
• FCF = EBIT × (1 − 법인세율) + 감가상각비 등 − 자본적 지출 − 순운전자본의 증가
→ EBITDA에서는 매출채권의 증가를 고려하지 않지만 FCF에서는 고려한다.

답 ②

18 다음 중 EBITDA와 현금흐름표의 영업활동현금흐름과의 차이를 발생시키는 항목이 아닌 것은?

① 매출채권의 감소   ② 선수금 증가

③ 배당금 수입   ④ 감가상각비

⑤ 재고자산의 증가

감가상각비는 EBITDA와 영업현금흐름 계산 시 모두 제외하는 식으로 고려하는 항목이다.

답 ④

CHAPTER 04 현금수지분석표의 분석

TOPIC 1 신용분석 목적의 현금수지분석표
TOPIC 2 현금수지분석표 및 현금순환분석표의 심층적 분석
TOPIC 3 현금수지분석표 및 현금순환분석표의 비율분석 등

···TOPIC 1 신용분석 목적의 현금수지분석표

1. 현금수지분석표의 작성

① 양식

양식	
1. 매출을 통한 현금유입액 가. 순매출액 나. 매출채권/선수금 증감액 2. 현금지출 매출원가 가. 매출원가 나. 재고자산/매입채무/선급금 증감액 다. 감가상각비(제조원가) 라. 무형자산상각비(제조원가) 마. 퇴직급여(재조원가) 3. 현금 매출 총 이익(1 + 2) 4. 현금 판매비 및 관리비 가. 판매비 및 관리비 나. 선급비용/미지급비용 증감액 다. 감가상각비(판관비) 라. 무형자산상각비(판관비) 마. 퇴직급여(판관비) 5. 현금 영업이익(3 + 4) 6. 기타영업활동에 의한 현금흐름액 가. 영업외수익/비용 나. 미수수익/선수수익 증감액 다. 법인세납부액 라. 영업 관련 기타유동자산/부채 증감액 마. 영업 관련 기타비유동부채 증감액 바. 외화환산손익 등	7. 영업활동 후의 현금흐름액(5 + 6) 8. 이자비용과 배당금 지급액 9. 이자 지급 후의 현금흐름액(7 + 8) 10. 유동성장기차입금 상환 11. 유동성장기차입금 상환 후 현금흐름액(9 + 10) 12. 투자활동 현금흐름액 가. 유/무형자산 증감액 나. 투자자산 증감액 다. 투자활동 관련 유동 · 비유동자산 증감액 13. 외부자금조달 전 현금흐름액(11 + 12) 14. 총 외부자금조달액 가. 단기/장기차입금(사채포함) 증감액 나. 장 · 단기 미지급금 증감액 다. 자본금 및 자본조정 증감액 15. 외부자금조달 후 현금흐름액(13 + 14) 16. 기타조정 17. 현금증감액

② 추가 고려사항 : 매출채권처분손실 금액이 중요한 경우, '6. 영업외비용' 계산에 포함하지 않고 '1. 매출을 통한 현금유입액' 계산에 포함하는 것이 적절하다. '8. 이자비용' 기록 시 손익계산서상 이자비용뿐만 아니라 분석대상회사의 재무제표 주석을 검토하여 당기 중 재고자산이나 유형자산 등에 이자비용을 자본화시킨 금액을 찾아서 여기에 포함해야 한다.

2. 현금순환분석표의 작성

양식	
1. 영업활동으로부터의 원천 　가. 영업이익 　나. 비현금비용 가산 2. 영업활동에의 운용 　가. 운전자산투자액 　　(매출채권, 재고자산, 매입채무 등) 　나. 기타운용 　　(기타유동자산/부채, 영업외손익, 선급비용, 미지급 　　비용, 법인세납부, 외화환산손익 등) 3. 영업활동 후의 현금흐름액(1 + 2) 4. 이자비용과 배당금 지급액 5. 이자 지급 후의 현금흐름액(3 + 4) 6. 유동성장기차입금 상환액 7. 유동성장기차입금 상환 후 현금흐름액(5 + 6)	8. 투자활동 현금흐름액 　가. 유/무형자산 증감액 　나. 투자자산 증감액 　다. 투자활동 관련 유동 · 비유동자산 증감액 9. 외부자금조달 전 현금흐름액(7 + 8) 10. 총 외부자금조달액 　가. 단기/장기차입금(사채포함) 증감액 　나. 장 · 단기 미지급금 증감액 　다. 자본금 및 자본조정 증감액 11. 외부자금조달 후 현금흐름액(9 + 10) 12. 기타조정 13. 현금증감액

3. 현금수지분석표와 현금순환분석표의 장점 및 현금흐름표와의 비교

① 장점
　㉠ 재무제표와 비현금거래에 대한 몇 가지 중요한 추가 자료만 고려하므로 비교적 단시간 내에 작성 가능하고 개인용 컴퓨터의 프로그램으로 쉽게 작성 가능
　㉡ 내용이 요약되어 있기 때문에 기업의 현금흐름을 한눈에 알아볼 수 있음
　㉢ 현금순환분석표는 분석자가 기업의 영업활동현금흐름이 영업이익과 운전자산 변동 그리고 기타요인 중 어디에서 영향을 가장 많이 받았는지 효과적으로 분석 가능

② 일반 현금흐름표와의 차이점 및 현금수지분석표와 현금순환분석표 이용 시 유의사항
　㉠ 이자 지급 전 현금흐름과 이자 지급 후 현금흐름을 구분 → 영업활동으로 조달된 현금으로 이자와 배당금을 지급할 수 있는지 판단
　㉡ 유동성장기부채 상환 전 현금흐름과 상환 후 현금흐름을 구분 → 이자 지급 후 현금흐름으로 기일이 도래하는 부채의 원금을 상환할 수 있는지 판단 가능
　㉢ 활동 구분에 있어서 과목별로 차이가 존재
　㉣ 영업활동현금흐름은 자세히 표시한 반면, 투자활동과 재무활동은 순액으로 요약 표시
　㉤ 별도의 손익과목으로 기재되지 않는 비현금손익 항목은 감안하지 않는 경우 존재

ⓑ 특정 자산·부채의 증감과 특정 수익·비용 과목이 일대일로 대응되지 않을 때 자세한 내용 파악이 안 되므로 임의적으로 대응시켜 작성

　　예 외화환산손익과 외환차손익 등 파생상품 관련 손익을 한데 묶어서 "기타 영업활동 현금흐름"란에 별도 표기

ⓢ 일부 비현금교환거래가 현금거래로 표시되는 경우 존재

ⓞ 영업활동현금흐름 계산 시 영업이익에서 출발

ⓩ 영업활동을 원천과 운용으로 분리해서 운전자산에 투하된 현금의 규모나 기타 영업활동 지출 규모 파악이 용이

ⓩ 중단사업손익이 중요할 경우 기존 양식으로 분석하기에는 적절하지 않을 수 있음

ⓚ 다른 기업을 합병한 경우, 합병 관련 비현금교환거래를 제거하는 등 매우 신중한 접근 필요

···TOPIC ❷ 현금수지분석표 및 현금순환분석표의 심층적 분석

1. 현금흐름표의 기본절차

기업의 과거(3년 ~ 5년) 현금흐름 분석 → 영업활동 현금흐름에 영향을 미치는 주요 변수 등 파악 → 미래의 현금흐름 추정에 반영 → 다른 재무비율 등의 기타 신용분석 자료와 종합하여 신용제공 여부 등 결정

2. 영업활동 현금흐름에 미치는 요인별 분석

① 매출액

　ⓐ 성장성, 매출액 증감 추세를 선행적으로 분석

　ⓑ 해당 기업의 기술력 분석

　ⓒ 회사의 고객과 제품의 구성

② 매출원가

　ⓐ 매출원가의 구성비(재료비, 노무비, 제조경비 등의 구성비율)

　ⓑ 원가를 발생시키는 주요 변수

③ 판매비와 관리비

　ⓐ 판매관리비의 구성 파악(인건비와 관리비, 판매비, 연구개발비 등의 구성비율)

　ⓑ 판매관리비를 발생시키는 주요 변수

④ 매출채권

　ⓐ 매출채권이 과다하거나 급증하고 있는 기업에 대해 그 증가의 원인 파악

      ⓛ 매출액증가율과 매출채권증가율을 비교하여 매출채권 증가의 원인 파악(매출신용정책의 변동, 불량채권의 발생, 가공매출채권 계상과 같은 분식결산)

    ⑤ 재고자산

      ㉠ 재고자산이 과다하거나 급증하고 있는 기업에 대해 그 증가 원인 파악

      ⓛ 재고재산과 매출액을 비교하여 재고자산 증가의 원인 파악

        예 원재료 가격상승을 예상한 재고자산의 다량 구입, 진부화된 재고자산의 누적, 신규 사업진출로 인한 신제품 재고의 증가, 가공재고자산의 계상과 같은 분식결산

      ㉢ 재고자산의 보유 내용 중 완제품의 비중이 높다면 진부화된 제품이 많을 가능성 높음

    ⑥ 매입채무 : 매입채무가 급격히 증가한 경우 관련 원인 파악

      예 매입처에 대한 신용기간 확대와 같은 신용정책 변경, 매입채무 상환자금을 일시적으로 투자자산에 이용

    ⑦ 기타 영업활동 자산 · 부채의 변동 등

      ㉠ 영업외손익에서 우발적인 손익이 발생하는 경우 추가 분석

      ⓛ 퇴직금지급액이나 판매보증비의 지출이 커진 경우 추가 분석

      ㉢ 외화차손익이나 파생상품거래에서 거액의 손익이 발생한 경우 추가 분석

3. 영업활동 후의 현금흐름액

현금수지분석표상 영업활동 후의 현금흐름액은 차입금에 대한 이자비용과 주주에 대한 배당금 그리고 상환하여야 할 부채의 원금을 상환하는 원천이다. 영업활동현금흐름을 구성하는 각 과목에 대한 분석을 통해 매출액 증가에 따라 영업활동현금흐름이 어느 정도 증가할 것인지 예측할 수 있다.

4. 이자와 배당금 지급 후의 현금흐름액

이자와 배당금 지급 후의 현금흐름액은 추가적인 외부자금의 유입 없이 영업활동을 수행할 수 있는 능력을 나타내는 수치이다.

5. 유동성장기차입금 상환 후 현금흐름액

만약 이자 지급 후 현금흐름이 양(+)의 값이고 유동성장기차입금 상환 후 현금흐름액은 음(−)의 값인 경우, 총차입금 상환일정을 재검토하여 상환일정에 대한 재조정을 검토해야 한다.

6. 투자활동 현금흐름분석

    ① 유형자산 증감액 분석 : 설비투자의 분석에 있어서 설비투자의 향후 기대효과와 현금흐름 유출입 시기를 맞추는 자금조달 전략(헤징)을 통해 위험관리를 할 수 있다.

    ② 투자자산 증감액 분석 : 설비투자와 투자자산 증감 분석을 통해 기업의 성장전략을 가늠할 수 있다.

③ 무형자산 증감액 분석 : 무형자산의 구성내용 분석과 투자로 인한 향후 기대효과를 분석할 수 있다.

④ 투자활동 관련 유동 · 비유동자산의 증감액 분석 : 외부조달자금으로 계열사에 거액의 단기대여를 하는 경우 계열사의 부실로 인한 연결도산 가능성 분석이 필요하다.

7. 외부자금조달활동 분석

단기운영자금은 단기차입금으로, 설비투자자금은 장기차입금이나 증자자금으로 조달하는 헤징 전략 필요성을 검토한다. 외부자금조달 실적이 빈약하나 단기운전자산에 대한 투자가 과다한 경우 부외부채를 의심해봐야 한다.

8. 현금의 보유상태

① 적정한 수준의 현금보유 여부를 확인한다. 현금 보유량이 너무 적으면 일시적인 유동성 위기가 올 가능성이 높아지고, 반대로 현금 보유량이 너무 많으면 기업의 미래 수익성을 포기하는 결과가 나타날 수도 있다.

② 적정한 수준의 현금보유를 결정하는 기법에는 1회전 소요운전자금, 총자산 대비 현금보유비율, 매출 대비 현금보유비율 등이 있다.

···TOPIC ❸ 현금수지분석표 및 현금순환분석표의 비율분석 등

1. 현금흐름 관련 비율의 산출

① 단기 신용위험분석에 대한 비율

㉠ 수정된 현금흐름보상비율(%)

$$= \frac{영업활동현금흐름 + 이자비용}{기초단기차입금 \times 20\% + 유동성장기부채상환액 + 이자비용} \times 100$$

㉡ 부채상환계수(%) $= \dfrac{총영업활동조달흐름 + 금융비용}{단기차입금 + 유동성장기부채상환액 + 금융비용} \times 100$

㉢ 단기차입금 상환능력비율(%)

$$= \frac{현금과부족 + 이자 지급 후 현금흐름 - 비유동자산투자 + 유상증자 + 장기차입금증가}{기초단기차입금 \times 20\% + 유동성장기부채상환액} \times 100$$

㉣ 유동성장기부채 상환능력비율(%) $= \dfrac{이자 지급 후 현금흐름액}{유동성장기부채상환액} \times 100$

② 장기 신용위험분석에 관한 비율

    ㉠ 장기차입금 상환능력비율(%) $= \dfrac{\text{영업활동으로부터의 원천}}{\text{장기차입금}} \times 100$

    ㉡ 총차입금 상환능력비율(%) $= \dfrac{\text{영업활동으로부터의 원천}}{\text{총차입금}} \times 100$

2. 차입금상환능력 평가표의 작성

여신심사표를 작성하여 차입금상환능력을 20점 만점으로 평가하기도 한다.

3. 현금흐름분석 그래프의 활용

그래프를 통해 추세분석을 한눈에 볼 수 있다.

4. 기업부실 예측에의 이용

① 비버의 예측모형 : 부실기업(79개)과 정상기업(79개)을 표본으로 프로파일 분석과 이원분류 검정을 실시하여 재무비율의 기업부실 예측능력을 평가하는 모형이다.
② 과거 알트만 모형(Z-Score 모형), 한국은행판별모형(K-Score 모형) : 현금흐름 관련 비율을 이용하지 않으나 현재 기업부실 예측모형에는 현금흐름 관련 지표를 반드시 이용한다.

01 신용분석목적의 현금수지분석표와 일반기준에 의한 현금흐름표를 비교한 내용 중 가장 옳지 않은 것은?

① 현금수지분석표는 영업활동현금흐름은 자세히 표시한 반면, 투자활동과 재무활동은 순액으로 요약 표시하고 있다.

② 현금수지분석표는 영업활동현금흐름 계산 시 영업이익에서 출발한다.

③ 현금수지분석표 작성에 있어서 중요한 비현금거래에 대한 추가 정보는 필요하지 않다.

④ 채무조정이익의 경우 현금수지분석표 작성 시 재무활동과 관련한 현금흐름으로 분석한다.

⑤ 현금수지분석표에서 '유동성장기차입금 상환 후 현금흐름'이 마이너스이거나 그 금액이 투자액에 비해 현저히 부족한 상태에서 차입금 조달이 있으면 금융기관차입금으로 투자하였다고 간주한다.

현금수지분석표 작성에 있어서도 중요한 비현금거래에 대한 추가정보는 필요하다.

답 ③

02 현금수지분석표의 영업활동 후의 현금흐름과 일반기준에 의한 현금흐름표상 영업활동으로 인한 현금흐름이 차이가 나는 원인에 해당하지 않은 것은?

① 현금수지분석표상 영업활동 후의 현금흐름은 이자 지급 전 수치이다.

② 판매직 사원에 대한 퇴직급여충당부채 전입액이 현금수지분석표상 영업활동 후의 현금흐름에는 반영되어 있지 않다.

③ 사채할인발행차금상각액은 현금수지분석표상 영업활동 후의 현금흐름에는 반영되어 있지 않다.

④ 장기매출채권에 대한 현재가치 할인차금상각액이 현금수지분석표상 영업활동 후의 현금흐름에는 반영되어 있지 않다.

⑤ 배당금 지급으로 인하여 현금수지분석표의 영업활동 후의 현금흐름과 일반기준에 의한 현금흐름표상 영업활동으로 인한 현금흐름 차이는 없다.

판매직 사원에 대한 퇴직급여충당부채 전입액은 현금수지분석표의 영업활동 후의 현금흐름과 일반기준에 의한 현금흐름표상 영업활동으로 인한 현금흐름에 모두 포함된다.

⑤ 배당금 지급은 일반기준에 의한 현금흐름표에 재무활동으로 분류된다.

답 ②

03 다음 중 현금수지분석표 및 현금순환분석표를 활용에 대한 설
명으로 가장 적절하지 않은 것은?

① 수정된 현금흐름보상비율에서는 유동성장기부채상환액
을 고려한다.
② 차입금상환능력을 평가할 수 있다.
③ 현금흐름분석 그래프를 활용할 수 있다.
④ 유동성장기부채 상환능력비율은 이자지급 후 현금흐름액
을 기준으로 산정한다.
⑤ 기업부실 예측모형에서는 현금흐름 관련 지표를 이용하
지 않는다.

과거 기업부실예측모형에서는 현
금흐름 관련 비율을 이용하지 않
았으나 현재는 현금흐름 관련 지
표를 반드시 이용한다.

답 ⑤

CHAPTER 05 재무제표 분식과 현금흐름

TOPIC 1 분식회계의 유형
TOPIC 2 영업활동 현금흐름이 과대표시되지 않는 재무제표 분석
TOPIC 3 영업활동 현금흐름이 과대표시되는 재무제표 분석
TOPIC 4 재무제표 분석의 추정

···TOPIC 1 분식회계의 유형

1. 비용의 과소계상과 자산의 과대계상(또는 부채의 과소계상)

비용으로 처리하여야 할 금액을 고의로 누락 또는 축소하는 경우 자산이 과대계상되거나 부채가 과소계상된다. 이와 관련된 매출원가 과소계상, 재고자산 등의 과대계상(또는 부채 과소계상)의 예시는 다음과 같다.

① 제품을 판매하고 판매수익을 정상으로 기록하였으나, 판매된 재고자산을 그대로 보유하고 있는 것처럼 분식
② 감가상각비나 대손상각비 등 자산의 평가손실을 적게 계상
③ 추정비용(손실)과 추정부채 또는 충당부채를 재무제표에 나타내지 않는 경우

2. 수익의 과대계상과 자산의 과대계상(또는 부채의 과소계상)

실제 수익보다 많이 계상하여 자산이 과대계상되거나 부채가 과소계상하는 형태이다. 이와 관련된 매출 과대계상, 매출채권 등 과대계상(또는 부채 과소계상)의 예시는 다음과 같다.

① 가공의 매출액을 계상 후 가공의 거래처로부터 받을 돈이 있는 것처럼 기록
② 선수금 수령을 매출액으로 계상
③ 차기의 매출액을 당기의 매출액으로 조기 계상

1. 재고자산 과대계상

재고자산이 재무제표 분식에 가장 잘 이용되는 사유는 다음과 같다.

① 비용 중에서 매출원가의 비중이 크므로 과소계상하는 것이 비교적 용이
② 매출원가는 기초재고자산과 당기재고자산 매입액을 합한 값에서 기말재고자산금액을 차감하는 방법으로 간접적으로 계산
③ 기말재고자산은 실사 등을 통해 확인하는데, 이때 재고자산이 많은 것처럼 나타내면 위 계산산식에 따라 매출원가는 과소계상되는 결과가 나타남

2. 매출채권 과대계상

일반적으로 매출과 매출채권을 동시에 고의적으로 계상하는 유형을 말한다.

···T O P I C ❸ 영업활동 현금흐름이 과대표시되는 재무제표 분식

1. 비유동자산의 과대계상

기업이 건물에 대한 수선비를 비용으로 계상하지 않고 자본적 지출로 분식하는 경우 다음과 같은 결과가 나타난다.

① 손익계산서 : 비용이 과소계상
② 수선비는 영업활동현금흐름의 음(-)의 값이지만 자본적 지출로 분식하면 투자활동현금흐름 유출로 인식
③ 영업활동현금흐름 : 과대계상
④ 투자활동현금흐름 : 과소계상
⑤ 비용을 향후에 이연 인식함으로써 당기 법인세는 증가하고 차기의 법인세는 감소

2. 비현금거래를 현금거래로 분식

재무상태표와 손인계산서에 대한 분식은 하지 않았으나, 현금흐름표의 영업활동현금흐름만 양호하게 표시하는 분식 형태다. 장기연불조건으로 유형자산을 취득하였으나, 유형자산이 증가한 내용을 투자활동현금유출처럼 기록하고, 미지급금이 증가한 내용을 영업활동에 기록하는 경우 다음과 같은 결과가 나타난다.

① 영업활동현금흐름 : 과대계상

② 투자활동현금흐름 : 과소계상

③ 손익계산서와 재무상태표는 변함없이 현금흐름표만 분식

3. 재무활동을 이용한 영업활동현금흐름 과대표시

실질적으로는 재무활동인데 위장거래를 통해 영업활동현금흐름으로 기록하는 분식 형태다. 자회사로부터 물건을 싸게 구입하고 자회사는 해당 손실액을 금융기관으로부터 차입하는 경우 다음과 같은 결과가 나타난다.

① 연결관점에서 보면 구입액 중 일부는 내부자금으로, 일부는 금융기관 차입을 통해 지급한 것이나 모회사는 싸게 구입하여 영업활동현금흐름이 좋게 보이는 현상

② 영업활동현금흐름 : 과대계상

③ 재무활동현금흐름 : 과소계상

4. 투자활동을 이용한 영업활동현금흐름 과대표시

실질적으로는 투자활동인데 위장거래를 통해 영업활동현금흐름으로 기록하는 분식 형태다.

금융기관으로부터 차입하여 증권을 취득하고 향후 이를 매각하여 차입금을 상환할 때, 매각대금을 영업현금흐름으로 기록하는 경우 다음과 같은 결과가 나타난다.

① 증권 매각대금은 투자활동현금흐름 유입이지만 이를 영업활동현금흐름으로 분식

② 영업활동현금흐름 : 과대계상

③ 투자활동현금흐름 : 과소계상

5. 회계원칙 범위 내에서 일시적인 영업활동현금흐름의 과대표시

합병과 사업부 처분을 통해 현금흐름을 조정하는 형태이며 재무제표 분식은 아니고 일시적으로 현금흐름을 양호하게 표시하기 위한 것이다.

영업활동 관련 자산이 부채를 초과하는 기업을 인수하는 경우 인수대금은 투자활동현금흐름 유출로 처리되지만, 인수 후에 매출채권 등 영업활동 관련 자산에서 회수되는 현금흐름이 클 것이므로 영업활동현금흐름은 좋아지는 현상이 나타난다.

•••TOPIC 4 재무제표 분식의 추정

1. 분식의 징후

매출채권 회수기간의 증가, 매출총이익률의 감소, 감가상각률의 감소, 자산의 질 저하(유형자산이 차지하는 비율보다 유형자산을 제외한 비유동자산 비율이 증가하는 현상), 매출액의 증가 등의 경우 분식을 의심해 볼 수 있다.

2. 운전자산회전율 분석

회전율에 급격한 변화가 생긴 경우 분식회계를 의심해 볼 수 있다.

① 매출채권회전율이 급격하게 감소 → 가공의 매출액과 매출채권 계상 의심
② 재고자산회전율이 급격하게 감소 → 가공의 재고자산 계상 의심
③ 매입채무회전율이 급격하게 증가 → 매입채무 과소계상 의심

3. 현금흐름비율 분석과 현금흐름표의 검토

현금흐름보상비율이 급격히 하락하고 당기순이익과 영업활동현금흐름과의 격차가 확대가 되는 경우, 매출액 가공을 의심해 볼 수 있다. 회계적 손익뿐만 아니라 현금흐름비율 분석을 통해 분식 가능성을 보다 정확하게 점검할 수 있다.

4. 회계분식기업의 기타 특징

취약한 재무구조 및 손실 발생, 부의 영업현금흐름 발생으로 인해 유상증자 등을 통한 자금조달, 경영권 변동이 잦으며 횡령에 대한 내부통제 미흡, 목적사업의 수시 변경, 타 법인 출자금 손실처리, 공급계약 공시가 빈번하고 추후 정정공시 경향 등이 있는 경우 회계분식의 유인이 있는 기업이다.

5. 발생액 분석을 통한 이익조정의 검증

이익조정(Earnings management)이란 사적 이익을 얻을 목적으로 경영자가 외부 재무보고 과정에 의도적으로 개입하는 것이다. '수정된 Jones 모형'은 기업의 이익조정 여부를 검증하기 위해 널리 사용되는 모형이다. '수정된 Jones 모형'은 영업활동 현금흐름과 당기순이익의 차이를 재량적 발생액과 비재량적 발생액으로 분리하고 재량적 발생액을 분석하여 이익조정 여부를 판단한다.

01 토마토상사는 20X1년도에 10억원의 경상연구개발비가 발생하였다. 손익계산서상 판매관리비로 계상하지 않고 무형자산(개발비)로 계상하여 분식하였다. 정상적으로 처리하였을 경우에 비하여 20X1년 손익계산서상 당기순이익과 20X1년 현금흐름표상 영업활동으로 인한 현금흐름은 어떠한 영향을 받게 되는가?

① 당기순이익 증가, 영업활동현금흐름 불변
② 당기순이익 증가, 영업활동현금흐름 증가
③ 당기순이익 증가, 영업활동현금흐름 감소
④ 당기순이익 불변, 영업활동현금흐름 증가
⑤ 당기순이익 감소, 영업활동현금흐름 불변

> 판관비가 감소하므로 당기순이익이 증가하고, 해당 현금흐름 유출이 투자활동현금흐름으로 계상되므로 영업현금흐름이 과대계상된다.
>
> 답 ②

02 다음은 재무제표의 분식이 현금흐름에 미치는 영향을 기술한 것이다. 법인세효과가 없다고 가정할 경우 적절치 않은 설명은?

① 재고자산을 과대계상하여 당기순이익을 증가시켜도 현금흐름표상 영업활동으로 인한 현금흐름은 변화가 없다.
② 영업활동 관련 자산이 부채를 초과하는 기업을 인수하는 기업은 인수하는 연도의 영업활동현금흐름을 양호하게 만들 가능성이 높다.
③ 진행률을 과다하게 적용하여 매출액을 과대계상한 경우 영업활동현금흐름이 증가한다.
④ 차입금을 과소계상하였다면 현금흐름표상 재무활동 현금유입액이 감소한다.
⑤ 개발비를 경상연구비로 비용을 계상하는 분식의 경우 현금흐름표상 투자활동으로 인한 현금유출액이 감소한다.

> 진행률을 과다하게 적용하여 매출액을 과대계상한 경우 당기순이익은 과대계상될 수 있으나 영업활동현금흐름과는 무관하다.
> ② 인수대금은 투자활동현금흐름 유출로 처리되지만, 인수 후에 매출채권 등 영업활동 관련 자산에서 회수되는 현금흐름이 클 것이므로 영업활동현금흐름은 좋아지는 현상이 발생한다.
>
> 답 ③

CHAPTER

06 현금흐름의 추정

TOPIC 1 현금흐름의 추정절차   TOPIC 2 매출액의 추정
TOPIC 3 손익계산서 및 재무상태표 항목 추정

··· T O P I C 1 현금흐름의 추정절차

매출액 추정 → 매출원가 및 판관비 추정 → 자산/부채 및 자본 추정 → 금융·비용/수익/법인세 추정 후 플러그(plug)[주1] 계산 → 현금흐름 추정

주1 : 법인세 추정까지 하면 자금의 과부족 현상이 반드시 발생하는데 마지막으로 현금이나 단기차입금 등으로 자금의 과부족을 보충하여 조정한다. 이를 플러그(plug) 수치라고 부른다.

··· T O P I C 2 매출액의 추정

1. 기본적으로 분석하여야 할 내용

과거의 판매량 및 성장률, 과거의 잠재 수요에 대한 미충족량, 일반적인 경제상황(GDP, 물가 상승률 등), 산업의 경제상황, 시장점유율, 산업의 경쟁 정도, 판매가격 정책 및 회사의 사업 계획 등이 있다.

2. 주관적 판단에 의한 추정

주관적 판단에는 유사한 상황을 기준으로 한 역사적 판단, 시장조사에 의한 주관적 예측치, 개인적 추측 등이 있다. 또한 델파이법을 통해 향후 매출액을 추정할 수도 있다. 델파이법은 전문가 집단에게 순차적으로 설문조사를 하여 의견의 합일점을 찾아가는 방법이다.

3. 평균성장률을 이용한 추정

대상 항목(매출액, 판매량, 단가 등)의 과거 평균증가율을 계산하고 이를 금년의 대상액에 곱하여 추정하는 방법이다.

> 대상 항목의 추정치(추정매출액) = 금년 대상액 × (1 + 평균증가율)

4. 시장점유율에 의한 추정

업계 전체의 연간매출액 등을 추정하고 당해 기업의 점유율을 곱하여 매출액을 추정하는 방법이다.

> 추정매출액 = 금년 업계 전체 예상매출액 × 당해 기업의 점유율

5. 회귀분석에 의한 추정

매출과 매출에 영향을 주는 어떤 경제변수와의 관련성을 관찰하여 평균적인 관계를 구하는 방법이다.

> 추정매출액 = a + b × 경제변수

예를 들어 회귀분석을 통해 구한 회귀식이 '추정매출액 = 1배럴 유가 × 1억원 + 5,000억원'이 나왔다면 배럴당 유가가 50,000원일 경우 해당 기업의 추정매출액은 5조 5천억원이다.

···TOPIC ❸ 손익계산서 및 재무상태표 항목 추정

1. 추정양식 및 모델

손익계산서 및 재무상태표에서 주요 항목만 선정하여 간략한 양식으로 사용할 수 있다.

2. 손익계산서 항목의 추정

다음의 식을 통해 추정가를 산정하는데, 이때 사용한 평균비율은 과거의 매출액과 매출원가 자료를 이용하고 미래에 변동될 요인도 고려하여 구한다.

① 추정매출원가 = 추정매출액 × 평균매출원가율
② 판매비와 관리비 = 추정매출액 × 평균비율
③ 추정감가상각비 = 고정자산의 가액 × 평균상각률

3. 재무상태표 항목의 추정

관련 자산 및 부채항목의 추정치는 과거 손익계산서 항목의 금액 대비 자산 및 부채 금액의 평균비율을 이용하여 산정한다.

- 추정매출채권 = 추정매출액 $\times \dfrac{\text{과거 매출채권}}{\text{과거 매출액}}$

- 추정재고자산 = 추정매출원가 $\times \dfrac{\text{과거 재고자산}}{\text{과거 매출원가}}$

- 추정매입채무 = 추정매출원가 $\times \dfrac{\text{과거 매입채무}}{\text{과거 매출원가}}$

01 추정재무제표의 작성과 관련된 다음 설명 중 가장 알맞지 않은 것은?

① 평균성장률을 이용한 추정은 대상 항목(매출액, 판매량, 단가 등)의 과거 평균증가율을 계산하고 이를 금년의 대상액에 곱하여 추정하는 방법이다.

② 회사 제품의 1단위당 매출액에 대한 재료비율을 알아보기 위해서는 당기 손익계산서상 매출액을 당기 제조원가명세서상 재료비로 나누면 된다.

③ 추정재무제표는 보통 추정손익계산서를 작성하고, 그 후에 추정재무제표를 작성하는 것이 일반적이나, 손익계산서 항목과 그에 관련되는 재무상태표 항목을 번갈아가며 추정할 수도 있다.

④ 매출액 추정 시에는 해당 기업의 생산능력도 감안해야 한다.

⑤ 법인세지급액을 추정하기 위해서는 이자비용을 먼저 추정하여야 하며, 이자비용을 추정하기 위해서는 설비투자와 차입금조달규모를 사전에 추정한다.

> 당기 제조원가명세서상 재료비는 생산에 투입된 재료비로 매출과 직접적인 대응관계가 아니다.
> 답 ②

02 향후 매출액을 추정할 때, 순차적인 질문서법을 사용하여 의견의 합일점을 찾아가는 방법은 다음 중 무엇인가?

① 델파이법
② 시장조사
③ 역사적 판단
④ 시장점유율 파악
⑤ 평균성장률을 이용한 추정

> 델파이법은 전문가들에게 설문조사를 순차적으로 하여 의견의 합일점을 찾아내는 방법이다.
> 답 ①

출제예상문제

01 다음 거래 중 현금흐름표에는 기재되지 않으나, 재무제표에 대한 주석사항으로 기재하여야 할 거래는?

① 외상매출채권 회수거래

② 공장 건설을 위하여 철근을 현금으로 구입하는 거래

③ 전환사채를 발행하여 동 사채 대금이 은행에 납입된 거래

④ 유동성장기부채를 현금으로 상환한 거래

⑤ 현물출자로 인하여 토지가 증가하고 자본금이 증가하는 거래

정답 | ⑤
해설 | 현물출자는 비현금교환거래로 현금흐름표에는 기재되지 않고 주석으로 표시된다.

02 K-IFRS에 의할 경우, 현금흐름표에 대한 설명 중 옳지 않은 것은?

① 이자의 지급은 반드시 재무활동으로 분류해야 한다.

② 영업활동 현금흐름은 직접법 또는 간접법으로 보고한다.

③ 배당금 지급에 따른 현금흐름은 별도로 공시한다.

④ 외화로 표시된 현금 및 현금성자산의 환율변동효과는 영업, 투자, 재무활동으로 구분하여 별도로 표시한다.

⑤ 금융리스를 통하여 자산을 취득하는 경우 비현금거래이므로 주석에 표시한다.

정답 | ①
해설 | 이자의 지급은 영업활동으로 구분할 수 있다.

03 현금흐름표의 투자활동으로 인한 현금흐름에 해당하는 것은?

① 신주의 발행 　　　　　　　　② 유상증자

③ 차입금 상환 　　　　　　　　④ 기계설비 처분

⑤ 재화와 용역의 구입

정답 | ④
해설 | 기계장치의 취득 및 처분은 투자활동현금흐름이다.

[04~05] 20X1년 중 토마토주식회사의 투자활동과 관련된 내용은 다음과 같다. 다음 물음에 답하시오.

(1) 기초에 금형기계장치 1대를 20,000원에 취득하였다.
(2) 기초에 사용중이던 프레스기계 1대를 30,000원에 판매하였다. (취득원가 12,000원 감가상각누계약 10,000원)
(3) 기말에 평택에 위치한 전선제조공장을 10,000원에 인수하기로 매도자와 양해각서를 체결하였다.

04 토마토주식회사의 20X1년 투자현금흐름 유입액은?

① 10,000원   ② 20,000원
③ 25,000원   ④ 30,000원
⑤ 60,000원

정답 | ④
해설 | 프레스기계 판매액 30,000원

05 토마토주식회사의 20X1년 투자현금흐름 유출액은?

① 10,000원   ② 20,000원
③ 25,000원   ④ 30,000원
⑤ 60,000원

정답 | ②
해설 | 금형기계장치 취득액 20,000원
      (참고) 전선제조공장 인수액 10,000원은 아직 지급하지 않았으므로 고려하지 않는다.

06 20×2년 중 양해각서에 따라 평택에 위치한 전선제조공장을 현물 추자 방식으로 10,000원에 인수하였다면 현금흐름표에 어떤 식으로 표시되는가?

① 재무활동현금흐름 10,000원 유입으로 표시하고 투자활동현금흐름에는 표시하지 않는다.
② 재무활동현금흐름 10,000원 유출로 표시하고 투자활동현금흐름은 10,000원 유입으로 표시한다.
③ 영업활동현금흐름 10,000원 유출로 표시하고 투자활동현금흐름은 10,000원 유입으로 표시한다.
④ 영업활동현금흐름 10,000원 유출로 표시하고 재무활동현금흐름은 10,000원 유입으로 표시한다.
⑤ 현금흐름표에 기재하지 않고 재무제표에 주석으로 표시한다.

정답 | ⑤
해설 | 비현금거래로 주석으로 기재한다.

[07~08] T회사의 사채와 관련된 재무제표 자료는 다음과 같다. 다음 물음에 답하시오.

계정과목(단위 : 원)	20X1년 초	20X1년 말
사채	3,900	6,200
사채할인발행차금	150	270

동사는 당기 중 사채 액면 5,000원을 4,900원에 발행하였다. 이와 관련하여 사채발행비를 70원 지출했다. 단, 당기 손익계산서 이자비용은 100원 발생하였고 여기에 포함된 사채할인발행차금상각액은 30원이며, 사채상환시 상환이익이 100원 발생하였다. 일반기업회계기준을 적용한다.

07 T회사의 20X1년 사채발행으로 인한 재무현금흐름 순 유입액은?

① 1,530원   ② 2,570원

③ 4,830원   ④ 4,930원

⑤ 5,000원

정답 | ③
해설 | 4,900원에 발행했고 사채발행비로 70원 지출했으므로 순액으로 4,830원이다.

08 T회사의 20X1년 중 사채의 중도상환으로 인하여 지출된 현금은 얼마인가?

① 2,580원   ② 2,680원

③ 2,700원   ④ 2,830원

⑤ 3,000원

정답 | ①
해설 | 위의 거래를 토대로 상환되는 사채의 액면가와 사채할인발행차금을 구하면 다음과 같다.

계정과목(단위 : 원)	20X1년 초	발행	상각액	상환	20X1년 말
사채	3,900	5,000		2,700	6,200
사채할인발행차금	150	170	(30)	(20)	270

이를 토대로 상환이익까지 고려해 분개를 하면 현금지출액은 아래와 같이 구할 수 있다.

상환	(차)	사채	2,700	(대)	사할차	20
				(대)	상환이익	100
				(대)	현금	2,580

09 이자비용과 관련된 현금흐름은 현금흐름표에 어떻게 표시되는가?

① 영업활동현금흐름 100원 유출로 기록한다.

② 재무활동현금흐름 100원 유출로 기록한다.

③ 영업활동현금흐름 70원 유출로 기록한다.

④ 재무활동현금흐름 70원 유출로 기록한다.

⑤ 현금흐름표에 기록되지 않는다.

정답 | ③

해설 | 일반기업회계기준에서 이자비용은 영업활동으로 분류하고, 사채할인발행차금상각액 30원은 현금유출이 아닌 비용이므로 실제 이자로 인한 현금유출은 70원이다.

10 현금흐름관련 비율 중 투자안정성 비율과 관련된 다음 설명 중 옳은 것은?

① 영업활동 현금흐름 중에 감가상각비가 차지하는 비중을 의미한다.

② 영업활동을 통해 조달한 현금흐름으로 투자활동에 대한 현금지출을 어느 정도 충당할 수 있는가를 나타낸다.

③ 영업활동을 통해 조달한 현금흐름으로 차입금을 어느 정도 상환할 수 있는가를 나타낸다.

④ 영업활동을 통해 조달한 현금흐름으로 유형자산 순투자액이 얼마나 있는지를 나타낸다.

⑤ 영업활동을 통해 조달한 현금흐름으로 순운전자본이 어느 정도 있는지를 나타낸다.

정답 | ④

해설 | 투자안정성 비율(%)=영업활동현금흐름/유형자산 투자순지출×100

11 어느 회사가 손익계산서에 수선비로 계상하여야 할 금액을 유형자산으로 계상하여 재무제표를 분식한 경우 다음 설명 중 옳지 않은 것은?

① 영업활동현금흐름 과대 평가

② 투자활동현금흐름 과대 평가

③ 자산 과대평가

④ 자본 과대평가

⑤ 당기순이익 과대평가

정답 | ②

해설 | 수선비로 계상하는 경우 영업활동현금흐름 유출로 구분되고 유형자산으로 계상하는 경우 투자활동현금흐름 유출로 구분되므로 투자활동현금흐름은 과소평가된다.

12 J회사는 전기차를 제조하는 기업이다. 관련 매출액은 모두 수출로 이루어졌으며, 판매처의 구성은 미국에 소재하고 있다. 이 회사의 매출액을 추정함에 있어서 가장 검토할 필요가 없는 사항은 다음 중 무엇인가?

① J회사 평균 매출채권회전율
② 국내 GDP 증가율
③ 미국 전기차 판매 성장률
④ 미국 시장 점유율
⑤ 판매처로부터의 신용장 내도액

정답 ┃ ②
해설 ┃ 국내 GDP 증가율은 매출액 추정에 직접적인 연관이 없다.

13 다음 거래 중 중 성격이 다른 하나는?

① 유형자산 감가상각
② 퇴직급여 계상
③ 단기매매증권 평가손익 계상
④ 외화환산손익 계상
⑤ 현물출자로 인한 유형자산 취득

정답 ┃ ⑤
해설 ┃ 현물출자로 인한 유형자산 취득은 비현금교환거래이고 나머지는 비현금손익거래이다.

14 한국채택국제회계기준(K-IFRS)에 의할 경우, 다음 중 영업활동으로 분류할 수 없는 것은?

① 단기매매목적으로 보유하는 유가증권에서 발생하는 현금의 유입과 유출
② 배당금의 수취와 지급
③ 법인세의 납부 또는 환급
④ 종업원과 관련하여 발생하는 현금유출
⑤ 제3자에 대한 선급금 및 대여금

정답 ┃ ⑤
해설 ┃ 제3자에 대한 선급금 및 대여금은 투자활동현금흐름으로 분류한다.

15 다음 항목 중 영업활동으로 인한 현금흐름을 간접법으로 표시할 경우, 당기순이익에 가산되는 항목으로 묶은 것은?

> ㄱ. 주식보상비용
> ㄴ. 자산수증이익
> ㄷ. 감자차익
> ㄹ. 유형자산처분손실
> ㅁ. 퇴직급여

① ㄱ, ㄴ, ㄷ   ② ㄱ, ㄷ, ㄹ
③ ㄱ, ㄹ, ㅁ   ④ ㄴ, ㄷ, ㅁ
⑤ ㄷ, ㄹ, ㅁ

정답 | ③
해설 | 자산수증이익은 차감되는 항목이며, 감자차익은 가산되지도 차감되지도 않는 항목이다.

[16~19] 다음은 G기업의 장기투자증권 계정과 관련된 재무제표이다. 다음 물음에 답하시오.

B기업 재무상태표

(단위 : 원)

	20X2년	20X1년		20X2년	20X1년
자산			부채와 자본		
현금	4,000	5,000	매입채무	12,000	15,000
매출채권	10,000	3,000	장기차입금	30,000	40,000
재고자산	5,000	3,000	자본금	5,000	5,000
유형자산	45,000	55,000	이익잉여금	17,000	6,000

B기업 20X1년도 포괄손익계산서

(단위 : 원)

매출액	35,000
매출원가	10,000
판매관리비(전액 감가상각비)	5,000
영업이익	**20,000**
이자비용	2,000
법인세비용	3,000
당기순이익	**15,000**

16 G기업의 20X1년 매출활동현금 유입액은 얼마인가?

① 18,000원   ② 25,000원

③ 28,000원   ④ 30,000원

⑤ 35,000원

정답 | ③

해설 | 매출활동현금유입액=매출액-매출채권증가=35,000-7,000=28,000원

17 G기업의 20X1년 영업활동현금흐름은 얼마인가?

① 8,000원   ② 9,000원

③ 10,000원   ④ 12,000원

⑤ 15,000원

정답 | ①

해설 | 영업활동현금흐름=당기순이익+감가상각비-매출채권증가-재고자산증가-매입채무감소
　　　 =15,000+5,000-7,000-2,000-3,000=8,000원

18 배당금 지급 이외 다른 자본거래가 없을 때 G기업의 20X1년 배당금 지급액은?

① 1,000원   ② 2,000원

③ 3,000원   ④ 4,000원

⑤ 5,000원

정답 | ④

해설 | 배당금 지급액=당기순이익-이익잉여금의 증가=15,000-11,000=4,000원

19 투자활동 현금흐름은?

① -3,000원   ② -5,000원

③ -10,000원   ④ 5,000원

⑤ 10,000원

정답 | ④

해설 | 55,000(기초)-5,000(감가상각비)-5,000(유형자산 감소액)=45,000(기말)
　　　 유형자산감소는 현금흐름 유입이다.

20 G기업의 20X1년 4,000원 장기차입했다면 장기차입금 상환액은 얼마인가?

① 3,000원

② 8,000원

③ 12,000원

④ 14,000원

⑤ 20,000원

정답 | ④

해설 | 40,000(기초)+4,000(차입)−A(상환)=30,000(기말)

A(상환액)=14,000

21 해당 현금흐름으로 토마토주식회사의 현 상황을 가장 잘 설명한 것은?

① 회사는 우량 성숙기업의 형태다.

② 회사는 부채 축소 및 일부사업을 구조조정하고 있는 형태다.

③ 회사는 설비자산에 투자하고 있다.

④ 회사는 신생기업 또는 급성장 하고 있는 형태다.

⑤ 회사는 보유현금을 소진하고 쇠퇴하고 있다.

정답 | ②

해설 | 투자현금흐름은 +5,000으로 설비자산을 매각하고 있으며, 재무현금흐름은 −14,000으로 부채를 상환하고 있다.

22 다음 재무제표의 분식과 관련된 설명 중 가장 적절하지 않은 것은?

① 매출채권과 재고자산의 합계액이 매입채무보다 많은 기업을 합병하는 기업은 합병하는 연도의 영업활동 현금흐름을 양호하게 만들 가능성이 높다.

② 장기연불조건으로 유형자산을 취득하였으나, 유형자산이 증가한 내용을 투자활동에 현금유출한 것처럼 기록하고, 미지급금이 증가한 내용을 영업활동에 기록한다면 손익계산서와 재무상태는 변함 없이 현금흐름표만 분식된다.

③ 부(−)의 영업활동 현금흐름을 나타낸다면 회계분식을 의심해봐야 한다.

④ 기업의 재무제표가 분식되었을 가능성을 밝혀내는 방법 중의 하나로 현금흐름관련비율을 사용할 수 있다.

⑤ 건설회사에서 공사진척도를 실제보다 과다하게 적용하여 매출액을 과대 계상한 경우 동일기간 그 회사의 영업활동 현금흐름은 과대 계상된다.

정답 | ⑤

해설 | 공사진척도 조정 즉, 진행률 조정은 현금흐름과는 무관하며, 손익이 조정된다.

23 현금수지분석표에서 어느 기업의 '영업활동 후의 현금흐름'이 양호하지 않을 경우, 신용분석자는 그 원인에 대하여 심층분석해 보아야 한다. 이 때 검토해 보아야 할 재무비율 중에서 다음 중 가장 거리가 먼 것은?

① 재고자산회전기간
② 매출채권회전기간
③ 매입채무회전기간
④ 매출액총이익률
⑤ 부채비율

정답 | ⑤
해설 | 부채비율은 재무와 관련된 비율로 영업활동 현금흐름과 관련 없다.

[24~25] 다음 A기업의 자료를 보고 다음 물음에 답하시오.

(1) 이자지급전 영업활동현금흐름	9,000
(2) 금융비용목표배율	1.5
(3) 평균차입이자율	8%
(4) 기존차입금액	50,000

24 추가차입가능한 규모는 얼마인가?

① 20,000원
② 25,000원
③ 30,000원
④ 50,000원
⑤ 70,000원

정답 | ②

해설 |

구분	금액
1. 이자지급 전 영업활동현금흐름	9,000(A)
2. 금융비용보상비율(목표배율 설정)	1.5(B)
3. 부담가능차입이자	6,000(C=A÷B)
4. 적정차입금 (평균차입이자율 활용)	75,000(D=C÷8%)
5. 기존차입금잔액	50,000(E)
6. 추가차입가능금액	25,000(F=D−F)

25 위와 같이 추가로 차입을 한 후 차입금을 기준으로 계속기업을 전제로 A기업의 총차입금 상환기간은 몇 년인가? (단, 배당금 지급액은 없으며, 계속유지를 위한 필수 자본적지출금액은 1,000으로 가정한다.)

① 5년   ② 10.5년

③ 20.5년   ④ 33년

⑤ 37.5년

정답 | ⑤
해설 | 총차입금 상환기간=75,000/(9,000−6,000−1,000)=37.5년

SUMMARY

시장환경분석은 크게 거시경제학 내용과 산업분석으로 나뉜다. 거시경제학은 그 내용이 방대하기 때문에 교재에 있는 내용 이외에서 문제가 출제될 수도 있으나, 거시경제의 기본적인 내용을 묻는 문제가 주를 이루므로 교재에 있는 내용을 위주로 공부해도 충분할 것으로 생각된다.

산업분석은 마이클포터의 5 Force 이론을 바탕으로 실제 산업별 해당 산업의 위치를 잘 정리하도록 한다. 이 역시 관련 산업에 대한 경험이 있어야 풀 수 있는 어려운 문제가 출제될 수도 있으나, 교재를 통해 그 산업의 분위기를 느낄 수 있다면 다수의 문제를 푸는 데는 큰 어려움이 없을 것이다.

추가로 일반경영학과 관련해서 중요한 경영학 이론이 등장하는데, 대부분 교재에서 언급하는 이론 위주로 문제가 나오므로, 이론별 내용을 잘 정리하도록 한다.

PART **03**

시장환경분석

CONTENTS

CHAPTER 01 ㅣ 경기분석
CHAPTER 02 ㅣ 산업분석
CHAPTER 03 ㅣ 산업분석 사례
CHAPTER 04 ㅣ 경영진단

TOPIC 1 거시경제학의 기초   TOPIC 2 주요경제지표
TOPIC 3 경기순환 및 예측   TOPIC 4 경기와 금융

···· T O P I C ❶ 거시경제학의 기초

1. 서론

① 미시경제학과 거시경제학
   ㉠ 미시경제학 : 가계나 기업 등 경제주체의 경제행위와 관련하여 어떤 의사결정을 내리고 이런 의사결정이 상품의 가격과 수급량에 어떤 영향을 미치는가를 연구하는 학문
   ㉡ 거시경제학 : 국민경제 전체의 관점에서 소득·실업·물가·금리 등이 어떻게 결정되고 어떤 관계를 갖는지 분석하는 학문

② 거시적 시장
   ㉠ 상품시장 : 국민경제 내에서 생산된 모든 재화와 용역이 거래되는 시장(공급 : 기업, 수요 : 가계·기업·정부)
   ㉡ 노동시장 : 생산요소인 노동이 거래되는 시장(공급 : 가계, 수요 : 기업·정부)
   ㉢ 증권시장 : 자금조달 수단인 채권 등의 증권이 거래되는 시장(공급 : 기업·정부, 수요 : 가계·기업)
   ㉣ 화폐시장 : 화폐가 거래되는 시장. 별도의 구분된 시장에서 거래된다기보다는 다른 시장에서 대상물이 거래될 때 교환의 매개물로서의 의미를 갖는다.

③ 거시경제학에서의 단기와 장기
   ㉠ 단기 : 가격 고정(비신축적), 불완전시장
   ㉡ 장기 : 가격이 신축적, 완전시장, 이 기간의 가격은 균형 수준을 찾아 조정되나 자본·노동·기술은 불변
   ㉢ 초장기 : 자본 축적, 인구 증가, 기술 진보 등에 의한 자본·노동·기술변화 가능

2. 국민경제의 순환과 국민소득

① 국민경제의 순환

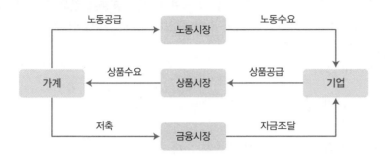

② 국민소득의 세 가지 측면

    ㉠ 생산 : 경제주체가 노동, 자본, 토지, 경영기법 등 생산요소를 사용하여 재화와 용역을 생산 · 공급하는 과정

    ㉡ 분배 : 생산요소에 대해 급여자는 급여, 돈을 빌려준 사람은 이자, 토지를 빌려준 사람은 지대, 기업경영에 대한 대가로 경영자에게 주는 이윤 등의 형태로 그 이득이 분배되는 과정

    ㉢ 지출 : 분배된 국민소득으로 재화나 용역을 구입, 기업이 다음 생산을 위해 자산 등에 투자하는 과정

③ **총공급(AS)** : 국민경제의 총공급은 국민경제 전체에서 생산되는 재화와 용역의 규모(Y)와 물가수준(P)의 관계로 나타낸다. 생산되는 재화와 용역의 규모(Y)는 자본(K)과 노동(L)의 양 등에 의해 결정된다.

    ㉠ 장기 총공급곡선 : 장기적으로는 주어진 노동과 자본이 변하지 않고 가격이 신축적이므로 장기 총공급곡선은 물가와 상관없이 항상 일정한 소득 · 생산량 규모를 유지함

    ㉡ 초단기 총공급곡선 : 모든 가격이 변하지 않은 초단기 관점에서는 고정된 가격 수준에서 구매 또는 생산이 일어나므로 초단기 공급곡선은 수평선의 형태를 보임

    ㉢ 단기 총공급곡선 : 일반적으로 모든 가격이 신축적이거나 비신축적인 것이 아니므로 물가가 오르면 노동과 자본의 공급이 늘어나는 우상향 형태의 그래프를 보임

④ **총수요(AD)** : 총수요는 총공급과 역의 관계이다. 물가가 하락하면 노동과 자본의 수요가 늘어나는 우하향 형태를 보인다. 물가와 소득 생산량은 총공급곡선(AS)과 총수요곡선(AD)이 만나는 점에서 결정된다.

3. 국민소득의 부문별 결정요인

① 지출 측면에서 본 국민소득의 구성

> 국민소득(Y) = 가계지출(C) + 기업지출(I) + 정부지출(G) + 외국인지출(X) − 국민소득과 관련 없는 지출(M)

※ 가계의 소비, 기업의 투자, 정부지출은 국내 부문이고, 외국인지출(X)은 수출, 국민소득과 관련 없는 지출(M)은 수입으로 본다. 해외수입으로 인한 국내 소비 부분(M)은 국내 생산과는 관련이 없으므로 제외하는 개념이다.

② **소비 결정요인** : 소비는 국민소득(국내총생산)의 60~70%를 차지하고 있다.
  ㉠ 소득(Y) 증가 시 소비 증가
  ㉡ 일반적으로 금리(r)가 하락하면 저축하지 않고 소비하려는 경향이 있으나 금리소득이
     대부분인 경제주체라면 금리하락이 오히려 소비 감소로 이어질 수도 있음
  ㉢ 보유자산(V/p) 증가 시 소비 증가
  ㉣ 세금(T) 감소 시 소비 증가

③ **투자 결정요인** : 투자는 크게 건설투자와 설비투자로 구분한다.
  ㉠ 소득(Y) 증가 시 투자 증가
  ㉡ 일반적으로 금리(r) 하락 시 조달비용의 감소로 투자 증가

④ **수출 결정요인**
  ㉠ 우리 상품의 대외경쟁력이 좋으면 수출 증가
  ㉡ 외국인의 소득수준이 높으면 수출 증가
  ㉢ 환율 상승 시 수출 증가

⑤ **수입 결정요인**
  ㉠ 국내 국민소득이 높으면 수입 증가
  ㉡ 환율 하락 시 수입 증가

4. 경제여건 변화와 국민소득

① **금리 인하와 국민소득** : 금리가 인하하면 소비와 투자는 증가하는 것이 일반적이다. 국내금리가 인하하면 해외금리보다 상대적으로 낮아져 해외예금의 수요가 증가하고, 이는 환율 상승으로 이어져 수출이 증가하고 수입이 감소하는 효과가 있다. 다르게 해석하면 국내금리가 인하하면 국내투자시장이 활발해져 외국인의 국내투자가 증가함에 따라 국내통화의 수요가 증가하고, 이는 환율 하락으로 이어져 수입이 증가하고 수출이 감소하는 효과가 존재한다.

② **물가 상승과 국민소득** : 물가가 상승하면 보유자산의 실질가치가 감소하여 소비가 감소하고, 투자재의 구입비용 상승을 초래하여 투자가 위축될 가능성이 있으며, 해외 재화의 가격이 상대적으로 낮아져 수출은 감소하고 수입은 증가한다. 물가 상승은 통화정책 방향에도 영향을 미치고, 중앙은행의 금리 인상 등 긴축정책을 행사할 수도 있어 이에 따른 간접적인 효과도 발생한다.

③ **환율 상승과 국민소득** : 일반적으로 환율이 상승하면 수출이 증가하여 국민소득이 증가한다. 단, 환율 상승은 수입물품의 가격을 상승시키고 전반적인 물가 상승으로 이어져 국민소득을 감소시키는 효과도 존재한다. 따라서 환율 상승으로 인한 효과는 그 나라의 수출입 의존도, 수출입가격의 민감도 등에 따라 크게 달라짐에 유의한다.

④ 자산가격 상승과 국민소득 : 주식이나 부동산 가격이 상승하면 부의효과(Wealth effect)[주1] 또는 피구효과(Pigou effect)[주2] 등으로 소비가 증가한다. 단, 주택담보대출이 많은 경우 부동산가격 상승으로 인한 부의 효과가 크지 않을 수 있다.

※ 주1 : 부의효과 – 자산가격 상승이 소비를 늘리는 효과
※ 주2 : 피구효과 – 물가 하락에 따른 자산의 실질가치가 상승하여 경제주체들의 소비가 증가하는 효과

5. 경제운용목표와 정책수단

① 경제운용목표 : 성장과 고용, 물가, 국제수지

② 거시경제정책

    ㉠ 재정정책 : 정부지출을 변화시키거나 세금을 조정하는 정책

    ㉡ 통화정책 : 금리나 통화량 등을 조절하여 물가, 성장, 국제수지를 원하는 방향으로 변화시키는 정책

    ㉢ 외환정책 : 환율정책과 외국환거래의 규제를 통한 정책

6. 최근 거시경제 분야의 논의내용

① 신자유주의와 거시경제학

    ㉠ 신자유주의 : 시장기능의 회복, 규제 완화, 민영화, 작은 정부(복지 축소), 노동시장의 유연성 확보, 대외개방 등

    ㉡ 고전학파의 거시이론 : '보이지 않는 손'에 의한 가격의 유연성으로 균형상태 유지

    ㉢ 케인즈의 거시이론 : 임금과 물가가 탄력적이지 않아 인간의 손에 의한 수요를 조절함으로써 균형 달성

② 제로금리와 유동성함정 : 서브프라임 사태로 세계금융시장이 금리를 낮추는 금융정책을 실시하였고, 일본은 제로금리정책까지 실시하고 있다. 더 이상 금리 인하로 인한 경기부양정책을 못하자 양적완화라고 불리는 유동성 공급 확대 정책을 실시하였다.

※ 유동성함정은 금리가 일정수준 이상 하락하면 시장에서 금리가 올라갈 것으로 생각하고 화폐의 수요가 계속 늘어나는 현상이다. 유동성함정이 발생하면 통화량을 늘린 의미가 상실된다.

③ 일본 경제와 장기침체이론

    ㉠ 일본 경제 : 최근까지 물가 하락과 함께 실물경제 위축, 기업 도산 증가 등 복합적인 불황의 모습을 보인다.

    ㉡ 장기침체이론 : 경제가 성숙하면서 저축 성향은 늘어나나 투자 기회가 줄어들어 만성적인 디플레이션 갭이 존재하는 현상을 말한다.

④ 신경제와 경기순환

    ㉠ 부의 창출 원천이 재화에서 지식으로 대체되는 현상

    ㉡ 온라인 시스템하에서는 공급이 늘어나도 가격이 내려가지 않는 경우가 발생할 수 있음

    ㉢ 다운사이징 및 아웃소싱이 확대됨에 따라 외부충격이 경제 전반에 미치는 효과가 과거보다 크게 약화됨

1. 경제통계의 기초지식

① 명목기준통계와 실질기준통계

ㄱ 실질기준통계량 = $\dfrac{\text{명목기준통계량}}{\text{물가(가격)지수}}$

ㄴ 디플레이터 : 명목기준통계를 실질기준통계로 환가할 때 사용되는 가격지수

$$= \dfrac{\text{명목기준통계량}}{\text{실질기준통계량}}$$

예 2010년을 기준으로 2011년 명목GDP가 1,333조, 실질GDP가 1,312조라면 GDP 디플레이터는 101.6(2010년 GDP 디플레이터가 100)이다.

② **계절변동조정** : 1/4분기 GDP가 4/4분기 GDP보다 낮게 나오는 경향이 있는데, 그 이유는 1/4분기가 동절기라 생산활동이 상대적으로 저조하기 때문이다. 또한, 실업률은 3월에 높게 나타나고 화폐발행액은 명절 직전에 증가하는 등 다양한 계절변동이 존재한다. 따라서 월별통계를 비교할 때는 전년 동일기간 대비 증감률을 사용하는 것이 좋다.

③ **저량(stock)과 유량(flow)통계**

ㄱ 저량 : 특정시점을 기준으로 통계량 파악 **예** 인구, 실업률, 물가, 통화량 등
ㄴ 유량 : 특정기간을 기준으로 통계량 파악 **예** 국민소득, 국제수지 등
ㄷ 전기말 저량 + 당기간 중 순유량 = 당기말 저량

④ **지수(Index number)** : 기준시점의 통계량을 100으로 하여 비교시점의 상태적 통계량을 표시하는 방법으로, 총생산량 또는 거래량 등에서 차지하는 비중에 따라 가중평균하는 방법을 주로 사용한다.

⑤ **변동률**

ㄱ 대비 변동률 : 두 기간의 변동률을 직접 비교하는 방법 **예** 직전 월 대비 증감률, 전년 동월비 변동률
ㄴ 평균 변동률 : 어떤 기간 중의 평균적인 변동률을 산출하여 다른 기간 중의 변동률과 비교하는 방법으로 기하평균을 주로 사용 **예** 2년 동안 100에서 121만큼 성장했다면 산술평균으로 계산 시 매년 10.5% 평균성장, 기하평균으로 계산 시 매년 10% 평균성장
ㄷ 포인트 변동률 : 변동률 자체의 크기를 비교할 때 사용하는 개념 **예** 전기 물가상승률 4%, 당기 물가상승률 5.5%라 하면 전기 대비 1.5%포인트 상승

⑥ **연율** : 경제변수들의 성장률이나 변동률은 월, 분기, 연간 등 다양한 기간을 기준으로 발표되는데 동일한 기준(연 단위)으로 환산한 개념이다.

2. 국민소득

① **국민소득의 개념** : 한 나라의 가계, 기업, 정부 등 모든 경제주체가 일정기간에 새로 생산한 재화와 서비스의 가치를 시장가격으로 평가하여 합산한 것이다. 국민총소득(GNI), 국내총생산(GDP) 등의 용어로 불린다.

② **국내총생산(GDP)** : 가장 자주 사용되는 지표이다. 사람이 아닌 지역을 기준으로 국내에서 창출된 모든 부가가치의 합으로 산정한다. 외국인이 우리나라에서 생산한 재화나 용역은 포함하고, 우리나라 사람이 외국에서 생산한 것은 제외한다.

③ **국민총소득(GNI)** : 우리나라 사람과 기업을 기준으로 생산활동을 통하여 획득한 소득의 구매력을 나타내는 소득지표이다.

> GNI = GDP + 우리나라 사람이 외국에서 벌어들인 돈 − 외국 사람이 국내에서 벌어들인 돈
> = GDP + 국외순수취요소소득

④ **국민순소득(NNI)** : 생산과정에서 발생한 공장과 기계설비 등 고정자본소모분을 제외한 순액 개념이다.

> NNI = GNI − 고정자본소모분 = GDP − 고정자본소모분 + 국외순수취요소소득

⑤ **국민소득통계의 활용**

ㄱ **경제성장률** : 보통 발표되는 경제성장률은 물가요인을 제거한 실질 GDP성장률로 계산

ㄴ **1인당 국민소득** : 명목 국민총소득(GNI)을 인구로 나누어 계산하고 달러로 표시

ㄷ **경제구조** : 크게 농림어업, 광공업(제조업), 건설업, 서비스업으로 나뉘는데, 통상 경제 발전 초기에는 농림어업 비중이 줄어들면서 광공업과 서비스산업의 비중이 늘어나고, 경제 성숙기에는 서비스산업의 비중이 증가함

ㄹ **저축률과 투자율** : 총국민소득을 저축 부분과 소비 부분으로 나눌 수 있고 저축 부분은 국내총투자와 국외투자로 구분함

> 저축률(국내총투자율 + 국외투자율) + 소비율 = 100%

ㅁ **수출입의존도와 노동소득분배율** : 수출입의존도는 수출입규모를 국민총소득으로 나눈 비율이고, 노동소득분배율은 노동을 제공한 대가로 가계에 분배되는 급여소득을 국민총소득으로 나눈 비율을 말함

3. 고용

① 고용통계 작성 방법

Step1 전체 인구 중에서 15세 이상 인구를 노동가능인구로 분류
Step2 노동가능인구를 경제활동에 참가할 의사가 있는지에 따라 경제활동인구와 비경제활동인구로 분류
Step3 경제활동인구 중 적극적으로 일자리를 구해 보았으나 수입이 있는 일에 전혀 종사하지 못한 사람으로서 직장
　　　 이 있으면 즉시 취업이 가능한 사람을 실업자로 분류

$$실업률 = \frac{실업자}{경제활동인구}$$

② 실업률 고용통계 작성 방법의 문제점

ㄱ 취업자는 매월 15일이 속한 1주일 동안 1시간 이상 수입을 목적으로 일한 사람을 가리
키며 통념상 취업 상태로 보지 않는 아르바이트생, 파트타이머도 취업자로 분류

ㄴ 취업이 어렵다고 생각하여 대학원으로 진학한 대학졸업생, 주부, 명퇴자 등도 비경제활
동인구로 분류되어 실업자 통계에서 제외

③ 우리나라 취업구조의 특수성

ㄱ 농림어업부문 취업자 비중이 높음 → 실업 발생 가능성이 낮은 부문

ㄴ 자영업주 및 무급가족종사자가 많음 → 수익이 낮은 대다수의 자영업주 또는 무보수로
일하는 무급가족종사자들은 취업자로 분류되나 실질적으로 고용의 질적인 측면이 낮다
고 볼 수 있음

ㄷ 고용보험제도 및 직업알선기관 부족 → 실업 시 적극적으로 취업하려고 하지 않는 경향
이 강해짐에 따라 비경제활동인구나 자영업자가 되는 경우가 많음

④ 임금 : 임금수준은 노동생산성과 비교하는 것이 중요하다. 임금상승률이 노동생산성 증가
율보다 높다면 기업의 원가 상승 요인이 되며, 임금상승률이 노동생산성 증가율보다 낮다
면 근로자의 의욕 저하, 실질소득 저하로 인한 내수시장 위축 등의 위험이 있다는 것을 의
미한다.

ㄱ $노동생산성 = \dfrac{산출량(실질 부가가치 또는 산업생산지수)}{노동투입량(노동투입인원 \times 근로시간)}$

ㄴ $단위노동비용 = \dfrac{노동비용}{산출량} = \dfrac{노동\ 1단위당\ 비용}{노동생산성}$

4. 물가

① 개념과 용도

ㄱ 물가 : 시장에서 거래되는 수많은 상품의 가격을 일정한 기준에 따라 평균한 가격수준

ㄴ 물가지수 : 기준시점을 100으로 두고 특정 시점의 물가수준을 비교하기 위해 만든 지표

ⓒ 물가지수의 용도 : 화폐의 구매력 측정 수단, 경기판단지표, 디플레이터로서의 기능, 통화정책 운용목표 등

② 물가지수의 종류

ⓐ 생산자물가지수(일반목적) : 국내에서 생산·판매하는 모든 제품의 판매가격(부가세 제외) 기준 → 시장 동향 분석, 구매 및 판매계약, 예산편성 및 심의 등 기초자료로 활용

ⓑ 소비자물가지수(특수목적) : 소비자가 일상 소비생활 용도로 구입하는 재화와 용역의 가격 기준 → 생계비나 구매력 변동 측정

ⓒ 수출입물가지수 : 수출입 상품의 가격 기준 → 국내 물가에 미치는 영향, 수출채산성 변동 및 수입원가 부담 파악

ⓓ GDP 디플레이터 : 실질 GDP 기준 → 포괄적인 물가지수지만 직접 조사하여 작성하지 않고 사후적으로 산출하므로 진정한 의미의 물가지수로 볼 수 없음

③ 지수물가와 실제물가

ⓐ 지수물가와 피부물가의 괴리 : 가계마다 생활 수준, 소비 품목의 중요도 차이 등으로 발생하는 일종의 착시현상 또는 통계자체의 문제로 인한 심리적인 괴리 현상

ⓑ 지수물가의 상향편의 : 지수물가가 실제물가 상승률보다 높게 나타나는 현상

5. 국제수지

① 국제수지의 개념과 구성

ⓐ 개념 : 일정한 기간에 발생한 국내 거주자와 국내 비거주자 사이의 거래 내용을 체계적으로 분류·정리한 것

ⓑ 경상수지 : 수출입, 여행, 투자수익 등 경상적인 대외거래 결과 발생한 것

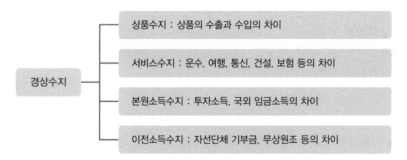

ⓒ 자본수지 : 자본이전과 비생산·비금융자산의 취득 및 처분

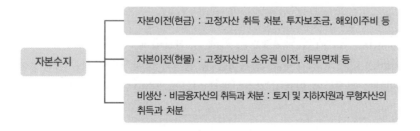

② 금융계정 : 투자계정과 준비자산으로 구분

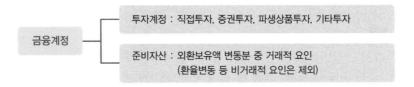

② 국제수지 관련 통계
  ㉠ 수출입 통관 통계 : 국내와 외국과의 상품 이동 상황을 일정한 기준에 따라 분류, 집계
  ㉡ 외환수급 통계 : 한국은행이 외국환은행을 통하여 외환의 수입과 지급이 발생한 거래를 원인별로 집계

6. 환율

① 환율의 개념과 표시방법
  ㉠ 환율 : 외국 돈과 우리 돈을 바꿀 때 적용되는 비율
  ㉡ 자국통화표시환율 : 외국 돈 1단위를 교환하기 위한 우리 돈의 가치 [예] ₩1,200/$1
  ㉢ 외국통화표시환율 : 우리 돈 1단위로 교환할 수 있는 외국 돈의 가치 [예] $0.0083/₩1

② 환율 결정요인
  ㉠ 경제적 요인 : 외환의 수요와 공급, 성장·물가 등 경제 기초변수, 금리·주식시장 등 금융변수, 중앙은행의 외환시장 개입
  ㉡ 비경제적 요인 : 전쟁, 천재지변, 정치적 불안정성 등

③ 환율 변동 효과
  ㉠ 원화 환율 상승(원화절하) : 수출 증가, 수입 감소, 국내 물가 상승, 외국채무보유자의 원리금 상환부담 증가
  ㉡ 원화 환율 하락(원화절상) : 수출 감소, 수입 증가, 국내 물가 하락, 외국채무보유자의 원리금 상환부담 감소

7. 통화

① **통화의 개념** : 통화란 우리가 경제활동에 사용하는 돈 또는 화폐를 의미한다. 통화는 교환의 매개, 가치 저장 기능(부의 소유), 장부 작성 단위, 외상거래 등으로 인한 이연지급 기준 등의 특성을 갖고 있다.

② **통화지표의 종류**
  ㉠ 협의통화(M1) : 현금과 결제성예금의 합계 → 지급결제수단의 기능
  ㉡ 광의통화(M2) : M1 + 정기예금, 정기적금 등 만기가 상대적으로 짧은 금융상품 → 이자소득을 포기하면 언제든지 인출이 가능하므로 지급결제수단으로서의 기능이 상당 부분 내포

ⓒ 금융기관유동성(Lf)과 광의유동성(L)

ⓔ 본원통화 : 은행이 지급준비를 위해 한국은행에 맡겨 놓은 예치금 합계

③ **통화량과 국민경제** : 통화량이 너무 많으면 돈의 가치가 떨어져 물가가 지속해서 오르는 인플레이션이 발생할 위험이 있고, 통화량이 너무 적으면 금리가 상승하고 생산자금이 부족하여 경제활동이 위축될 위험이 있다.

④ **통화의 공급경로**

ⓐ 정부 : 공무원 봉급, 정부주도 공사대금 지급 등 세수 지출을 통해 통화량 공급, 정부의 세금 수입을 통해 통화량 감소

ⓑ 민간 : 금융기관이 기업과 가계에 대출 또는 기업이 발행한 증권 매입 등을 통해 통화량 공급

ⓒ 해외 : 수출, 외국인의 국내 투자 등이 증가할 경우 국내 통화량 증가

8. 금리

① **금리의 개념과 종류**

ⓐ 금리 : 자금융통 또는 자금대차에 대한 대가

ⓑ 명목금리 : 실질금리 + 물가변동

ⓒ 표면금리 : 시중에 나타내는 금리

ⓔ 실효금리 : 실제로 지급하거나 부담하게 되는 금리

② **개별금리에 영향을 주는 제요인** : 초단기 수신금리는 한국은행이 결정하고, 일반 시중은행 금리는 자율적으로 결정하며, 사채금리는 차입자의 신용 등급 및 채권시장의 수요와 공급 등이 결정한다. 만기가 길수록 유동성위험으로 인해 금리가 높은 편이고, 차입자의 신용위험이 높을수록 금리가 높다. 따라서 주택담보대출 등 자산이 담보된 대출 등은 일반신용대출보다 금리가 낮다.

③ **금리와 거시경제변수** : 피셔방정식에 따르면 명목금리는 물가가 오르면 함께 오르는 경향이 있다.

> 피셔 방정식 : 명목금리 = 실질금리 + 기대물가상승률

④ **금리정책의 파급효과와 제약요인**

ⓐ 파급효과 첫 번째 단계 : 중앙은행의 단기금리 결정으로 인한 시중은행의 금리 변화

ⓑ 파급효과 두 번째 단계 : 실물부문 소비 및 투자의 증감

9. 국민계정체계

국민계정에 포함되는 5대 통계는 국민소득, 산업연관표, 자금순환표, 국제수지표, 국민대차대조표이다.

① 국민소득 : 한 나라의 가계, 기업, 정부 등 모든 경제주체가 일정 기간에 새로이 생산한 재화와 서비스의 가치를 시장가격으로 평가하여 합산한 값

② 산업연관표 : 특정 상품을 생산하기 위해 어떤 상품이 얼마나 투입되었는가와 특정 상품이 다른 상품의 생산에 얼마나 투입되는가를 보여주는 통계

③ 자금순환표 : 자금 흐름에 초점을 맞추어 작성한 통계

④ 국제수지표 : 일정 기간에 발생한 국외거래 내용을 체계적으로 분류·정리한 통계

⑤ 국민대차대조표 : 저량통계로서 특정 시점에서 국민경제가 가진 실물자산과 금융자산 및 부채를 모두 기록한 대차대조표

···TOPIC 3 경기순환 및 예측

1. 경기순환의 기본개념

경기란 국민경제의 총체적인 활동수준을 의미한다. 경기국면은 크게 확장국면과 수축국면으로 나뉘고, 확장국면은 회복기와 확장기로, 수축국면은 후퇴기와 수축기로 세분된다.

2. 경기국면

① 확장국면 중 회복기
  ㉠ 제품에 대한 수요 증가세 → 재고 감소 → 물가 안정 또는 상승
  ㉡ 정부나 중앙은행 정책 : 저금리 기조, 경기부양정책

② 확장국면 중 확장기
  ㉠ 수요 증가에 대한 확신 → 생산 확대 → 가동률 증가 → 설비투자 확대 → 물가 상승
  ㉡ 정부나 중앙은행 정책 : 초과수요가 지나칠 경우 긴축정책 실시

③ 수축국면 중 후퇴기 : 성장 둔화하나 체감적 증가 추세 → 설비 과잉 상태 → 생산비용 상승 → 기업이윤 감소 → 설비투자 급격한 감소

④ 수축국면 중 수축기
  ㉠ 추세 수준이 하회 → 생산 감소 → 실업자 수 최고 수준 → 물가 안정 또는 하락
  ㉡ 정부나 중앙은행 정책(저금리 기조, 경기부양정책)이 별다른 효과가 없는 상태

3. 기준순환일

기준순환일이란 경기의 정점 또는 저점이 발생한 구체적인 시점이다. 기준순환일 결정은 경기순환과정 분석을 위한 출발점이다.

4. 경기순환의 일반적 특징

① 생산량 변화는 모든 부문에서 대개 같은 방향으로 움직인다.

② 물가는 경기확장기에 상승, 경기수축기에 하락하는 경기순응적 성향을 가진다. 이 외에도 경기순응적 성향을 가진 지표는 수출입물량 증가율, 통화량, 통화유통속도 등이 있다.

③ 실업률, 기업도산율, 어음부도율 등은 경기확장기에 하락하고, 경기수축기에 상승하는 경기역행적 성향을 가진다.

5. 경기순환의 원인

① 화폐적 균형경기순환이론 : 예측하지 못한 총수요 및 예측하지 못한 화폐공급의 변화로 산출량이 균형 수준에 일시적으로 벗어나면서 경기순환이 발생한다는 이론

② 실물적 균형경기순환이론 : 기술변화, 즉 생산성 충격으로 경기순환이 발생한다는 이론

③ 신케인즈학파의 불균형경기순환이론 : 기업가의 전망 변화, 재정정책, 소비자의 선호 등 유효수요의 변화·충격으로 화폐시장의 수요와 공급에 영향을 주어 경기순환이 발생한다는 이론

6. 경기순환의 종류

① 단기파동(소순환) : 경기가 2~6년 주기로 변화

② 중기파동(주글라파동) : 경기가 10년 전후를 주기로 변화

③ 장기파동(콘트라디에프파동) : 경기가 40~60년 주기로 변화

7. 경기지표

경기지표란 경기를 현실화 내지는 계량화하여 나타낸 지표를 말한다.

① 종합경기지표 : 경기동향을 하나의 수치로 나타낸 지표로 종합적이고, 객관적이다. 대표적인 종합경기지표에는 경기종합지수, 경기확장지수 등이 있다.

ㄱ 경기종합지수(CI) : 국민경제를 대표하고 경기대응성이 높은 각종 경제지표를 선정한 후 가공·종합하여 작성한 지표로 다음과 같이 세분할 수 있다.

- **선행종합지수** : 비교적 가까운 장래와 경기동향을 예측하는 지표 **예** 구인구직비율, 재고순환지표, 코스피지수, 건설수주액, 수출입물가비율 등
- **동행종합지수** : 현재의 경기 상황을 판단하는 지표 **예** 비농림어업취업자수, 광공업생산지수, 건설기성액, 수입액 등
- **후행종합지수** : 경기의 변동을 사후에 확인하는 지표 **예** 상용근로자수, 생산자제품재고지수, 소비재 수입액 등

ㄴ 경기확산지수(DI)

- 경기확산지수(%) = $\dfrac{증가지표수 + (보합지표수 \times 0.5)}{구성지표수} \times 100$

- 경기변동의 진폭이나 속도보다 방향만을 파악하는 지표로 경기확산지수가 50을 초과하면 경기는 확장국면, 50 미만이면 수축국면에 있음을 나타낸다.

② 개별경기지표

　㉠ GDP : 각 산업의 생산활동은 물론 소비, 투자, 수출 등 수요동향까지도 살펴볼 수 있는 종합적인 경제지표

　㉡ 생산활동 관련 지표 : 전산업생산지수, 광공업생산지수, 서비스업생산지수 등 매월 작성

　㉢ 수요 관련 지표 : 소비, 설비투자, 건설투자, 수출 및 수입 관련 지표 등

　㉣ 고용 관련 지표 : 월중 고용동향, 사업체노동력조사 등

③ 설문조사지표

　㉠ 기업경기실사지수(BSI) : 설문조사를 통해 기업가의 경기동향 판단, 예측 등을 조사하여 지수화한 지표로 0~200의 값을 가지며, 지수가 100 이상이면 경기를 긍정적으로 보는 업체 수가 많음을 의미한다. 기업가의 예상을 바탕으로 작성되므로 미래적인 의미가 강하고, 미래 전망과 함께 과거의 실적도 동시에 작성되어 양자의 차이 분석이 가능하다. 주관적이고 심리적인 요소까지 조사할 수 있으므로 기업심리지표라고도 불린다.

$$기업경기실사지수 = \frac{(긍정적\ 응답업체\ 수 - 부정적\ 응답업체\ 수)}{전체\ 응답업체\ 수} \times 100 + 100$$

　㉡ 소비자태도지수(CSI) : 소비자의 경기에 대한 인식을 설문조사하고 이를 지수화한 것이다. 0~200의 값을 가지며, 지수가 100을 초과하는 수준으로 지속되면 소비자들이 경기가 확장국면에 있다고 인식하고 있는 것으로 해석한다.

$$소비자태도지수 = \frac{(매우\ 긍정적 \times 1.0 + 다소\ 긍정적 \times 0.5 - 다소\ 부정적 \times 0.5 - 매우\ 부정적 \times 1.0)}{전체\ 응답업체\ 수} \times 100 + 100$$

8. 경기예측

① 경기예측의 필요성 : 경기예측의 목적은 합리적인 경기대응정책을 수립 및 실시하는 데 있다.

② 시차(time lag) : 경기변동 현상의 발생 시점과 경기대응정책의 효과발생 시점 간의 시차(time lag)가 존재한다.

　㉠ 인식시차 : 경기변동 현상의 인식에 필요한 통계자료의 수집 및 편제부터 결론 도출까지 필요한 시차

　㉡ 실행시차 : 경기대응정책의 필요성 인식 후 실제 집행까지의 시차

　㉢ 외부시차 : 경기대응정책 집행 후 국민경제에 영향을 미치기까지의 시차

　　※ 통화정책의 경우는 외부시차가, 재정정책의 경우는 내부시차(인식 및 실행시차)가 특히 크다.

③ 경기예측법 : 지표를 나타내는 방법에 따라 점 예측, 구간 예측, 경기전환 가능성 예측으로 구분할 수 있다. 또한, 경기예측 대상에 따라 다음과 같이 분류할 수 있다.
  ㉠ 경기지표법 : 경기지표의 동향을 통해 경기를 예측하는 방법으로 개별지표법, 종합경기지표법, 설문조사지표법 등으로 구분
  ㉡ GDP구성항목법 : GDP의 구성항목을 각각 관련 자료로 하여 GDP 규모를 예측하는 방법으로 산업부문별 생산 측면과 지출 측면으로 나누어 분석
  ㉢ 계량모형법 : 국민경제를 구성하는 경제변수들을 연립방정식 체계로 나타낸 다음 함수관계를 통해 미래를 예측하는 방법
④ 경기예측의 과정 : 경기현황 분석 및 평가 → 국내외 경제 여건 전망 → 잠정 예측치의 도출 → 예측치의 확정

···TOPIC 4 경기와 금융

1. 경기와 금융의 관계

① 경기변동이 금융에 미치는 영향 : 경기의 부진 및 침체는 자산가치 하락을 초래하여 금융기관 보유 대출채권 및 담보물건 등의 부실화로 이어진다. 특정 부문 자산에 편중하여 운용되면 분산효과가 떨어져 경기변동에 따른 위험이 증가한다. 또한 금리, 주가, 환율 등 경제요인의 변화에 따라 금융기관이 보유하고 있는 자산의 가치도 변한다.

② 금융이 경기에 미치는 영향 : 호경기 금융기관의 과도한 대출 증가는 비효율적인 투자 및 과잉 투자로 이어지면서 경기과열을 초래하고 향후 경기 급락의 원인이 된다. 침체기에는 금융기관의 대출 축소로 인해 경기침체가 심화 및 장기화될 위험이 있다.

③ 금융의 경기순응성과 경기대응성 : 경기순응성을 축소하고 경기대응성을 강화하여 경기의 불확실성과 변동성을 감소시킴으로써 성장잠재력을 확충하는 것이 필요하다.
  ㉠ 금융의 경기순응성 : 금융이 경기진폭을 확대하는 방향으로 작용
  ㉡ 금융의 경기대응성 : 금융이 경기진폭을 축소하는 방향으로 작용
  ※ 앞에서 배운 경기순환의 경기순응적 성향과 구별해서 생각한다.

2. 경기 국면별 금융기관 경영 여건

① 경제활동과 기업자금 수요
  ㉠ 회복기 : 기존의 재고 소진 → 설비투자 미약 → 자금공급은 충분하나 자금수요는 낮은 상태로 자금조달이 원활
  ㉡ 확장기 : 설비투자 증가 → 자금수요 증가 → 지속적인 자금수요 증가는 자금부족 현상을 초래

ⓒ 후퇴기 : 과잉투자로 인한 재고 증가 → 수익성이 낮지만 투자수요의 부분적 감소 → 자금수요의 체감적 증가 현상

ⓔ 수축기 : 생산활동 위축 → 가동률 저하 → 자금수요 대폭 감소(필수 수요는 계속) → 투자 축소로 자금사정 소폭 개선

② 금리 및 금융시장

ⓐ 회복기 : 경기회복을 위한 금리 인하, 통화공급 확대정책으로 인한 단기금리 하락 현상, 단기채의 수요가 장기채보다 상대적으로 증가

ⓑ 확장기 : 기업의 자금수요가 본격적으로 증가하면서 장ㆍ단기채의 수요가 증가하여 장ㆍ단기금리가 전반적으로 상승

ⓒ 후퇴기 : 경기과열을 우려하여 금리 인상, 통화공급 축소정책으로 단기금리 상승 현상, 투자의 체감적 증가로 인해 장ㆍ단기금리 체감적 상승

ⓔ 수축기 : 설비 투자가 본격적으로 급락하면 자금의 수요가 감소하여 장ㆍ단기금리 하락

③ 기업 도산과 금융기관 부실

ⓐ 회복기 : 기업의 경제활동이 회복되면서 기업 도산 감소

ⓑ 확장기 : 기업의 수익성과 현금흐름이 호전되어 기업 도산 감소세 확대

ⓒ 후퇴기 : 금리 상승세가 지속되고 기업의 수익성이 저하되면서 기업 도산의 증가 시작

ⓔ 수축기 : 기업의 수익성과 현금흐름이 더욱 악화되면서 기업 도산이 크게 증가

3. 경기와 금융기관의 위험관리

① 경기와 위험에 대한 일반적 견해 : 일반적으로 금융기관이 부담하는 위험은 불경기에 증가하므로 금융기관의 대출 심사기준은 불경기에 엄격한 편이다. 불경기에 기업이 자금을 조달하기 위해서는 높은 자본비용을 내야 하고, 금융기관(투자자) 입장에서는 추가적인 위험프리미엄을 요구하여 높은 대출이자율(투자수익률)을 요구한다.

② 동태적 측면에서의 경기와 위험 : 동태적 측면이란 장기적 경기순환적 관점을 말한다. 동태적 측면에서는 호경기의 마지막 단계(확장기의 정점)에서 위험이 증가하고 불경기의 마지막 단계(수축기의 저점)에서 위험이 감소한다.

[참고] 위험조정수익률법(RAROC방식)을 통한 대출 : 자본최소이익률(hurdle rate)을 초과하는 대출 중에서 수익률이 높은 순서로 대출을 결정하는 방법

위험조정수익률(RAROC) = $\dfrac{\text{대출수익} - \text{대출비용}}{\text{위험자본}}$ 로 정의되며 불경기에 감소하는 경향을 보임

4. 경기와 건전성 감독

① 금융기관의 건전성 : 금융기관의 건전성은 금융기관의 적정자본 및 적정충당금 수준으로 확인할 수 있다. 동태적 측면에서 볼 때 호경기의 마지막 단계(확장기의 정점)에서 위험이 증가하므로 자본금과 충당금 규모가 증가해야 하나 대부분의 금융기관에서는 경기침체가 명확해져야 충당금이 늘어나는 경향을 보인다.

② 충당금이 적정 수준을 유지하지 못하는 이유 : 위험의 동태적 변화 파악 오류, 자본과 충당금의 규제방식 및 기타 제도적 요인 등에 영향을 받는다.

③ 경기와 금융기관 검사 : 금융기관에 대한 자기자본규제나 검사가 개별 금융기관의 건전성을 보호하면서도 금융시스템 전체의 문제점을 증폭시키거나 경기순응적인 형태가 확대되지 않도록 하는 것이 중요하다.

5. BIS자기자본규제 방식

BIS비율(자기자본비율 = 자기자본 ÷ 위험가중자산) 규제방식은 Basel Ⅰ, Ⅱ, Ⅲ 단계별로 규제기준을 마련한다.

① Basel Ⅰ : 1988년 국제적 자기자본비율을 제시하였다. 단, 거래 주체별로 각각 동일한 위험가중치를 적용하여 신용등급과 상관없이 동일한 자기자본비율을 적용하였다.

② Basel Ⅱ(신BIS협약) : Basel Ⅰ보다 평가기준을 높여 안전성과 신뢰성을 향상시켰고, 필요자본 산정을 위한 기업의 신용평가는 외부 신용평가기관의 평가등급과 내부 자체평가등급을 모두 이용할 수 있게 하였다. 단, 경기순환과정에 대응하여 선제적으로 BIS비율을 조정하기에 어려운 측면이 있다.

③ Basel Ⅲ : 경기대응적인 자본 규제, 시스템적인 자본 부과 등의 거시건전성 규제를 추가하면서 Basel Ⅱ를 강화하였다. 또한, 경기순응성 완화를 위해 자기자본규제를 경기대응적으로 조정할 수 있게 하였다.

01 거시적 시장에 대한 설명 중 옳지 않은 것은?

① 상품시장은 국민경제 내에서 생산된 모든 재화와 용역이 거래되는 시장으로 기업이 공급하고 가계, 기업, 정부가 수요한다.

② 노동시장은 생산요소인 노동이 거래되는 시장으로 기업 및 정부가 공급하고 가계가 수요한다.

③ 증권시장은 자금조달 수단인 채권 등의 증권이 거래되는 시장으로 이자율이 가격변수이다.

④ 화폐시장은 화폐가 거래되는 시장으로 별도의 구분된 시장에서 거래된다기보다는 다른 시장에서 대상물이 거래될 때 교환의 매개물로서의 의미가 있다.

⑤ 화폐시장도 가격변수를 고려한다.

> 노동시장의 공급자는 가계이고 수요자는 기업이다.
> ⑤ 화폐를 보유하게 되면 대출(채권매입)할 경우 얻을 수 있는 이자수익을 포기해야 하므로 이자율이 가격변수로 작용한다.
> 답 ②

02 2020년을 기준으로 2021년 명목 GDP가 1,333조, 실질 GDP가 1,312조라면 GDP 디플레이터는 얼마인가?

① 98.2 　　② 100
③ 101.6 　　④ 122.1
⑤ 133.3

> GDP 디플레이터
> $$= \frac{명목기준통계량}{실질기준통계량}$$
> $$= \frac{1,333조}{1,312조} \fallingdotseq 101.6$$
> 답 ③

03 국민경제의 순환과 국민소득에 관한 설명 중 옳지 않은 것은?

① 국민소득의 세 가지 측면은 생산, 분배, 지출이며, 경제동향이나 경기분석에 많이 사용하는 국민소득은 생산과 지출 측면이다.

② 국민소득 중 급여소득의 비중은 분배 측면의 국민소득을 통해 파악하고 산업별 경제활동은 생산 측면의 국민소득을 통해 파악한다.

③ 수출은 원화 환율이 상승하면 증가하고 세계경기가 좋아지면 증가하는 경향이 있다.

④ 투자는 소득이 늘어나면 증가하고 이자율이 상승하면 감소하는 경향이 있다.

⑤ 보유자산이 증가하면 소비가 감소하는 경향이 있다.

> 소득, 보유자산은 소비와 정비례의 관계이고, 금리와 세금은 소비와 반비례 관계이다. 보유자산의 가치가 증가하면 가치상승분 일부가 소비로 이어져 소비가 증가하는 경향이 있다. 이를 부의 효과(Wealth effect)라고 하며, 물가 하락으로 자산의 실질가치가 상승하여 소비가 증가하는 효과를 피구효과(Pigou effect)라고 한다.
> ③ 수입은 원화 환율이 상승하면 감소하고 국내경기가 좋아지면 증가하는 경향이 있다.
> 답 ⑤

문제풀이

04 다음 중 국민경제의 총공급 총수요에 대한 설명으로 가장 적절하지 않은 것은?

① 총공급은 물가와 국민경제 총생산량과의 관계를 나타낸다.

② 총수요는 총공급과 역의 관계로 물가가 하락하면 노동과 자본의 수요가 하락한다.

③ 초단기 총공급곡선은 수평선의 형태를 보이며, 장기 총공급곡선은 물가와 상관없이 항상 일정한 소득과 생산량 규모를 유지한다.

④ 단기 총공급곡선은 우상향 형태의 그래프를 보인다.

⑤ 물가와 소득 생산량은 총공급곡선과 총수요곡선이 만나는 점에서 결정된다.

> 총수요곡선은 물가가 하락하면 노동과 자본의 수요가 늘어나는 우하향 형태이다.
>
> 🖉 ②

05 다음 중 국내 소비를 증가시키는 요인이 아닌 것은?(단, 금리소득이 대부분인 경제주체가 아님을 가정한다)

① 소득 증가　　　② 금리하락

③ 보유자산 증가　　④ 세금 감소

⑤ 환율 상승

> 환율이 상승하면 우리 상품의 대외경쟁력이 높아져서 해외에서의 소비가 늘어난다. 환율이 하락하면 해외 상품이 상대적으로 가격이 하락하여 국내에서 해외상품의 소비가 늘어난다.
>
> 🖉 ⑤

06 경제 여건의 변화와 국민소득 간의 관계에 대한 설명 중 가장 옳지 않은 것은?

① 물가가 상승하면 투자재의 구입비용 상승을 초래하여 투자가 위축될 가능성이 있다.

② 금리가 인하하면 소비와 투자는 증가하는 것이 일반적이다.

③ 물가가 상승하면 보유자산의 실질가치가 감소하여 소비가 감소하는 경향이 있다.

④ 국내금리가 인하하면 해외금리보다 상대적으로 낮아져 해외예금의 수요가 증가하고 이는 환율 상승으로 이어져 수출이 증가하고 수입이 감소하는 효과가 있다.

⑤ 환율이 상승하면 일반적으로 수출이 증가하고 이는 국민소득 감소로 이어진다.

> '국민소득 = 가계지출(C) + 기업지출(I) + 정부지출(G) + 수출로 인한 외국인지출(X) − 구입과 같은 국민소득과 관련 없는 지출(M)'로 정의되며 수출이 증가하면 국민소득이 증가한다.
>
> [참고] 환율 상승은 수입물품의 가격을 상승시켜 전반적인 물가 상승을 이끌어 국민소득을 감소시키는 효과도 존재하지만, 일반적으로 국민소득 증가 효과가 크다.
>
> 🖉 ⑤

CHAPTER 01 경기분석 185

07 경제정책에 관한 설명 중 옳지 않은 것은?

① 중앙은행이 공개시장을 통해 채권을 매입하는 것은 통화량을 증가시키는 확장적인 통화정책이다.

② 감세정책은 경기를 부양하기 위한 확장 재정정책 중 하나이다.

③ 유동성함정에 빠지면 통화 수요가 무한히 늘어나 통화 공급정책은 효과를 나타내지 못한다.

④ 정부가 지출을 증가하면서 민간 부분의 소비 및 투자가 감소하는 현상을 구축 효과(Crowding out effect)라고 한다.

⑤ 중앙은행이 기준금리를 낮추는 확장정책은 재정정책에 해당한다.

재정정책은 정부지출을 변화시키거나 세금을 조정하는 정책이고, 통화정책은 금리나 통화량 등을 조절하여 물가, 성장, 국제수지를 원하는 방향으로 변화시키는 정책이다.

[참고] 외환정책은 환율정책과 외국환거래 관련 규제를 통한 정책이다.

답 ⑤

08 다음 통화지표의 종류 중 은행이 지급준비를 위해 한국은행에 맡겨 놓은 예치금 합계를 의미하는 것은?

① 본원통화　　　　② M1(협의통화)
③ M2(광의통화)　　④ Lf(금융기관유동성)
⑤ L(광의유동성)

본원통화의 정의를 묻는 문제이다.

답 ①

09 경제통계에 관한 설명 중 옳지 않은 것은?

① 디플레이터는 명목기준통계를 실질기준통계로 환가할 때 사용하는 가격지수로 명목기준통계량에서 실질기준통계량을 나눠 계산한다.

② 기준시점의 디플레이터는 100%이다.

③ 저량통계의 예로 인구, 실업률, 물가가 있고, 유량통계의 예로 국민소득, 국제수지, 통화량 등을 들 수 있다.

④ 실업률은 3월에 높게 나타나고 화폐발행액은 명절 직전에 크게 증가하는 경향이 있다.

⑤ 어떤 기간 중의 평균적인 변동률을 산출하여 다른 기간 중의 변동률과 비교할 때 산술평균보다 기하평균을 주로 사용한다.

통화량은 저량통계의 예이다.
④ 계절변동요인에 해당한다. 때문에 월별통계를 비교할 때는 전년 동일기간을 비교하여 증감률을 분석해야 한다.
⑤ 산술평균과 기하평균의 예 2년 동안 100에서 121만큼 성장했다면 산술평균으로 계산 시 매년 10.5%(= 21% ÷ 2) 평균성장하는데, 기하평균으로 계산하면 매년 10%{= $(1 + 21\%)^{\frac{1}{2}} - 1$} 평균성장한다.

답 ③

10 국민소득통계에 관한 설명 중 옳지 않은 것은?

① 외국인이 우리나라에서 생산한 재화나 용역은 국내총생산(GDP)에 포함되지만, 국민총생산(GNI)에는 포함되지 않는다.

② 국민순소득(NNI)은 국민총생산(GNI)에서 고정자본소모분을 제외한 개념이다.

③ 보통 발표되는 경제성장률은 물가 요인을 제거한 실질 GDP 성장률로 계산한다.

④ 국민소득통계를 이용하여 수출입의존도와 노동소득분배율을 계산한다.

⑤ 경제발전 초기에는 농림어업 비중이 줄어들면서 광공업과 서비스산업의 비중이 늘어나고, 경제 성숙기에는 광공업 및 건설업 비중이 더 늘어난다.

> 경제 성숙기에는 광공업 및 건설업보다 서비스산업의 비중이 더 늘어난다.
>
> ① GNI = GDP + 우리나라 사람이 외국에서 벌어들인 돈 – 외국 사람이 국내에서 벌어들인 돈 = GDP + 국외순수취요소소득
>
> ② NNI = GNI – 고정자본소모분 = GDP – 고정자본소모분 + 국외순수취요소소득
>
> ④ 수출입의존도는 수출규모를 국민총소득으로 나눈 비율이고, 노동소득분배율은 노동을 제공한 대가로 가계에 분배되는 급여소득을 국민총소득으로 나눈 비율이다.
>
> 답 ⑤

11 통화의 공급경로 및 통화로 인한 국민경제의 영향에 대해 설명한 것으로 가장 적절하지 않은 것은?

① 통화량이 너무 많으면 돈의 가치가 떨어져 물가가 지속해서 오르는 인플레이션이 발생할 위험이 있다.

② 통화량이 너무 적으면 금리가 하락하여 생산자금이 많아지고 경제활동이 활성화된다.

③ 원화 환율이 하락하는 추세일 경우 외국 자본이 국내로 모여들어 국내 통화량이 증가하는 경향을 보일 때도 있다.

④ 정부는 공무원 봉급 지급을 통해서도 통화량을 공급할 수 있다.

⑤ 금융기관이 기업과 가계에 대출하거나 기업이 발행한 증권을 매입하는 등의 방식으로 통화를 공급할 수 있다.

> 통화량이 너무 적은 경우 금리가 상승하고 생산자금이 부족하여 경제활동이 위축될 위험이 있다.
>
> 답 ②

12 우리나라 실업률이 다른 선진국보다 상대적으로 낮게 나오는 이유로 가장 거리가 먼 것은?

① 실업률 작성 기준이 다른 선진국과 차이가 크기 때문이다.

② 농림어업부문 취업자 비중이 높기 때문이다.

③ 자영업주 및 무급가족종사자가 많기 때문이다.

④ 고용보험제도 및 직업알선기관이 부족하기 때문이다.

⑤ 여성노동참가비율이 상대적으로 낮기 때문이다.

노동력조사방식은 국제노동기구(ILO)의 권고방식이 있으며, 우리나라를 비롯하여 미국, 일본, 캐나다, 프랑스 등 다른 선진국에서도 사용하고 있다.

② 농림어업부문은 실업 발생 가능성이 낮은 부문이다.

③ 수익이 낮은 대다수의 자영업주 또는 무보수로 일하는 무급가족종사자들은 취업자로 분류되나 실질적으로 고용의 질적인 측면이 낮다고 볼 수 있다.

④ 고용보험제도 및 직업알선기관이 부족하면 실업 시 적극적으로 취업하려고 하지 않는 경향이 강해짐에 따라 비경제활동인구나 자영업자가 되는 경우가 많다.

⑤ 우리나라 여성노동참가비율이 상대적으로 낮은 이유는 주부 등 비경제활동인구가 많기 때문이다.

答 ①

13 금리에 관한 설명 중 옳지 않은 것은?

① 명목금리는 물가가 상승하면 오르고 경기가 좋아지면 오르는 경향이 있다.

② 실효금리는 실제로 지급하거나 부담하게 되는 금리를 의미한다.

③ 만기가 길수록 유동성위험으로 인해 금리가 높은 편이다.

④ 초단기 수신금리는 한국은행이 결정하고, 일반 시중은행 금리는 자율적으로 결정한다.

⑤ 금리정책은 통화량을 결정하고 실물부문과는 관계가 없다.

중앙은행의 금리정책은 시중은행의 금리에 먼저 영향을 미치고, 실물부문 소비 및 투자에 영향을 미친다.

① 명목금리 = 실질금리 + 물가변동 → 피셔 방정식

答 ⑤

14 주요 경제지표와 관련된 설명 중 옳지 않은 것은?

① 소비자물가지수는 소비자가 일상 소비생활에 쓸 용도로 구입하는 재화와 용역의 가격을 기준으로 하는 특수목적지수이다.

② GDP 디플레이터는 포괄적인 물가지수지만 직접 조사하여 작성하지 않고 사후적으로 산출하므로 진정한 의미의 물가지수로 볼 수 없다.

③ 임금상승률이 노동생산성 증가율보다 높다면 이는 기업의 원가상승요인이다.

④ 국제수지 중 경상수지가 적자이면 금융 및 자본수지가 흑자를 나타낸다.

⑤ 우리나라가 외국 채권에 투자하여 벌어들인 이자수익은 자본수지로 기록된다.

우리나라가 외국 채권에 투자하여 벌어들인 이자수익은 경상수지 중 본원소득수지로 기록된다. 단, 이때 외국 채권에 투자한 금액은 금융계정 중 투자계정에 기록된다.

① 소비자물가지수는 특수목적지수이고, 생산자물가지수는 일반목적지수로 시장동향 분석, 구매 및 판매계약, 예산편성 및 심의 등 기초자료로 활용된다.

③ 반대로 임금상승률이 노동생산성 증가율보다 낮다면 근로자의 의욕 저하, 실질소득 저하로 인한 내수시장 위축 등의 위험이 있다.

답 ⑤

15 갑이 을에게 3% 물가상승을 예상하여 연 5% 고정금리로 1억원을 빌려줄 때 사전적인 실질이자율은 얼마인가?

① 2% ② 3%

③ 5% ④ 8%

⑤ 9%

피셔방정식에 의하면 명목금리는 실질금리와 예상물가상승률의 합이다.
실질금리=명목금리−예상물가상승률=5%−3%=2%

답 ①

16 경기순환국면별 경기상황에 대한 설명 중 옳지 않은 것은?

① 확장국면 중 회복기에는 제품에 대한 수요 증가세로 재고가 감소한다.

② 확장국면 중 확장기에는 생산이 확대되고 가동률이 증가하여 설비투자가 확대되는 누적적 확대 과정이 나타난다.

③ 수축국면 중 후퇴기는 설비 과잉 상태가 되어 기업의 이윤이 감소하는 단계이다.

④ 수축국면 중 수축기에 실업자 수가 최고 수준이다.

⑤ 회복기에 추세 수준을 넘어서고 수축기에 추세 수준 밑으로 하락한다.

확장기에 추세 수준을 넘어서고 후퇴기에 추세 수준 밑으로 하락한다. 회복기와 수축기는 추세 수준을 밑도는 단계이다.

답 ⑤

17 경기순환과 관련된 설명 중 옳지 않은 것은?

① 기준순환일이란 경기의 정점 또는 저점이 발생한 구체적인 시점을 의미한다.

② 물가는 경기확장기에 하락, 경기수축기에 상승하는 경기역행적 성향을 가진다.

③ 신케인즈학파의 불균형경기순환이론에서는 경기순환의 원인을 기업가의 전망변화, 재정정책, 소비자의 선호 등 유효수요의 변화에 있다고 본다.

④ 재고 변동 등으로 경기가 2~6년 주기로 변화하는 단기파동을 키친파동(Kitchin waves)이라 하고 소순환이라고도 불린다.

⑤ 정부나 중앙은행은 일반적으로 회복기에 저금리 기조 등 경기부양정책을 취한다.

물가는 경기확장기에 상승, 경기수축기에 하락하는 경기순응적 성향을 가진다. 이 외에도 경기순응적 성향을 가지는 경제변수는 수출입물량 증가율, 통화량, 통화유통속도 등이 있다. 실업률, 기업도산율, 어음부도율 등은 경기역행적 성향을 가진다.

③ 화폐적 균형경기순환이론은 예측하지 못한 수요 공급으로 인한 일시적 균형상태 이탈로 경기순환이 발생하고, 실물적 균형경기순환이론은 기술변화, 즉 생산성 충격으로 경기순환이 발생한다고 주장한다.

④ 설비투자의 내용연수와 관련하여 경기가 10년 전후를 주기로 변화하는 중기파동을 주글라파동이라고 하고, 기술혁신 등으로 경기가 40~60년 주기로 변화하는 장기파동을 콘트라티에프파동이라고 한다.

답 ②

18 경기지표와 관련된 설명 중 옳지 않은 것은?

① 경기종합지수 중 선행종합지수는 비교적 가까운 장래와 경기 동향을 예측하는 지표다.

② 기업경기실사지수(BSI)는 설문조사 지표 중 하나이다.

③ 개별경기지표 중 GDP는 각 산업의 생산활동은 물론 소비, 투자, 수출 등 수요동향까지도 살펴볼 수 있는 종합적인 경제지표지만, 속보성이 떨어진다.

④ 소비자태도지수(CSI)에서 지수가 100을 초과하는 수준으로 지속하면 소비자들이 경기가 확장국면에 있다고 인식하는 것으로 해석한다.

⑤ 경기종합지수 중 동행종합지수의 예는 코스피지수, 건설수주액, 수출입물가비율 등이 있다.

코스피지수, 건설수주액, 수출입물가비율 등은 선행종합지수의 예이고, 동행종합지수의 예로는 비농림어업취업자수, 광공업생산지수, 건설기성액, 수입액 등이 있다.

① 동행종합지수는 현재의 경기 상황을 판단하는 지표고, 후행종합지수는 경기의 변동을 사후에 확인하는 지표다.

② 기업경기실사지수는 (긍정적 응답업체 수 − 부정적 응답업체 수) ÷ 전체 응답업체 수 × 100 + 100으로 0~200의 값을 가지며, 지수가 100 이상이면 경기를 긍정적으로 보는 업체 수가 많다는 것을 의미한다.

답 ⑤

19 경기예측과 관련된 설명 중 옳지 않은 것은?

① 경기변동 현상의 인식에 필요한 통계자료의 수집 및 편제부터 결론 도출까지 필요한 시차를 인식시차라고 한다.

② 통화정책의 경우는 내부시차(인식 및 실행시차)가, 재정정책의 경우 외부시차가 특히 크다.

③ 경기예측의 목적은 합리적인 경기대응정책을 수립 및 실시하는 데 있다.

④ 경기예측법 중 GDP구성항목법은 GDP의 구성항목을 각 관련 자료에 따라 예측하여 GDP규모를 예측하는 방법이다.

⑤ 경기예측법 중 계량경제모형법은 국민경제를 구성하는 주요 경제변수들을 선정하여 연립방정식 체계로 나타낸 다음 함수관계를 통해 미래를 예측하는 방법이다.

20 경기와 금융과의 관계에 대한 설명 중 가장 적절하지 않은 것은?

① 호경기 금융기관의 과도한 대출 증가는 비효율적인 투자 및 과잉투자로 이어지면서 경기 과열을 초래하고, 결국은 향후 급락 원인으로 작용한다.

② 경기순응성을 확대하고 경기대응성을 축소함으로써 경기의 불확실성과 변동성을 감소시켜 성장잠재력을 확충하는 것이 필요하다.

③ 대출심사 시 호경기와 불경기 자료를 동시에 감안하는 방법은 경기에 대응한 위험관리기법의 하나가 될 수 있다.

④ 경기의 확장기와 후퇴기에 금리가 상승하는 경향이 있다.

⑤ 장기적 관점에서 동태적으로 본다면 호경기 때 위험이 증가할 수도 있다.

통화정책의 경우는 실물시장에 직접 영향을 미치는 정책이 아니므로 외부시차가 크고, 재정정책은 정부의 정책으로 여러 행정 절차가 복잡하여 외부시차보다는 내부시차가 큰 편이다.

① 내부시차 중 실행시차는 경기대응정책의 필요성 인식 후 실제 집행까지의 시차를 의미한다. 외부시차는 경기대응정책 집행 후 국민경제에 영향을 미치기까지의 시차이다.

⑤ 계량경제모형법은 경제이론을 바탕으로 하는 과학적인 경기예측방법이지만, 모형의 작성 및 유지에 많은 시간과 비용이 소요된다.

정답 ②

금융의 경기순응성은 금융이 경기 진폭을 확대하는 방향으로 작용하는 것이고, 금융의 경기대응성은 금융이 경기진폭을 축소하는 방향으로 작용하는 것이다. 따라서 경기순응성을 축소하고 경기대응성을 강화함으로써 경기의 불확실성과 변동성을 감소시켜 성장잠재력을 확충하는 것이 필요하다.

④ 경기의 확장기와 후퇴기에 금리가 상승하고, 회복기와 수축기에 금리가 하락하는 경향이 있다.

⑤ 장기적 관점에서 동태적으로 본다면 호경기의 마지막 단계(확장기의 정점)에서 위험이 증가하고 불경기의 마지막 단계(수축기의 저점)에서 위험이 감소하기도 한다.

정답 ②

21 금융기관의 건전성을 감독하는 것과 관련하여 옳지 않은 것은?

① 일반적으로 호경기의 마지막 단계(확장기의 정점)에서 위험이 증가하므로 자본금과 충당금 규모를 증가해야 하나, 대부분의 금융기관에서는 경기침체가 명확해진 다음 충당금이 늘어나는 경향이 있다.

② 금융기관에 대한 검사는 경기순응적인 형태가 확대되지 않도록 하는 것이 중요하다.

③ Basel Ⅲ는 경기순응성의 완화를 위해 자기자본규제를 경기대응적으로 조정하는 식으로 규정하고 있다.

④ Basel Ⅱ(신BIS협약)는 경기순환과정에 대응하여 선제적으로 BIS비율을 조정하기 어렵다.

⑤ 경기가 나쁠수록 감독당국의 검사기준을 강화해야 한다.

호경기의 마지막 단계(확장기의 정점)에서 위험이 증가하므로, 경기가 좋은 경우에도 향후 위험에 대비하기 위한 선제적인 검사를 해야 한다.

답 ⑤

22 경제 분석에 관한 설명으로 가장 옳지 않은 것은?

① 경기지수는 선행지수, 동행지수, 후행지수로 나누어진다.

② 경제성장은 보통 국내총생산(GDP)의 증가율로 측정한다.

③ 경기가 침체하면서 물가가 상승하는 경우를 스태그플레이션(stagflation)이라 한다.

④ 산업분석은 산업 간 분석과 산업 내 분석을 포함한다.

⑤ 자국화폐의 평가절상은 수출 비중이 높은 기업의 수출경쟁력을 강화시킨다.

자국화폐의 평가절상은 환율(외국화폐 절하)의 하락을 의미하므로 수출기업에는 부정적인 영향을 준다.

답 ⑤

CHAPTER
02 산업분석

TOPIC I   기업신용분석과 산업분석   TOPIC 2   산업분석 방법론

···TOPIC 1 기업신용분석과 산업분석

1. 신용분석의 의의

① **신용분석의 개념** : 신용이란 장래의 특정 시점에 지불 또는 상환할 것을 약속하고 자금을 차입하거나 재화 또는 용역을 제공받는 행위를 말한다. 기업신용분석은 신용제공 대상기업의 약속 이행 능력을 판단할 목적으로 조사 · 분석하는 과정이다.

② **신용위험**
   ㉠ 채무불이행 위험 : 원리금을 적기에 상환하지 못할 위험
   ㉡ 손실 위험 : 약정상의 원리금과 실제 회수된 원리금의 차이가 발생할 위험

③ **신용분석의 대상과 대상에 따른 평가**
   ㉠ 채무자에 대한 평가 : 채무자의 모든 금융상 채무에 대한 전반적인 채무 상환 가능성 평가
   ㉡ 채무자가 발행시킨 채무에 대한 평가 : 특정 채무에 국한하여 그 원리금을 회수할 수 있는지에 대한 분석
   ㉢ 담보부채권 또는 우량기업이 보증한 지급보증채권은 일반적인 채무자의 신용위험보다 낮은 신용위험을 보유하는 것으로 판단

④ **신용분석의 특성** : 신용위험에 대한 분석은 일반적으로 채무불이행 위험을 대상으로 한다. 신용분석 시에는 전문가적 판단이 필요하고, 경기순환주기도 고려해야 한다. 또한, 절대적인 위험수준을 제시하기보다 상대적 서열관리를 통해 부도율과 손실률 등을 차별화하여 관리하는 것이 중요하다.

2. 신용분석과 산업분석의 관계

① 신용분석의 구조 : 현금흐름 창출 능력 vs 채무상환 부담
   ㉠ 현금흐름 창출 능력 : 영업활동을 통한 현금창출 능력, 자산 활용을 통한 현금창출 능력 및 외부자금 조달 능력을 포괄
   ㉡ 채무상환 부담 : 장부상에 있는 차입금 외에 우발채무의 현실화 가능성도 포함

② 신용분석 시 고려요소
   ㉠ 1차적 요소 : 기업의 경영 요소, 사업 요소, 재무 요소
   ㉡ 2차적 요소 : 1차적 요소 전반에 영향을 줄 수 있는 요소
      • 계열요소 : 기업의 경영요소(1차적 요소)에 영향을 주는 요소
      • 산업요소 : 기업의 사업요소(1차적 요소)에 영향을 주는 요소
      • 금융요소 : 기업의 재무요소(1차적 요소)에 영향을 주는 요소
   ㉢ 3차적 요소 : 1차적, 2차적 요소에 포괄적인 영향을 미치는 요소로 산업정책, 금융정책, 거시경제 요소 등이 있음

③ 신용분석과 산업분석의 관계 : 일반적으로 신용분석 시 거시경제 관련 변수들을 먼저 살펴보고 산업에 대해 분석하는 Top-Down 접근방법을 사용한다. 기업의 부도율은 경기순환주기뿐만 아니라 소속 기업이 속한 산업의 영향도 받으므로 산업분석은 필수적인 분석이다.

···TOPIC 2 산업분석 방법론

1. 산업분석의 의의 및 개요

① 산업분석의 의의
   ㉠ 산업위험 : 동일한 산업에 속한 기업의 사업 및 재무실적에 공통으로 영향을 미칠 수 있는 위험
   ㉡ 산업분석 : 산업의 환경, 수요공급, 연관 산업 등의 분석을 통해 산업의 고유한 특성이 그 산업 내에 있는 기업의 신용위험에 어떠한 영향을 미치는지 파악하는 과정

② 산업분석의 절차 : 환경요인분석 → 수요공급분석 → 연관산업분석 → 경쟁강도분석 → 재무특성분석

2. 산업분석

① 환경요인분석

　　㉠ 시장범위 : 내수산업, 수출산업 등 구체적인 지리적 범위를 정함

　　㉡ 환경요인 : 제도적, 기술적 환경 등 분석

② 수요공급분석

　　㉠ 수요분석 : 수요의 경기 민감도 분석(경기변화에 대한 수요의 반응이 순행적, 역행적, 독립적인지 파악), 변화 주기 및 변화 강도 파악

　　㉡ 공급분석 : 공급의 변화 속도 및 공급의 변화 규모 파악

　　㉢ 수급분석 : 수요와 공급의 불일치가 어떠한 강도와 주기로 나타나는지 파악

③ 연관산업분석(수급 변동성과 교섭력 분석)

　　㉠ 전방산업 : 분석 산업이 생산 또는 제공하는 제품 및 서비스를 제공받는 산업분석

　　㉡ 후방산업 : 분석 산업에 대해 원가 요소를 제공하는 산업분석

④ 경쟁강도분석

　　㉠ 진입장벽 : 타 기업의 산업 진입 용이성 파악(규모의 경제, 자본, 기술 등)

　　㉡ 산업집중도 : 산업 내 소수 기업의 점유율 파악

　　㉢ 경쟁수단 : 품질, 기술력, 원가경쟁력, 유통망, 인지도 등 파악

⑤ 재무특성분석

　　㉠ 원가구조 : 고정성 원가와 변동성 원가의 비중 파악

　　㉡ 운전자금 : 운전자금의 부담 정도 파악

　　㉢ 자산구성 : 해당 산업에 필요한 주요자산의 시장가치 파악

　　㉣ 자금조달 : 자산의 투자회수기간에 따른 자금조달 방법 파악

　　㉤ 재무구조 : 부채비율 등 부채규모 파악

01 신용평가에 관한 다음 설명 중 옳지 않은 것은?

① 기업의 채무 적기상환능력 또는 채무불이행 가능성을 평가한다.

② 신용분석은 채무자가 발행한 채무에 대한 평가뿐만 아니라 채무자 본인에 대한 평가도 그 대상으로 한다.

③ 신용평가의 결과는 수치로 제시된다.

④ 신용평가는 발행자, 인수자와 관계없는 제3자에 의해 이루어진다.

⑤ 일반적으로 신용분석 시 거시경제 관련 변수들을 먼저 살펴보고 산업에 대한 분석을 실시하는 Top-Down 접근방법을 이용한다.

신용평가의 분석 결론은 다수의 불특정 투자자가 이해하기 쉽게 A, B, C 등의 등급으로 기호화하여 표시하고 있다.

답 ③

02 신용분석과 산업분석 간의 관계에 대한 다음 설명 중 옳지 않은 것은?

① 신용분석은 현금흐름 창출 능력과 채무상환부담 능력을 확인하는 과정이다.

② 신용분석 시 1차적 고려요소는 기업의 영영요소, 사업요소, 재무요소이다.

③ 신용분석 시 2차적 고려요소는 1차적 요소 전반에 영향을 줄 수 있는 요소이다.

④ 신용분석 시 3차적 고려요소는 포괄적인 영향을 미치는 요소로 산업정책, 금융정책, 거시경제 요소 등이 있다.

⑤ 기업의 부도율은 산업분석 시 필수적인 분석이 아니다.

기업의 부도율은 경기순환주기뿐만 아니라 소속 기업이 속한 산업의 영향도 받는다.

답 ⑤

CHAPTER 03 산업분석 사례

TOPIC 1 철강산업

TOPIC 2 자동차산업

TOPIC 3 조선업

TOPIC 4 석유화학산업

TOPIC 5 메모리반도체산업

TOPIC 6 식품산업

TOPIC 7 통신서비스업

TOPIC 8 건설산업

TOPIC 9 해상운송산업

TOPIC 10 유통산업

···TOPIC 1 철강산업

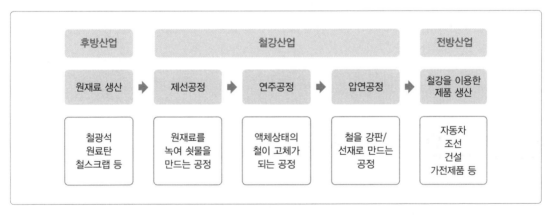

분석대상 기업은 철광석을 투입하여 열연강판, 냉연강판을 생산하는 일관제철공정을 가진 고로 사, 철스크랩을 전기 용해하여 철근, 형강 등을 생산하는 전기로사, 외부에서 조달한 열연강판을 냉간압연하여 아연도강판, 컬러강판 등을 생산하는 냉연강판사이다.

1. 환경요인분석

① 낮은 원재료 가격을 이점으로 중국의 철강산업이 급증하여 철강의 공급과잉 상태가 확장

② 자국 철강산업 보호를 위하여 세계 전역에서 철강재 수입규제가 심화되는 추세

③ 환경오염 관련 규제 강화는 위험 요인으로 작용할 전망

④ 환율 변동이 철강업 및 전후방산업에 미치는 효과

2. 수요공급분석

① 건설, 자동차, 조선, 일반기계, 가전제품 등 다양한 전방산업 보유로 인한 위험분산 효과 존재
② 공급조절능력의 비탄력성 : 대규모 장치산업의 특성 때문에 전방산업의 수요가 증가할 경우 이에 대응하는 데 상당한 시간이 소요. 반대로 수요가 감소할 경우 공급과잉 문제 발생
③ 환경오염 관련 규제 강화는 위험요인으로 작용할 전망

3. 연관산업분석

① 수급환경 저하로 인하여 전방 교섭력이 약화되는 추세 : 철강시장이 수요자 중심의 Buyer's Market으로 전환되는 과정
② 주요 원재료를 수입하므로 원재료 조달의 해외 의존도가 높아 후방 교섭력은 열위

4. 경쟁강도분석

① 높은 진입장벽 및 시장집중도 형성 : 철강산업은 자본집약적 장치산업으로 초기에 막대한 설비투자가 요구되어 진입장벽이 높은 편이며, 고로사가 전기로사에 비해 진입장벽이 더 높음
② 산업주기상 경쟁이 치열하고 성장성이 낮은 성숙기 단계

5. 재무특성분석

① 설비투자 부담으로 인한 고정비 부담이 높은 수준
② 원자재 가격 변동으로 인한 운전자금 및 수익성 변동성이 높음
③ 수익성, 재무안정성 등 재무지표가 저하되는 추세에 있음

···TOPIC 2 자동차산업

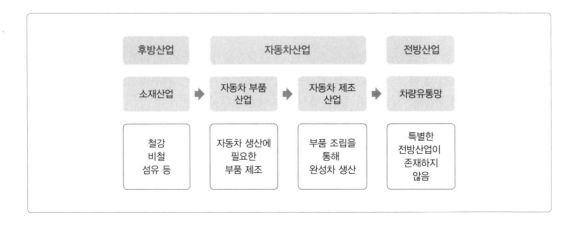

1. 환경요인분석

① 사업활동 대상인 세계시장의 막대한 규모는 사업 및 성장 기회 측면에서 긍정적

② 국제적 사업 영위로 환율, 무역규제 등의 영향이 크게 나타남

③ 국가별로 안전 및 환경 등 다양한 규제에 노출

④ 기술변화에 따른 대체재의 위험은 낮은 수준 : 타 운송수단 등에 의한 대체위험은 비교적 낮은 편이나 최근 전기차량 등 다양한 동력의 친환경차가 상용화되고, IT산업 등 이종산업과의 융합도 활발해지면서 기존 내연기관 위주의 산업 입장에서는 잠재적 위협을 지님

2. 수요공급분석

① 자동차 수요의 경기민감도는 높은 수준

② 세부 시장별 수요의 경기민감도는 상이함

③ 수요의 높은 경기민감성이 자동차산업 변동성의 주요 원인

3. 연관산업분석

① 품질과 브랜드 차별화 수준에 따라 대 소비자 교섭력에 차이가 나타남

② 특별한 전방산업이 없어 일반 개인이 최종 수요자의 대부분을 차지

③ 전방에 대한 교섭력은 평균적으로 양호한 수준이나, 품질 및 브랜드 차별화 수준 등에 따른 교섭력은 차이가 발생

④ 부품산업 등 후방산업에 대해 양호한 교섭력 보유 : 완성차 산업은 대규모 단일사업으로 투자 규모가 크지만 자동차 부품 산업은 영세 규모 기업 위주의 기술력이 낮은 다양한 품목으로 경쟁관계가 심해 완성차 산업은 자동차 부품 산업에 대해 교섭력이 강함

4. 경쟁강도분석

① 자본, 기술, 노동집약적 산업으로 진입장벽 높음

② 브랜드 파워에 따른 차별화 및 진입장벽 존재

③ 기간산업의 중요성에 따라 높은 퇴출장벽 : 완성차 산업은 퇴출될 경우 경제 및 사회에 미치는 영향이 커 정부의 직·간접적인 지원 유인이 큼

④ 세부 시장별 경쟁수단과 경쟁강도는 차별적 : 동일 지역 내에서도 차급·차형별로 다양한 세그먼트가 존재함에 따라 개별 세부 시장별 집중도는 차별적으로 나타남

5. 재무특성분석

① 높은 고정비 부담에 따라 영업이익의 변동성이 크게 나타남

② 재고자산의 변동성이 존재하나, 운전자금 부담은 크지 않은 수준 : 제품판매에 금융회사가 적극적으로 개입하는 형태가 많아 매출채권회수에 대한 부담이 작은 편(자동차 할부, 리스 등)이나 수요의 높은 경기민감성으로 인해 불황기에 재고 규모의 확대 및 진부화 위험이 존재

③ 사업 영위에 필요한 투자 부담이 높아 자산에서 유형자산의 비중이 큰 편

④ 현금흐름 변동성이 높아 현금성 자산의 보유 유인이 높음

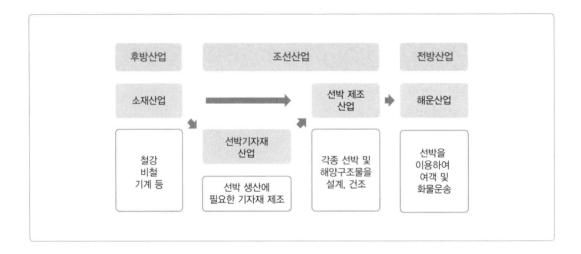

···TOPIC **3** 조선업

1. 환경요인분석

① 낮은 수출입규제 장벽 등으로 전 세계가 단일시장으로 형성되어 전 세계 시장이 분석 범주에 속함(선박 발주의 50% 이상이 유럽 지역, 선박 건조의 약 80%가 아시아 지역)

② 시장 규모가 매우 큰 편이며, 해운·철강·기계 등 타 산업과의 연관 효과가 크게 나타남

③ **낮은 대체재 위협 및 기술 변동 위험** : 제품의 수명이 상대적으로 긴 편이며, 특정 선종 관련 기술변화 속도가 느린 편

④ **높은 환율 변동 민감도** : 대부분 조선회사가 환율 변동에 따른 변동성 회피 목적으로 파생상품 이용

2. 수요공급분석

① **수요의 경기민감도는 높은 수준이며, 세분된 시장 구성으로 인해 선종별 수요주기 불일치** : 화물운송선, 해양플랜트, 여객선, 방위산업 관련 특수선 등 다양한 선종이 존재하고, 선종별 목적 및 성격의 차이가 큼

② **공급의 비탄력성으로 인해 큰 폭의 경기순환주기 발생** : 선박의 건조 기간은 설계부터 시작하면 최소 1.5년이고, 대량생산 체제가 아니므로 주문생산이 대부분

3. 연관산업분석

① 전방산업에 대한 교섭력은 열위에 있으나 일부 보완요인 존재 : 발주자(선주)의 다양한 요구를 충족시킬 수 있는 기술력을 보유할 경우에는 전방 교섭력이 개선될 수 있으며, 해양플랜트 등은 고부가가치 선박

② 후방산업에 대한 교섭력은 시장상황에 따라 상이 : 선박 건조에 상당 부분을 차지하는 재료는 후판(철강)으로 후판의 공급량에 따라 교섭력에 차이가 발생

4. 경쟁강도분석

① 대규모 설비투자, 건조 경험 축적 필요 등이 진입장벽으로 작용

② 중국 조선업 성장에 따른 경쟁강도 심화

③ 선박 건조 능력, 제작 역량 등에 따른 차별화 요인 존재

5. 재무특성분석

① 경기변동에 따른 높은 수익변동성

② 대규모 선수금 계상에 따른 부채비율 및 현금유출입 변동 : 긴 선박 건조기간으로 인해 다양한 선박 대금 수령 조건 존재

···TOPIC 4 석유화학산업

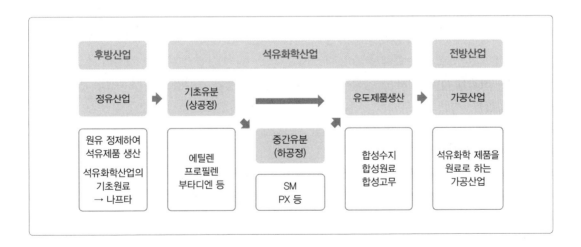

1. 환경요인분석

① 역외 지역 간 거래는 운송비 부담으로 활발하지 않으며, 사업활동 대상은 주로 국내와 중국 등 역내 중심

② 안전 및 환경 등의 규제 위험 존재 : '화학물질의 등록 및 평가 등에 관한 법', '화학물질관리법' 등

③ 원료 다변화에 따른 대체재의 위험 존재 : 전통적으로 나프타를 원료로 하지만 최근에는 가스 및 석탄 등을 원료로 화학제품을 생산하는 비중이 높아지고 있음

2. 수요공급분석

① 석유화학제품의 수요는 하방경직성을 가지고 증가 : 전방산업은 필수산업재의 비중이 커 경기 하강 시에도 하방경직적인 수요 감소 경향을 보임

② 전방산업인 가공산업에는 자동차, 건설, 전자, 섬유, 타이어 등이 다양하게 있어 수요의 분산효과 존재

③ 지역별 수요의 경기민감도는 상이

④ 공급의 비탄력성과 투자집중이 석유화학산업 경기 변동성의 주요 원인 : 석유화학산업은 장기간의 건설 기간이 소요되는 장치산업

3. 연관산업분석

① 가공산업 등 전방산업에 대해 양호한 교섭력 보유 : 석유화학산업의 생산자가 제한적이고, 전방산업인 가공산업의 수요자가 다양하며, 전방산업 내에서 경쟁강도가 상대적으로 높은 편

② 후방산업인 정유사의 규모가 상대적으로 크고 주원료가 나프타로 한정되어 있어 원료조달원의 교체가 용이하지 않아 후방산업에 대한 교섭력은 다소 열위

4. 경쟁강도분석

① 자본집약적 산업으로 진입장벽 높음

② 원가경쟁력에 따른 차별화, 운송비 등의 진입장벽 존재 : 타 산업 대비 제품 자체의 차별성은 낮은 수준으로 대규모 생산설비, 에너지 절감 등 원가 경쟁력을 통한 경쟁이 중요

③ 상·하공정 석유화학사 간 경쟁강도는 차별적 : 하공정의 경쟁강도가 상공정의 경쟁강도 대비 높음

5. 재무특성분석

① 원재료비 비중이 높아 제품스프레드(제품가격-원료가격)가 영업수익성 좌우 : 제품 수급여건이 좋은 경우 원재료가격이 상승하게 되면 일정 마진을 제품가격에 반영하여 제품스프레드가 확대

② 운전자금 부담은 크지 않은 편이나 유가가 상승할 경우 운전자금 부담 증가로 이어짐

③ 사업 영위에 필요한 투자부담이 높은 편

④ 경기 변동과 투자시기의 불일치로 현금흐름 변동성이 높은 편

···TOPIC **5** 메모리반도체산업

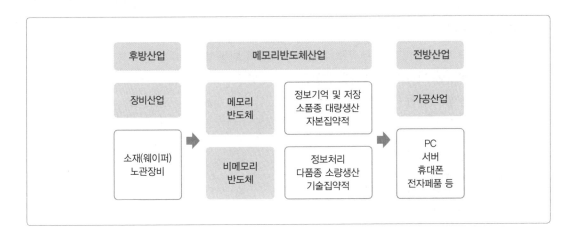

1. 환경요인분석

① 글로벌 경쟁관계, 다양한 전방제품의 확장으로 시장규모 확대

② DRAM과 NAND가 주력제품

③ 경기 및 수급상황에 따른 실적 변동이 큼

④ 기술변화 속도가 빠르지만 다소 둔화 : DRAM보다 NAND의 기술변화 주기가 더 빠름

2. 수요공급분석

① 장치산업 특성에 기인한 계단식 공급확대 구조로 공급 측면에 의한 수급불균형 발생

② 수요기반의 다양화로 수요의 변동성 완화 : 대부분 PC 등의 데이터 처리기기에 집중되었으나 최근에는 Non-PC용 기기가 새로운 수요기반으로 확대

③ DRAM과 NAND의 설비호환에 의한 공급조절 : 전반적인 공정이 유사하여 두 제품 간 설비전환이 용이하며, 이는 공급조절뿐만 아니라 설비투자 위험도 완화시키는 요인으로 작용

3. 연관산업분석

① 제품 신뢰도를 기반으로 한 거래 관계 형성으로 전방 교섭력 양호

② 소재, 장비 및 부품 등 후방산업에 대한 교섭력은 일반적으로 우수 : 후방산업 중 대표적 소재인 웨이퍼산업의 공급과잉으로 교섭력이 우수하나, 미세화의 핵심장비인 노관장비 등은 소수 기술력을 가진 기업이 공급하므로 이에 대한 교섭력은 낮은 편

4. 경쟁강도분석

① 자본 및 기술집약적 산업으로 진입장벽 높음

② 현재 기술은 미세화 한계에 직면하고 있으며, 차세대 기술 개발 및 대구경 웨이퍼 도입을 진행 중

③ 하위기업 퇴출로 인한 공급자 과점구조 강화

④ 중국 반도체 시장 진입은 위협요인

5. 재무특성분석

① 높은 수급 변동과 고정비 부담으로 영업수익성의 변동성 높음

② 실적 가변성과 지속적 설비투자가 현금흐름 부담요인으로 작용

③ 업황 변동에 대응하기 위해 높은 수준의 재무안정성 필요

···TOPIC 6 식품산업

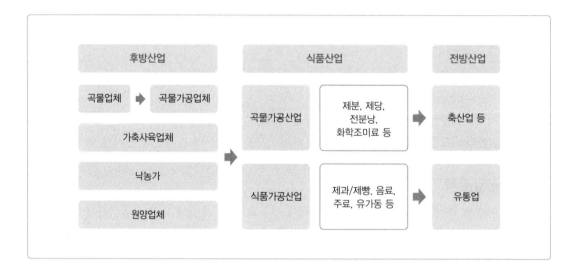

1. 환경요인분석

① 사업활동 영역은 주로 국내 중심

② 원재료가격 및 환율 등 외부 여건 변화의 영향이 큼

③ 식품안전성(위생) 관련 위험요소에 민감

④ 타 산업보다 대체재 위험 및 기술변화 위험에 대한 노출이 낮은 편이나 인구구조, 트렌드 변화에 따른 세부품목 간 대체재 위험은 존재

2. 수요공급분석

① 식음료 수요의 경기민감도는 낮은 수준 : 수요의 가격탄력성 및 소득탄력성이 낮음

② 낮은 수요변동성과 탄력적인 공급 조절로 수급 변동 위험은 낮은 수준

3. 연관산업분석

① 전방산업

ㄱ 국내곡물가공산업의 전방산업 : 축산업 등 원가 변동요인을 판매가격으로 전가하기 용이

ㄴ 국내식품가공산업의 전방산업 : 유통업으로 제과나 음료 회사들의 경우 가격전가력이 용이하나 육가공 회사들은 가격전가력이 열위

② 후방산업

ㄱ 국내곡물가공산업의 후방산업 : 글로벌 상위 곡물 메이저 업체이며 이들이 곡물 가격을 결정하므로 후방 교섭력은 열위

ㄴ 국내식품가공산업의 후방산업 : 곡물가공업체, 가축사육업체 등으로 후방 교섭력은 열위거나 보통임

4. 경쟁강도분석

① 진입장벽

ㄱ 제분, 제당, 전분당, 화학조미료 제조업 등은 일관공정을 갖춰야 하므로 진입장벽이 높음

ㄴ 배합사료산업의 경우 매출처(일반소비자에 가까운 농가) 확보가 용이해 진입장벽이 낮음

ㄷ 제과, 음료, 주류, 유가공산업 등은 높은 초기투자 부담 등의 이유로 진입장벽이 높음

ㄹ 육가공사업의 경우 공정이 단순하여 진입장벽이 낮은 편

② 시장집중도

ㄱ 제분, 제당, 전분당, 화학조미료 제조업 등은 자금력과 유통 네트워크가 뒷받침되는 소수 대기업 위주

ㄴ 배합사료산업의 경우 진입장벽이 낮아 중소형 기업도 함께 참여

ㄷ 제과, 음료, 주류, 유가공산업 등은 높은 초기투자 부담과 브랜드 인지도 중요성으로 소수 대기업 위주

ㄹ 육가공사업의 경우 진입장벽이 낮아 중소형 기업도 함께 참여

5. 재무특성분석

① 곡물가공산업

ㄱ 매출안정성 및 낮은 고정비 부담에 따라 영업이익의 변동성이 낮음

ㄴ 재고자산의 변동성은 있으나 운전자금 및 설비투자 부담은 낮은 수준

ㄷ 안정적 경쟁구조에서의 이익 축적으로 재무안정성 우수함

② 식품가공산업

ㄱ 원재료비 비중이 높아 곡물가격, 운임, 환율의 변화에 영향을 받으나 안정적인 영업수익성 유지

ㄴ 운전자금 부담은 크지 않으나 기호변화 및 경쟁 심화로 투자 부담 증가 추세

ㄷ 안정적 사업 실적과 장기 자본 축적에 따른 우수한 재무구조 보유

···TOPIC 7 통신서비스업

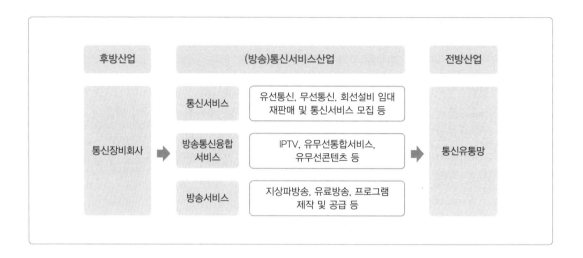

1. 환경요인분석

① 사업지역이 국내로 제한 : 인구, 소득 등 내수기반에 영향
② 국가기간사업의 특성상 정부의 정책요인이 주요 외부변수
   ㉠ 정부 입장 : 국가통신망의 질적 수준 확보와 통신망 접근의 형평성 추구, 통신사업자에게 지속적인 투자 요구, 통신요금 억제
   ㉡ 통신사업자 입장 : 지속적인 투자를 위해 일정 수준의 수익성(통신요금) 보장 요구
③ 기술변화 위험에 노출

2. 수요공급분석

① 일상재, 필수재적 성격으로 인한 낮은 경기민감도
② 세부 시장별 수요의 추세 차이
③ 기술 변화, 시장 확대 및 대체관계 등을 고려하여 신규 네트워크 공급

3. 연관산업분석

① 통신사업자의 소비자에 대한 교섭력은 약한 수준
② 후방산업은 통신장비업체로 국내외 다수 회사 간의 경쟁이 치열하여 후방 교섭력은 우수

4. 경쟁강도분석

① 정부규제, 대규모 자본 수요 등 높은 진입장벽
② 높은 시장집중도 : 소수 기업(SK, KT, LG유플러스)의 과점구조
③ 잠재적 진입 예상기업의 위협은 낮음

5. 재무특성분석

① 과점화된 시장구조, 안정적 수요 등에 따라 타 산업 대비 재무지표 우수
② 대규모 투자로 인해 고정비 부담이 높으나 설비임차 확대 등에 따른 변동비 비중 증가
③ 가입자 포화 상태에 따른 경쟁 심화로 마케팅 비용이 급증하고 있으며 기업의 마케팅 비용이 영업수익성에 큰 영향을 미침
④ 안정적으로 현금의 흐름을 창출할 능력이 있으나 기술변화에 따른 투자회수 기간의 축소 위험은 상존

···TOPIC 8 건설산업

1. 환경요인분석

① 사업활동은 주로 국내 및 아시아와 중동지역 중심으로 이루어짐
② 정부정책의 영향이 큼
③ 대체재 및 기술변화에 따른 위험은 낮은 수준 : 건축물은 의식주의 근원적인 제품이고, 각종 토목시설물은 사회경제시스템 작동을 위한 필수재적인 성격

2. 수요공급분석

① 일반적으로 건설업의 경기민감도는 높은 수준 : 경제규모가 성숙기에 접어들수록 경기민감도가 심화되고, 성장 단계에 있는 신흥시장의 경우 지속적인 수요 발생에 따라 경기민감도가 상대적으로 낮음
② 공종별 수급의 변동 요인은 차별됨
③ 비탄력적 공급에 따라 수급불일치가 주기적으로 나타나고 있음

3. 연관산업분석

① 전방산업에 대한 교섭력은 공종별로 상이
  ㉠ 토목건설업과 해외 플랜트사업의 경우 발주처가 중앙정부, 지자체, 국영기업 등으로 특정되어 있어 건설기업의 협상력은 낮은 수준
  ㉡ 건축건설업의 경우 자체적인 브랜드 인지도와 대외신인도를 기반으로 제품의 차별화가 이루어지고 있어 타 공종 대비 협상력은 높은 수준

② 후방산업에 대한 교섭력도 후방산업에 따라 상이
  ㉠ 용지공급, 시멘트사업, 핵심 플랜트 기계장치 업체와의 교섭력은 낮은 수준
  ㉡ 레미콘 및 철근업체와의 교섭력은 상대적으로 양호한 수준

4. 경쟁강도분석

① 노동집약적 산업으로 진입장벽 낮음
② 전반적으로 타 산업보다 산업집중도가 낮고 경쟁강도는 높은 수준이나 공종별 경쟁강도 수준은 차별적
  ㉠ 장대교량, 댐, 발전소, 초고층 건축물 등 고난도 공종의 경우 경쟁강도는 낮은 수준
  ㉡ 도로, 중 · 저층아파트, 복합상가 등 표준화되어 있는 경우는 경쟁강도가 높은 수준

5. 재무특성분석

① 수급 변화 및 사후적 원가투입에 따른 높은 수익 변동성 : 환경 변화에 따른 수익 변동성이 매우 큰 산업
② 운전자금 부담 및 변동성은 높은 수준 : 장기 공사기간에 따른 자금 수급의 시기적 불일치

···TOPIC 9 해상운송산업

1. 환경요인분석

① 글로벌 경쟁산업으로 선종별 경쟁 환경 상이

ⓐ 컨테이너선 : 완제품을 수송하므로 운송수요가 경기 변동에 동행

ⓑ 벌크선 : 원자재를 수송하므로 운송수요가 경기 변동에 선행

ⓒ LNG, LPG선 : 대형화주와 장기운송계약 체결

② 국가 기간산업으로 세계 각국 정부에서 다양한 지원 및 보호정책 시행

③ 하역기술의 발전 등에 따른 컨테이너선의 대형화 유인이 존재하나 기술변화에 따른 위험은 전반적으로 낮은 수준

2. 수요공급분석

① 해운수요의 경기민감도는 매우 높은 수준

② 선박 건조 기간으로 인해 공급이 매우 비탄력적 : 선복량 조절의 탄력성은 낮으나 해상물동량은 다양한 요인에 영향을 받으므로 수요변화에 따른 운임 변동폭이 크게 나타남

3. 연관산업분석

① 서비스 차별화 제약, 낮은 진입장벽 등으로 전후방 부문에 대한 교섭력 낮음

② 다양한 형태의 선박 조달과 운용 전략을 활용하여 대응

ⓐ 연불구매, 금융리스 등을 통해 선박을 소유하는 방식과 임대차 방식

ⓑ 조달한 선박으로 배를 임대하는 대선영업

4. 경쟁강도분석

① 컨테이너선 사업은 차별화가 쉽지 않아 경쟁강도가 높은 수준이나 항로별 경쟁강도는 상이

② 건화물선 등 부정기 사업은 진입장벽이 낮아 경쟁강도가 매우 높음

5. 재무특성분석

① 높은 운임변동성, 유가 변동에 민감한 사업구조 등으로 수익변동성이 매우 높은 수준

② 선박 확보에 대규모 자본의 선투자를 해야 하는 자본집약적 산업

③ 부외부채 성격의 용선료 지급부담을 고려한 재무분석 필요

④ 환율 변화에 따른 순손익 변동 위험은 기능통화제도 도입으로 감소

⑤ 선박 등 보유자산을 활용한 재무적 융통성 보유

⑥ 시황 침체 시 수익성 저하와 함께 자산가격 하락에 따른 이중적 부담에 노출

···TOPIC 10 유통산업

분석대상으로 백화점, 대형마트, 기업형 슈퍼마켓, 편의점, TV홈쇼핑 및 인터넷쇼핑이 있다.

1. 환경요인분석

① 대표적 내수산업으로 시장규모가 매우 큰 수준
② 높은 고용창출 및 도시사회적 기능에 따른 규제 존재
③ 기술 변화에 따른 대체재의 위험은 낮은 수준

2. 수요공급분석

① 소매유통산업의 성장성 및 변동성은 국내 경기 변동에 연동
② 소득구조, 인구 및 가구구성 변화가 수요의 장기적 변동요인으로 작용
③ 수요의 경기민감도는 업태별 차별화
　　㉠ 의류 잡화의 매출 비중이 높은 백화점은 경기 변동에 영향을 많이 받으나 명품 브랜드의 판매, 높은 고객충성도 등 경기방어적인 요소도 존재
　　㉡ 생식품이나 생활용품을 주로 판매하는 대형마트의 경우 백화점보다 경기 변동이 낮은 편
　　㉢ 슈퍼마켓은 대형마트보다 경기민감도가 낮은 편
④ 입지 및 판매채널 기반의 공급
⑤ 전체 수요 기반은 매우 안정적이나 환경변화에 대한 적합도에 따라 업태별 성장성의 차이 존재

3. 연관산업분석

① 접근성 차별화 등에 기반을 둔 소비자 교섭력은 비교적 우수
② 대형화 및 시장집중도 상승 등에 따라 공급자 교섭력 강화

4. 경쟁강도분석

① 입지 및 판매채널 선점에 따른 진입장벽으로 사업안정성 강화
② 주요 소매유통업태의 시장포화 및 과점화 심화
③ 전반적으로 잠재적 진입기업 및 대체재의 위협은 낮은 수준

5. 재무특성분석

① 총매출 대비 낮은 수익성
② 낮은 운전자금 부담에 따른 안정적인 영업현금 창출
③ 차입부담 대비 양호한 현금흐름 창출
④ 보유 유형자산 등에 기반을 둔 양호한 재무적 융통성

01 다음 중 다양한 전방산업 보유로 인한 위험분산 효과가 가장 큰 산업은 무엇인가?

① 자동차산업　　② 철강산업
③ 해상운송업　　④ 식품산업
⑤ 조선산업

철강을 원재료로 하는 전방산업은 건설업, 조선업, 자동차산업 등 다양하다.

답 ②

02 다음 중 철강산업과 자동차산업의 공통적인 특성은 무엇인가?

① 후방산업에 대해 양호한 교섭력을 보유하고 있다.
② 특별한 전방산업이 없다.
③ 자국 산업 보호를 위하여 세계 전역에서 수입규제가 심화되는 추세의 산업이다.
④ 자본집약적 장치산업으로 초기에 막대한 설비투자가 요구되어 진입장벽이 높은 편이다.
⑤ 품질과 브랜드 차별화 수준에 따라 대 소비자 교섭력에 차이가 나타난다.

두 산업 모두 필요 초기투자자본이 커 진입장벽이 높다.
① 철강산업은 원재료 조달의 해외 의존도가 높아 후방 교섭력은 열위이고, 자동차산업의 후방산업인 자동차부품산업은 규모가 영세한 기업 위주의 기술력이 낮은 다양한 품목으로 경쟁관계가 심해 후방산업에 대한 교섭력이 양호하다.
② 철강산업은 다양한 전방산업이 있어 위험분산 효과가 존재하며, 자동차산업은 특별한 전방산업이 없어 일반 개인이 최종 수요자의 대부분을 차지한다.
③ 철강산업은 자국 산업 보호를 위하여 세계 전역에서 수입규제가 심화되는 추세의 산업이고, 자동차산업은 철강산업보다는 개방되어 있다.
⑤ 철강산업은 품질과 브랜드의 영향을 상대적으로 덜 받으나, 자동차산업은 품질과 브랜드에 영향을 많이 받는다.

답 ④

03 다음 중 조선산업과 석유화학산업의 특징에 대한 설명 중 옳지 않은 것은?

① 조선산업의 전방산업으로는 해운산업이 있다.
② 조선산업은 경기변동에 따라 수익성의 편차가 심하다.
③ 두 산업의 공통점은 자본집약적 산업으로 진입장벽이 높은 편이다.
④ 석유화학산업의 수요는 하방경직성을 가지고 있다.
⑤ 석유화학산업의 전방산업으로는 정유산업이 있다.

석유화학산업의 전방산업으로는 석유화학 제품을 원료로 하는 가공산업이며 정유산업은 석유화학산업의 후방산업이다.

답 ⑤

04 다음 중 경기변동에 순행하지 않는 산업(경기민감도가 낮은 산업)으로 가장 적합한 것은?

① 자동차산업 ② 건설업
③ 해상운송업 ④ 식품산업
⑤ 조선산업

식품의 수요는 경기에 민감하게 반응하지 않는다. 즉, 수요의 가격탄력성 및 소득탄력성이 낮다.
답 ④

05 다음 중 반도체 산업의 전방산업이 아닌 것은?

① 노관장비 제조산업 ② PC제조산업
③ 서버제조산업 ④ 휴대폰제조산업
⑤ 전자제품제조산업

노관장비 제조산업은 반도체 산업의 후방산업이다.
답 ①

06 다음 중 식품산업의 특징으로 옳지 않은 것은?

① 식품안전성 관련 위험요소에 민감한 산업이다.
② 대체재 위험 및 기술변화 위험이 높은 산업이다.
③ 국내곡물가공산업의 전방산업은 축산업이다.
④ 식품산업 중 화학조미료 제조업은 진입장벽이 높은 편에 속한다.
⑤ 재무안정성이 높은 편이다.

식품산업은 타 산업에 비해 대체재 위험 및 기술변화 위험에 대한 노출이 낮은 편이다. 다만, 인구구조, 트렌드 변화에 따른 세부품목 간 대체재 위험은 존재한다.
답 ②

07 다음 중 통신서비스업의 특성과 거리가 먼 것은?

① 사업지역이 국내로 제한되어 있고, 국가 기간사업의 특성상 정부의 정책 요인이 주요 외부변수이다.
② 일상재, 필수재적 성격으로 인한 낮은 경기민감도를 가지고 있다.
③ 높은 시장집중도를 보인다.
④ 기술변화에 따른 위험의 정도는 낮다.
⑤ 소비자에 대한 교섭력은 약한 수준이나, 후방교섭력은 우수한 편이다.

기술수준이 높고 기술변화의 속도가 빨라 기술변화에 따른 투자회수기간 축소 위험이 존재한다.
① 정부 입장은 국가통신망의 질적 수준 확보와 통신망 접근의 형평성을 추구하여 지속적인 투자 유인과 통신요금 억제를 유도하는 반면, 통신사업자 입장에서는 지속적인 투자를 위해서는 일정 수준의 수익성(통신요금)이 보장되어야 함을 주장하고 있다.
③ 소수 기업(SK, KT, LG유플러스)의 과점구조이다.
답 ④

08 건설산업과 해상운송산업의 공통점에 대한 다음 설명 중 가장 적절하지 않은 것은?

① 진입장벽이 낮은 편이다.

② 경기민감도는 높은 수준이다.

③ 국가 기간산업으로 정부의 지원 및 보호정책이 시행된다.

④ 세부사업에 따라 경쟁강도가 상이할 수 있다.

⑤ 기술변화에 따른 위험이 낮은 수준이다.

해상운송산업은 국가기간산업이나 건설산업은 수많은 기업이 존재하므로 정부의 지원이 크지 않다.

답 ③

09 다음 소매유통산업에 대한 설명 중 옳지 않은 것은?

① 운전자금의 부담이 낮아 안정적인 영업현금을 창출한다.

② 일반적으로 총매출 대비 낮은 수익성을 보인다.

③ 높은 고용창출을 보이고 도시사회적 기능에 따른 규제도 존재한다.

④ 기술변화에 따른 대체재의 위험은 높은 수준이다.

⑤ 소득구조, 인구 및 가구구성 변화가 수요의 장기적 변동 요인으로 작용한다.

소매유통산업의 경우 기술변화에 따른 대체재의 위험은 낮은 수준이다.

답 ④

10 다음 중 산업별 특성으로 적절하지 않은 것은?

① 정보통신산업과 소매유통산업, 석유화학산업은 사업지역이 국내 중심이다.

② 정보통신산업과 메모리반도체산업은 기술변화 속도가 빠르다.

③ 조선산업과 건설산업은 일반적으로 대체재 및 기술 변화에 따른 위험이 낮은 수준이다.

④ 철강산업과 조선산업은 환율 변동에 민감하다.

⑤ 철강산업, 석유화학산업, 조선산업은 다양한 전방산업이 존재한다.

철강산업, 석유화학산업은 중간재 성격으로 전방산업이 다양하게 존재하지만, 조선산업은 완성재 성격으로 전방산업이 다양하지 않다.

답 ⑤

TOPIC 1 경영진단의 개요   TOPIC 2 외부환경분석
TOPIC 3 내부능력분석   TOPIC 4 진단결과의 종합 및 활용

···TOPIC 1 경영진단의 개요

1. 경영진단의 개념

① 경영진단의 의의 : 경영진단이란 기업 내외의 전문가들이 특유의 조사방법에 따라 객관적인 입장에서 기업체를 종합적으로 분석·평가하여 경영에 대한 문제점을 발견하고, 그 원인을 분석한 후 미래모델을 수립해 합리적인 개선책을 제시하는 것을 의미한다.

② 경영진단의 목적
  ㉠ 기업경영층에 대한 경영기술과 경영계획 및 관리방법 조언
  ㉡ 기업체의 관리부에 대한 적정 여부 검토 후 경영지표 제공
  ㉢ 기업자본의 적정한도액 계산
  ㉣ 경영 및 기술면에 대한 문제점을 찾아내고 해결책 제시
  ㉤ 금융기관에 투자 및 융자의 참고자료로 제공
  ㉥ 부실기업의 정비를 위한 판단자료 제공

2. 경영진단의 분류

① **진단 주체에 따른 분류** : 자기 진단(기업 내부의 기획실, 감사실 등), 외부 진단(경영컨설턴트, 공인회계사 등)
② **진단 범위에 따른 분류** : 종합 진단(경영 전반을 진단, 요약 진단), 부문 진단(경영기본부문 진단, 재무부문 진단, 생산부문 진단, 판매부문 진단, 인사·조직·노무부문 진단, 정보부문 진단 등)

③ 진단 대상에 따른 분류 : 개별 진단(공장 진단, 광산 진단, 상점 진단), 집단 진단(조합 진단, 업종별 진단, 지역별 진단, 계열별 진단, 산지 진단, 하청기업 진단, 관계회사 진단)

④ 진단 시기에 따른 분류 : 정기 진단(매년, 매월 등 정기적으로 실시하는 진단), 수시 진단(특별 사안이 발생하였을 경우 수시로 진단)

⑤ 특수관계(이해관계)상에 따른 분류 : 금융기관, 정부, 신용평가사, 회계법인 및 컨설팅 법인

3. 경영진단의 방법

① 시스템적 진단 : 기업의 외부환경, 조직 및 내부프로세스가 상호 연계된다는 점을 고려

② 진단 프로세스 관점
　　㉠ 하향식(Top-Down) 접근법 : 거시적 환경, 산업환경과 같은 외부환경을 우선으로 분석한 후 기업의 조직구조, 사업구조, 업무 프로세스 등 내부를 분석하는 방법
　　㉡ 상향식(Bottom-Up) 접근법 : 하향식과는 반대로 기업의 내부현황을 먼저 분석한 후 외부환경을 분석하는 방법

③ 분석방법
　　㉠ 인터뷰법 : 깊이 있는 정보를 얻을 수 있으나 시간이 많이 소요
　　㉡ 설문지법 : 신속하게 많은 조사를 할 수 있고 객관성 확보 가능, 응답자가 설문지를 거부하거나 설문에 대한 이해가 부족할 경우 부정확한 정보를 얻을 위험 있음
　　㉢ 정량적(계수) 분석과 정성적(비계수) 분석 : 계수화(등급화) 또는 기술 형식으로 표시
　　㉣ 체크리스트법 : 핵심성과지표(KPI)를 토대로 작성된 체크리스트에 따라 등급을 매겨 평가하는 방법
　　㉤ 갭(GAP)분석 : 기업의 현재 위치(As-Is)와 최적의 상태(To-Be 또는 Best Practice)의 차이를 분석하여 현재의 문제점 도출
　　㉥ 진단 도구(Tool) 활용 : PEST 분석, BCG 매트릭스, SWOT 분석 등

4. 경영진단의 절차

① 예비 진단 : 진단계획을 수립하는 단계

② 본 진단 및 가설의 검증 : 외부환경 및 내부능력 분석 후 문제점에 대한 가설을 설정하고 검증하여 문제점을 확정하는 단계

③ 종합조정 및 대안 도출

④ 보고

1. 거시환경분석

① **거시환경분석의 의의** : 일반적인 기업환경과 기업이 속한 산업에 영향을 주는 정치, 경제, 사회, 문화, 기술적 요인을 분석 → PEST 분석

② **거시환경분석의 구성요소(PEST)** : 정치적(Political) 환경요인, 경제적(Economical) 환경 요인, 사회문화적(Social-cultural) 환경요인, 기술적 (Technological) 환경요인

③ **거시환경분석 방법** : 자료 수집 → 기회와 위협요인을 도출하여 PEST 분석 매트릭스에 기재 → 요인이 다수일 경우 영향력과 중요도를 판단하여 우선순위를 결정, 핵심적인 기회 및 위협요인을 중심으로 정리

2. 산업환경분석

① **산업환경분석의 의의** : 산업환경은 기업경영에 가장 밀접하고도 직접적인 영향을 미치므로 이에 대한 분석이 필요

② **산업환경분석 일반모형** : 기초자료 수집 → 분석(경쟁구조분석, 수급분석, 수명주기분석 등) → 산업의 매력도와 위험도 파악

③ **경쟁구조분석 모형** : 마이클 포터의 5 Force 모형

　　㉠ 신규진입자의 위협(진입장벽) : 초기투자, 정부규제, 기술장벽 등

　　㉡ 대체재의 위협 : 대체품의 성능·가격, 대체재에 대한 구매자의 동기부여 등

　　㉢ 구매자의 교섭력 : 제품의 차별성이나 브랜드력, 구매자의 구매량 등

　　㉣ 공급자의 교섭력 : 공급품의 차별성이나 대체비용, 공급업자의 상위 집중도, 공급업자로서의 판매량 등

　　㉤ 기존 경쟁자 간의 경쟁강도 : 시장의 성장성, 제품의 차별성, 생산능력 등

1. 사업구조분석

① 사업구조분석의 의의 : 기업이 속해 있는 업종에서의 상대적인 위치와 내부적인 기술력, 영업력, 자본력과 같은 핵심역량을 분석하여 기업의 성장성과 수익성 등을 판단

② BCG 매트릭스 모델 : 성장·점유율 매트릭스라고도 불리며, 산업을 상대적인 점유율과 성장성으로 구분해 다음과 같이 4가지로 분류함

	상대적 시장점유율 높음	상대적 시장점유율 낮음
시장성장률 높음	스타(Star) : 성장사업 – 신제품 발매 성공 등으로 인한 높은 시장점유율 확보	문제아(?) : 개발사업 – 시장은 성장세나 점유율이 낮아 이윤이 저조한 상태
시장성장률 낮음	금송아지(Cash Cow) : 수익수종사업 – 성숙기 시장으로 여유자금 창출	개(Dog) : 사양사업 – 경쟁관계가 심화되어 시장이 침체

③ GE 매트릭스 모델 : 시장매력도와 사업의 강점을 낮음, 중간, 높음으로 나누어 9가지 매트릭스로 나누고 각 사업부를 평가하는 모델

  ㉠ 시장매력도 : 총 시장규모, 성장률, 경쟁구조, 기술적 영향, 사회적 영향 등

  ㉡ 사업의 강점(경쟁력) : 시장점유율, 제품의 질, 유통망, 생산능력 등

  ㉢ 원의 크기는 시장의 크기이며, 원 안의 음영 처리된 부분은 해당 기업의 시장점유율

	경쟁력 높음	경쟁력 보통	경쟁력 낮음
시장매력도 높음	유지, 방어 전략	성장을 위한 투자전략	선택적 성장투자전략
시장매력도 보통	선택적 성장투자전략	선택적 수익관리 전략	선택적 수익관리 전략
시장매력도 낮음	유지, 초점 조정 전략	수익성 경영전략	전환, 철수 전략

④ 9 Building Blocks 모델 : 개별사업들이 고객가치를 만들어 내는 원리를 한눈에 파악할 수 있는 모델

  ㉠ 고객의 정의 : 주요 고객 확인

  ㉡ 가치 제안 : 고객이 안고 있는 문제점 해결

ⓒ 채널 : 경로 및 네트워크로서의 대리점

ⓔ 고객관계 : 목표 고객들과의 상호작용 **예** SNS 활용

ⓜ 수익모델 : 가치를 창출하는 방법 **예** 판매 활동

ⓗ 핵심자원 : 해당 사업구조를 운영하는 데 필수적인 자원

ⓢ 핵심활동 : 가치를 창출하기 위한 필수적인 활동

ⓞ 파트너십 : 공급자, 구매자 등의 사업 네트워크 협력관계

ⓩ 비용구조 : 사업활동에 소요되는 비용의 경제성

2. 조직구조분석

① 7S의 내용 및 진단사항

ⓐ 가치관(Shared Value) : 조직구성원들의 행동이나 사고를 특정 방향으로 이끌어가는 아주 특별한 원칙이나 기준 역할

ⓑ 전략(Strategy) : 기업이 경쟁력 유지 및 제고를 통한 기업의 목적을 달성하기 위한 계획

ⓒ 구조(Structure) : 조직의 목표와 전략을 효과적으로 수행하도록 조직 구성원들 간의 역할과 책임, 결정권, 상호관계, 배분 등의 수준과 영역에 기능과 인력을 배분

ⓓ 시스템(System) : 조직 구성원들이 해야 할 일이나 결정을 내려야 할 주요 문제를 판별하기 위한 관리제도 또는 절차

ⓔ 기술(Skills) : 전략을 실행하는 능력 → 전문능력과 경험

ⓕ 인재(Staffs) : 조직의 인력구성과 그들의 능력 및 가능성

ⓖ 스타일(Style) : 구성원들을 이끌어 가는 전반적인 조직관리 즉, 리더십 스타일을 의미

② 진단 방법 및 결과 도출 : 7S 모델에 의한 조직구조 진단은 인터뷰 또는 설문지 등을 통해 이루어지며, 현황, 장단점, 개선과제를 7S로 구분하고 정리하여 결과를 도출한다.

3. 내부활동분석

① 내부활동분석 의의 및 접근법 : 기업의 업무는 부문별로 서로 연관되어 있다. 따라서 영업관리, 재고관리, 생산관리, 자재관리, 구매(수입)관리, 회계관리에 이르는 일련의 고객대응 프로세스가 원활한 상호작용을 할 때 부가가치가 창출되므로 내부활동 분석 시 상호 연관 관계를 염두에 두고 분석해야 한다.

② 가치사슬 분석(Value Chain Analysis) : 가치활동 각 단계에서 업무별 핵심활동의 규명과 강점·약점 및 차별화 원인을 분석하고 활동단계별 원가동인을 분석하는 것이 가치사슬분석이다.

ⓐ 주 활동 : 투입물류 → 생산 → 산출물류 → 판매 및 영업 → 사후관리

ⓑ 지원활동 : 기술개발, 인사, 재무, 기획 등 주 활동을 간접적으로 지원

4. 생산관리부문 내부활동분석

① 생산계획 : 능력요구계획(CRP), 제품별 생산계획인 기준생산계획(MPS), 자재소요계획 (MRP) 수립

② 공정관리 : 공정의 흐름이 막힘없게 하여 작업 능률을 향상

③ 작업관리 : 작업표준화, 작업자에 대한 교육 및 훈련, 작업환경 진단

④ 품질관리 : 품질향상, 품질의 균질화(불량품 최소화)를 목적 → 전사적 품질관리체제 (TQM)

⑤ 설비관리 : 생산성을 좌우하는 주요한 변수

⑥ 자재관리 : 적기에 자재가 조달되고 불용재고를 최소화 → MRP

　　㉠ BOM(부품구성표) : 모든 품목에 대해 상위 품목과 부품의 관계 및 사용량, 단위 등을 표시한 그림으로, 설계단계에서 작성함

　　㉡ 안전재고(완충재고) : 불확실한 수요에 대비하기 위해 예측된 수요 이상으로 확보하는 재고량

⑦ 외주관리 : 아웃소싱관리

⑧ 생산 기술 및 생산 입지

⑨ 생산 회계와 성과지표

⑩ 생산관리의 3요소(QCD) 분석 : 품질, 원가, 납기

⑪ 5S의 실천 여부 확인 : 정리, 정돈, 청소, 청결, 습관화

⑫ 3정 : 정위치, 정량, 정품

⑬ 제조물책임(PL) : 소비자 또는 제3자가 제조물의 결함으로 인해 생명·신체·재산에 피해를 입었을 경우 제조업자 또는 판매업자가 책임지고 손해배상하도록 하는 제도

⑭ 도요타생산방식 : 필요한 제품을 필요한 만큼 적시에 생산 공급하는 적시생산방식(JIT)과 자동화를 통해 제품 이상을 자동적으로 감지하여 불량품이 양산되는 것을 방지

5. 판매관리부문 내부활동분석

① 마케팅 전략

　　㉠ 3C 분석 : 경쟁자(Competitor), 고객(Customer), 자사(Company)

　　㉡ 시장세분화(Market Segmentation) : 시장별 차별화 가능 요인 도출

　　㉢ 표적시장 선정(Target Marketing) : 세분화 시장별 매력도 평가

　　㉣ 마케팅믹스(4P) : 제품(Product), 가격(Price), 유통(Place), 촉진(Promotion)

　　㉤ 마케팅믹스(4C) : 소비자(Consumer), 원가(Cost), 편의(Convenience), 소통 (Communication)

② 판매계획 : 판매활동을 어떻게 할 것인지에 대한 청사진

③ 판매조직 : 판매관리의 기반을 형성하는 대상

④ 시장조사 : 시장에 적합한 제품을 설계, 가격 결정, 유통 및 촉진하기 위해 시장과 소비자의 실태 파악

⑤ 제품계획 : 고객 또는 시장의 욕구에 맞도록 제품을 만드는 활동

⑥ 가격계획 : 원가, 표시가, 수당, 할인, 지불 기간 등을 고려하여 가격 산정

⑦ 유통경로 : 고객의 접근을 편리하게 하고 유통경로상 발생 가능한 갈등을 최소화하는 것이 목표

⑧ 판매촉진 : 제품이나 서비스의 존재, 특징, 장점 등을 구입처에 알림으로써 소비자의 태도를 호의적으로 변화시키거나 충성도를 강화

⑨ 거래처 관리

⑩ 서비스 : 제품 판매 후 계속해서 고객을 유지 및 관리하는 것(=사후 마케팅)

⑪ 판매회계와 성과지표 : 판매 관련 주요 활동을 기록, 관리하고 실적 집계

6. 구매관리부문 내부활동분석

① 구매조직 : 구매업무의 표준화와 통일성 유지

② 구매 전략 및 방침 : 최근에는 기업 간 경쟁이 공급체 인상의 모든 기업이 참여한 시스템 간의 경쟁 양상으로 전개

　㉠ 구매 대상품에 대한 포지셔닝(SG) : 사업의 영향도와 공급시장의 위험도에 따라 전략품목, 안전품목, 경쟁품목, 일반품목으로 나눔

　㉡ 집중구매의 이점을 활용할 수도 있음

③ 시상조사 : 구매 계획 수립에 기초

④ 검수 및 품질수준 통제

⑤ 재고관리 : 적정 재고량을 최소 투자로 유지, 진부화 방지 등

　㉠ 재고비용 : 보관비용, 발주비용, 재고 품절손실비용, 상품 품절 손실 비용

　㉡ ABC관리 : 여러 재고품목을 그 중요도에 따라 분류하여 서로 다른 재고 통제 정책 적용 (파레토법칙에 기반)

⑥ 전자구매관리 : 구매 프로세스의 자동화와 공급망 간 통합화

⑦ 구매회계 및 성과지표 : 적절한 구매예산 통제 및 과다 또는 과소 재고 문제를 검토하여 원가 낭비 예방

7. 연구개발부문 내부활동분석

① 연구개발의 중요성 : 기술 경영 → 기술 기획 → 기술 획득 및 관리 → 기술 활용

② 연구개발조직의 유형 : 중앙집중형(본사 또는 CEO산하), 분권형(사업부별), 혼합형

③ 설계관리 : 설계단계에서 제품 원가의 80%가 결정

④ 지식재산권 관리

⑤ 연구개발 진단, 회계 및 성과지표

8. 정보경영부문 내부활동분석

① **정보경영의 개념** : 기업의 사업방향과 운영모델을 지원하는 정부시스템으로 전사적 수준의 정보화전략계획을 수립 및 실행
② **정보화전략계획(ISP)** : 정보경영을 위해 비즈니스 프로세스 설계를 정보시스템으로 구현하기 위한 계획 수립
③ 기업의 성장단계와 정보화 방향

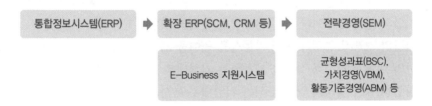

④ **공급망관리(SCM)** : 공급망의 영역(업무 영역, 업무 내용, 관계기업)
⑤ 정보경영관리부문의 진단 및 성과지표

9. 인사노무관리부문 내부활동분석

① 인사노무관리 조직 및 시스템 및 인간관계 분석
② **노사관계 분석** : 노사 간의 갈등의 주요 요인으로는 임금, 고용안전, 인력자원의 배분, 직업병 등이 있음
③ 채용, 배치 및 이동
④ **근로조건** : 근로시간, 작업환경, 휴가, 근로자의 지위
⑤ **임금** : 공정성의 확보, 동기부여와 조직유효성 증대, 안정성의 실현과 같은 기본적인 목적 달성을 위해 설계 및 운영되어야 함
⑥ **복리후생** : 우수인력 확보, 동기부여 및 생산성 향상, 원만한 인간관계와 협력적 노사관계 조성, 기업의 홍보효과 같은 동기 제공
⑦ 교육훈련, 안전위생
⑧ 인사노무관리부문 성과지표

10. 기타부문 내부활동분석

① **기획관리부문** : 기업의 환경변화에 유연하게 대응하여 경쟁력을 지속할 수 있도록 기업경영 전반을 전략적인 관점에서 조정하는 역할
② **재무관리부문** : 회계제도 및 회계조직 운영, 재무계획 및 구조, 자본조달 및 운영 방법 등

1. 진단결과의 종합 – SWOT 분석

① SWOT 분석의 정의 : 분석 대상 기업의 강점, 약점, 기회, 위협을 분석하여 기업 전체의 상황을 평가하는 기법

② SWOT 분석 방법 : 외부환경부분을 기회와 위협으로, 내부능력부문을 강점과 약점으로 구분

㉠ 기회 : 기업의 경쟁적 우위나 수익 가능성을 높여줄 기업외부상황

㉡ 위협 : 기업의 경쟁적 열위나 손실 가능성을 높여줄 기업외부상황

㉢ 강점 : 산업 내에서 경쟁적 장점을 제공하는 기업내부 특성 및 자산

㉣ 약점 : 산업 내에서 경쟁적 약점이 되는 기업내부 특성 및 자산

2. SWOT 분석 도시화

	기회(Opportunities)	위협(Threats)
강점 (Strength)	강점 · 기회 전략 기회를 활용하기 위해 강점을 활용하는 전략	강점 · 위협 전략 위협를 회피하기 위해 강점을 활용하는 전략
약점 (Weakness)	약점 · 기회 전략 약점을 극복함으로써 기회를 활용하는 전략	약점 · 위협 전략 위협을 회피하고 약점을 최소화하려는 전략

01 경영진단의 목적과 방법에 대한 설명 중 옳지 않은 것은?

① 경영진단의 목적은 경영에 대한 문제점을 발견하고 원인을 분석하여 미래모델을 수립하고 합리적인 개선책을 제시하는 것을 의미한다.

② 경영진단을 통해 기업체의 관리부에 대한 적정 여부 검토 후 경영지표를 제공하기도 한다.

③ 경영진단 시 기업의 외부환경, 조직 및 내부 프로세스가 상호 연계된다는 점을 고려한 시스템적 진단이 필요하다.

④ 갭(GAP)분석은 기업의 현재와 과거의 차이를 분석하여 현재의 문제점을 도출하는 경영진단 방법이다.

⑤ 설문지법은 신속하게 많은 조사를 하고 객관성을 확보할 수 있으나 응답자가 설문지를 거부하거나 설문에 대한 이해가 부족할 경우 부정확한 정보를 얻을 위험이 있다.

> 갭(GAP)분석이란 기업의 현재 위치(As-Is)와 최적의 상태(To-Be 또는 Best Practice)와의 차이를 분석하여 현재의 문제점을 도출하는 방법이다.
>
> 답 ④

02 다음 분석 방법 중 깊이 있는 정보를 얻을 수 있으나 시간이 많이 소요되는 것은?

① 인터뷰법
② 설문지법
③ 체크리스트법
④ 갭(GAP)분석
⑤ 하향식(Top-down)접근법

> 인터뷰법의 특징이다.
>
> 답 ①

03 다음 중 거시환경분석의 구성 요인에 해당하지 않은 것은?

① 정치적 요인
② 경제적 요인
③ 사회문화적 요인
④ 기술적 요인
⑤ 사업구조 요인

> 사업구조 요인은 내부능력 분석에 해당한다.
>
> [참고] 외부환경 분석은 거시환경 분석과 산업환경 분석으로 나뉘며 대표적인 분석방법의 예시는 다음과 같다.
> • 거시환경 분석 : PEST 분석(정치, 경제, 사회문화, 기술)
> • 산업환경 분석 : 경쟁구조 분석 모형 → 마이클 포터의 5 Force 모형
>
> 답 ⑤

04 마이클포터의 5Force 분석방법론에서 항목별 요인 관계가 알맞지 않은 것은 무엇인가?

① 시장진입의 위협 : 시장의 성장성
② 기존 경쟁자 간의 경쟁강도 : 경쟁기업의 수와 규모
③ 대체재의 위협 : 대체품의 성능 · 가격
④ 구매자의 교섭력 : 제품의 차별성이나 브랜드력
⑤ 공급자의 교섭력 : 공급품의 대체비용

신규진입자의 위협을 진입장벽이라고도 한다. 관련 요인으로는 초기투자, 정부규제, 기술장벽 등이 있다.
② 기존 경쟁자 간의 경쟁강도는 경쟁기업의 수와 규모뿐만 아니라 산업의 성장률, 제품의 다양성, 차별성, 철수비용의 정도 등에 따라 영향을 받는다.

답 ①

05 다음 사업구조분석에 대한 설명 중 옳지 않은 것은?

① BCG 매트릭스 분석은 사업을 절대적 시장점유율과 시장성장성으로 구분해 4가지로 분류한다.
② BCG 매트릭스 문제아(Question Marks) 그룹은 성장세나 점유율이 낮아 이윤이 저조한 상태의 신규 또는 개발사업에 해당한다.
③ GE 매트릭스 분석은 사업을 시장매력도와 사업의 강점으로 구분한 3×3의 형태이다.
④ GE 매트릭스상에서 원의 크기는 시장의 크기이며, 원 안의 음영 처리된 부분은 해당 기업의 시장점유율을 나타낸다.
⑤ 9 Building Blocks 모델 구성 요소 중 기업의 가치를 제공할 대상과 관련된 항목은 '고객의 정의'이다.

BCG 매트릭스 분석은 사업을 절대적 시장점유율이 아닌 상대적 시장점유율로 나눈다.

답 ①

06 BCG매트릭스에 관한 설명으로 옳지 않은 것은?

① 별(star)에 해당하는 사업은 성장전략을 추구하는 것이 바람직하다.

② 개(dog)에 해당하는 사업은 철수전략이나 회수전략이 바람직하다.

③ 현금젖소(cash cow)에 해당하는 사업은 현재의 시장 지위를 유지하고 강화하는 전략이 바람직하다.

④ 물음표(question mark)에 해당하는 사업이 경쟁우위를 가질 수 있다고 판단되면 성장전략과 과감한 투자가 바람직하다.

⑤ 사업 포트폴리오의 성공적인 순환경로는 현금젖소 → 별 → 물음표 → 개다.

BCG 매트릭스에서 성공적인 순환경로는 물음표 → 별 → 현금젖소 → 물음표 → 별 → … 로 순환하는 것이 바람직하다. 물론 중간에 개로 향할 수도 있으나 개로 향한다면 과감히 철수하거나 새로운 사업을 모색해야 한다.

답 ⑤

07 다음 조직구조분석의 대표적인 방법인 7S 분석에 대한 설명으로 옳지 않은 설명은?

① 가치관(Shared Value)은 조직구성원들의 행동이나 사고를 특정 방향으로 이끌어 가는 아주 특별한 원칙이나 기준 역할을 한다.

② 전략(Strategy)은 기업이 경쟁력 유지 및 제고를 통해 기업의 목적을 달성하기 위한 계획으로 하드웨어적 요소이다.

③ 구성원들을 이끌어 가는 전반적인 조직관리는 인재(Staffs)에 해당한다.

④ 기술(Skills)은 전략을 실행하는 능력 즉, 전문능력과 경험을 의미한다.

⑤ 조직 구성원들 간의 역할과 책임, 결정권, 상호관계, 배분 등의 수준과 영역에 기능과 인력을 배분하는 것은 구조(Structure)와 관련 있다.

구성원들을 이끌어 가는 전반적인 조직관리는 스타일(Style)에 해당한다. 인재(Staffs)는 조직의 인력 구성과 그들의 능력 및 가능성을 말한다.

답 ③

08 다음 중 생산관리부문과 관련된 용어로 가장 거리가 먼 것은?

① 제품별 생산계획인 기준생산계획(MPS)

② 자재소요계획(MRP)

③ 통합정보시스템(ERP)

④ BOM(부품구성표)

⑤ 아웃소싱 관리

통합정보시스템(ERP)은 정보경영
부문과 관련된 용어이다.

답 ③

09 다음 내부활동분석 중 가치사슬분석과 관련된 설명으로 옳지
않은 것은?

① 기업의 내부활동은 업무단위별로 독립적으로 이루어진다.

② 가치사슬분석상 재무부문은 지원활동에 해당한다.

③ 가치사슬 이론상 기업이 가치를 창출하는 활동은 주 활동
과 지원활동으로 구분이 된다.

④ 가치사슬분석상 생산활동은 주로 주 활동에 해당한다.

⑤ 가치사슬분석은 활동단계별 원가동인을 분석하는 도구
이다.

가치사슬분석에서는 내부활동별로
유기적인 연계를 중요시한다.

답 ①

10 다음 내부활동분석과 관련된 설명 중 옳지 않은 것은?

① 가치사슬분석(Value Chain Analysis)은 기업이 가치를
창출하는 활동을 주 활동과 지원활동으로 구분하였다.

② 생산관리 부문에서 생산의 3요소는 품질, 원가, 납기이다.

③ 자재관리는 적기에 자재가 조달되고 불용재고를 최소화
하는 것을 목표로 한다.

④ 마케팅믹스 4P는 제품(Product), 가격(Price), 유통
(Place), 촉진(Promotion)을 말한다.

⑤ 구매관리부문에서 ABC관리란 여러 재고품목을 재고수량
이 많은 순서대로 관리 비중을 차별화하는 것이다.

ABC관리란 여러 재고품목을 그
중요도에 따라 분류하여 서로 다
른 재고통제 정책을 적용(파레토
법칙에 기반)하는 것을 말하는데,
재고수량이 아닌 금액에 따라서
관리한다.

[참고] 마케팅 전략에서 3C분
석은 경쟁자(Competitor), 고객
(Customer), 자사(Company)를 의
미하므로 마케팅믹스 4C와 구분
한다.

④ 마케팅믹스 4C :
소비자(Consumer),
원가(Cost),
편의(Convenience),
소통(Communication)

답 ⑤

11 다음 내부활동분석과 관련된 설명 중 옳지 않은 것은?

① 연구개발부문 중 설계단계에서는 제품원가가 결정되지 않는다.

② 정보경영부문에서 정보화전략계획(ISP)이란 정보경영을 위해 비즈니스 프로세스 설계를 정보시스템으로 구현하기 위한 계획으로 조직의 정보기술 비전이다.

③ 정보경영부문에서 기업이 단계별로 정보화를 추진하는 데 있어서 첫 번째 단계는 통합정보시스템(ERP)이고, 확장 ERP를 거쳐 전략경영(SEM)으로 발전된다.

④ 인사노무관리부문에서 노사 간의 갈등을 일으키는 주요 원인으로 임금, 고용안전, 인력자원의 배분, 직업병 등을 들 수 있다.

⑤ 재무관리부문에서 자본조달은 기업가치가 극대화되는 최적자본구조의 관점에서 결정한다.

연구개발부문 중 설계단계에서는 제품원가의 80%가 결정된다.

답 ①

12 다음 SWOT 분석에 관한 설명으로 옳지 않은 것은?

① SWOT 분석은 외부요인과 내부요인을 결합하여 효과적인 전략수립을 세우기 위한 분석기법이다.

② SWOT 분석을 통한 전략적 대안의 선택은 기업의 성장에 도움이 된다.

③ 위협을 회피하기 위해 강점을 사용하는 전략은 SO(Strength Opportunity) 전략이다.

④ 위험을 회피하고 약점을 최소화하는 전략은 WT(Weakness Threat) 전략이다.

⑤ 약점을 극복함으로써 기회를 활용하는 전략은 WO(Weakness Opportunity) 전략이다.

위협을 회피하기 위해 강점을 사용하는 전략은 ST(Strength Threat) 전략이다.

답 ③

출제예상문제

01 다음 통계지표 중 저량(stock)통계로 제대로 구분된 것은?

> ㄱ. 국민소득
> ㄴ. 실업률
> ㄷ. 국제수지
> ㄹ. 물가
> ㅁ. 통화량
> ㅂ. 환율

① ㄱ, ㄴ, ㄷ
② ㄴ, ㄷ, ㄹ, ㅂ
③ ㄴ, ㄹ, ㅁ, ㅂ
④ ㄷ, ㄹ, ㅁ
⑤ ㄱ, ㄷ, ㅁ, ㅂ

정답 | ③
해설 | 저량은 특정시점을 의미한다.

02 4단계 구분법에 의한 경기국면 해당하지 않은 것은?

① 회복기
② 확장기
③ 후퇴기
④ 호황기
⑤ 수축기

정답 | ④
해설 | 호황기는 불황기와 함께 2단계로 구분할 때 쓰이는 경기국면이다.

03 다음은 해상운송산업의 구조를 나타낸 그림이다. 마이클 포터의 산업구조모형(5 Force model)을 이용하여 분석한 것 중 가장 적절하지 않은 것은?

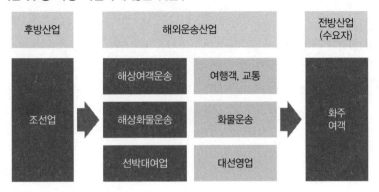

① 해상 여객운송사업은 차별화가 쉽지 않아 경쟁강도가 높은 수준이다.

② 서비스 차별화 제약으로 인해 구매자에 대한 교섭력이 낮을 수 있다.

③ 선박 확보에 대규모 자본의 선투자를 필요로 하는 자본집약적 산업으로 이는 높은 진입장벽으로 작용한다.

④ 컨테이너선 중국 조선업체가 대거 등장하면서 후방산업의 경쟁강도가 높아져서 공급자에 대한 교섭력이 낮아졌다.

⑤ 해상운송산업을 위협할 만한 뚜렷한 대체재는 없다.

정답 │ ④
해설 │ 후방산업인 조선업체의 경쟁강도가 높아지면 공급자에 대한 교섭력이 높아진다.

04 신용평가에 관한 다음 설명 중 옳지 않은 것은?

① 신용평가의 결론은 객관성과 더불어 주관성을 내포하고 있다.

② 기업의 채무 적기 상환능력 또는 채무불이행 가능성을 평가한다.

③ 신용평가의 평가결과는 일반적으로 등급으로 표시된다.

④ 신용평가는 발행자, 인수자 중에서 수행한다.

⑤ 신용분석 결과의 이용자가 금융기관의 내부고객이라면 신용평가의 결과 이용자는 다수 불특정 투자자로 볼 수 있다.

정답 │ ④
해설 │ 신용평가는 객관적인 제3자에 의해 이루어져야 한다.

05 다음 중 다양한 전방산업이 존재하는 산업으로 묶은 것은?

> ㄱ. 건설산업
> ㄴ. 해상운송산업
> ㄷ. 철강산업
> ㄹ. 석유화학산업
> ㅁ. 반도체산업

① ㄱ, ㄴ, ㄷ   ② ㄴ, ㄷ, ㄹ
③ ㄴ, ㄹ, ㅁ   ④ ㄷ, ㄹ, ㅁ
⑤ ㄱ, ㄷ, ㅁ

정답 | ④
해설 | 철강산업, 석유화학산업, 반도체산업은 다양한 전방산업이 존재한다.

06 포터(M. Porter)의 가치사슬(value chain) 분석에서 본원적 활동에 해당되지 않는 것은?

① 구매   ② 물류
③ 서비스   ④ 연구개발
⑤ 마케팅

정답 | ④
해설 | 포터의 가치사슬분석 이론에서는 연구개발은 지원활동으로 분류하였다. 다만, 최근에는 연구개발활동도 제품 매출에 직접적인 영향을 미치는 경우가 많아 본원적 활동으로 보기도 한다. 따라서 문맥에 따라 적절한 답을 고르도록 한다.

07 다음 중 마케팅전략의 분석과 관련하여 가장 옳지 않은 것은?

① 시장별 차별화 가능 요인을 도출하는 것은 시장세분화에 해당된다.
② 마케팅믹스의 요소는 크게 제품정책, 가격정책, 유통정책, 촉진정책이다.
③ 세분화 시장별 매력도를 평가하는 것은 표적시장을 선정하기 위해서다.
④ 3C 분석은 경쟁자(Competitor), 고객(Customer), 자사(Company)를 분석하는 것이다.
⑤ 제품 판매 후 계속적으로 고객을 유지 및 관리하는 것을 사전마케팅이라고 한다.

정답 | ⑤
해설 | 제품 판매 후 계속적으로 고객을 유지 및 관리하는 것을 사후 마케팅이라고 한다.

08 BCG(Boston Consulting Group) 매트릭스에 관한 설명으로 옳지 않은 것은?

① 원의 크기는 매출액 규모를 나타낸다.

② 수직축은 시장성장률, 수평축은 상대적 시장점유율을 나타낸다.

③ 기업의 자원을 집중적으로 투입하는 강화전략은 시장성장률과 시장점유율이 높은 사업에 적합하다.

④ 시장성장률은 낮지만 시장점유율이 높은 사업은 현상유지전략을 적용한다.

⑤ 시장성장률은 높지만 시장점유율이 낮은 사업의 경우, 안정적 현금 확보가 가능하다.

정답 | ⑤

해설 | 시장성장률이 높지만 시장점유율이 낮은 산업의 경우 초기 투자비용이 많이 투입되므로 안정적 현금확보가 어렵다. 안정적 현금확보가 가능한 사업은 시장점유율이 높고 시장성장률이 정체 사업군인 현금젖소(cash cow)이다.

09 다음 중 유동성 함정에 관한 설명 중 적절하지 못한 것은?

① 유동성 함정은 금리가 매우 높은 상황에서 발생한다.

② 유동성 함정은 통화공급이 많은 경우에 발생한다.

③ 유동성 함정은 채권가격이 매우 높은 경우에 발생한다.

④ 유동성 함정에 빠지면 통화수요가 무한히 늘어난다.

⑤ 유동성 함정에 빠지면 통화정책은 효과가 없다.

정답 | ①

해설 | 유동성 함정은 금리가 매우 낮은 상황에서 발생한다.

10 다음 중 국민소득통계를 이용하여 분석하기 가장 어려운 지표는?

① 경제성장률   ② 수출입의존도

③ 노동소득분배율   ④ 가동률

⑤ 1인당 국민소득

정답 | ④

해설 | 가동률은 주어진 설비, 노동, 생산효율 등의 조건 하에서 정상적으로 가동했을 때 생산할 수 있는 최대 생산능력에 대한 실제 생산량의 비율(%)을 말한다.

11 경기예측방법 중 계량경제모형법과 관련된 다음 설명 중 가장 옳지 않은 것은?

① 계량경제모형법은 경제이론적 배경을 바탕으로 한 과학적인 경기예측방법 중 하나이다.

② 계량경제모형법은 국민경제를 구성하는 경제변수들을 연립방정식 체계로 나타낸 다음 함수관계를 통해 미래를 예측하는 방법이다.

③ 계량경제모형법은 다른 경제예측 방법을 전혀 활용할 필요가 없는 매우 우수한 경기예측법이다.

④ 계량경제모형법은 그 모형의 작성 및 유지에 막대한 시간과 노력이 필요하다.

⑤ 계량경제모형법은 경기예측뿐만 아니라 경제정책의 효과에 대한 분석에도 유용하게 이용될 수 있다.

정답 | ③
해설 | 여러 가지 경기예측법을 활용하여 분석해야 효과적인 분석이 될 수 있다.

12 경제분석에 관한 설명으로 옳지 않은 것은?

① 경기지수는 선행지수, 동행지수, 후행지수로 나누어진다.

② 경제성장은 보통 국내총생산(GDP)의 증가율로 측정한다.

③ 경기가 침체하면서 물가가 상승하는 경우를 스태그플레이션(stagflation)이라 한다.

④ 산업분석은 산업간 분석(inter-industry analysis)과 산업 내 분석(intra-industry analysis)을 포함한다.

⑤ 자국화폐의 평가절상은 수출비중이 높은 기업의 수출경쟁력을 강화시킨다.

정답 | ⑤
해설 | 자국화폐의 평가절상은 외국화폐로 표시된 제품의 가격이 상승한다는 것을 의미하므로 수출경쟁력이 약화된다.

13 다음은 제품수명주기와 이익의 관계를 나타낸 그래프이다. BCG(Boston Consulting Group) 매트릭스에서의 사업구분과 제품수명주기를 올바르게 연결한 것은?

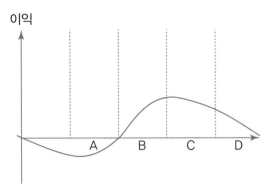

	A	B	C	D
①	현금젖소	개	물음표	별
②	물음표	현금젖소	개	별
③	물음표	별	현금젖소	개
④	물음표	별	개	현금젖소
⑤	별	물음표	현금젖소	개

정답 | ③
해설 | 제품수명주기와 BCG매트릭스를 연계한 문제이다.
도입기(A) : 물음표 → 성장기(B) : 별 → 성숙기(C) : 현금젖소 → 쇠퇴기(D) : 개

14 다음 중 일반 경기변동에 연동하여 산업경기가 반응하는 산업으로 가장 적절한 것은?
① 전력산업   ② 도시가스산업
③ 철강산업   ④ 식음료산업
⑤ 주류산업

정답 | ③
해설 | 일반적으로 철강산업은 경기에 순응하는 산업이다.

15 포터(M. Porter)가 특정 산업의 경쟁수준을 파악하기 위하여 제시한 산업구조분석모형의 다섯 가지 요인에 해당하지 않는 것은?

① 주주가치의 극대화

② 산업 내 기존 기업 간의 경쟁

③ 상품이나 서비스의 대체위협

④ 공급자의 교섭력

⑤ 새로운 진입 기업의 위협

정답 | ①
해설 | 주주가치 극대화는 산업구조분석모형 요인이 아니다.

16 다음 중 회계기록의 진단에 대한 설명으로 바르지 않은 것은?

① 장부기록이 회계원칙에 부합하게 이루어지고 있는지 확인한다.

② 재무제표의 작성방법이 타당한지 확인한다.

③ 회계정보가 적시성 있게 활용될 수 있도록 결산을 정기적으로 실시하는지 파악한다.

④ 회계기록을 재무회계뿐만 아니라 관리회계 목적으로도 활용되는지 확인한다.

⑤ 전산화로 회계정보시스템이 구축되어 있는 경우 내부통제에 대해서 별도로 파악할 필요가 없다.

정답 | ⑤
해설 | 내부통제시스템에 대한 진단은 수기 또는 전산화와 상관없이 진행되어야 한다.

SUMMARY

신용평가종합사례는 앞에서 배운 재무분석, 현금흐름분석, 시장환경분석을 종합적으로 이
용하여 주어진 감사보고서를 보고 각 물음에 대한 답을 찾아가는 형식이다. 따라서 별다른
이론설명을 생략하기로 하고 여기에서는 2개의 감사보고서와 재무자료를 보고 답을 찾아
가는 연습을 한다. 실제 문제는 29문제 정도 출제되고 간단한 재무비율을 묻는 문제가 더러
나오는데 이는 앞에서 배운 재무분석문제를 활용하고 여기에서는 조금 심화된 문제를 풀어
보기로 한다.

P A R T

04

신용평가종합사례

CONTENTS

CHAPTER 01 ｜ 신용평가분석사례(1)
CHAPTER 02 ｜ 신용평가분석사례(2)

CHAPTER 01 신용평가분석사례(1)

TOPIC 1 독립된 감사인의 감사보고서   **TOPIC 2** 재무상태표

TOPIC 3 손익계산서   **TOPIC 4** 현금흐름표

TOPIC 5 주석

··· TOPIC 1 독립된 감사인의 감사보고서

− A기업 주식회사 귀중 −

우리는 별첨된 A기업 주식회사의 재무제표를 감사하였습니다. 동 재무제표는 당기 말과 전기 말 현재의 재무상태표, 동일로 종료되는 양 보고기간의 손익계산서, 자본변동표 및 현금흐름 표, 그리고 유의적 회계정책에 대한 요약과 그 밖의 설명 정보로 구성되어 있습니다.

■ 재무제표에 대한 경영진의 책임

경영진은 일반기업회계기준에 따라 이 재무제표를 작성하고 공정하게 표시할 책임이 있으며, 부정이나 오류로 인한 중요한 왜곡표시가 없는 재무제표를 작성하는 데 필요하다고 결정한 내부통제에 대해서도 책임이 있습니다.

■ 감사인의 책임

우리의 책임은 우리가 수행한 감사를 근거로 해당 재무제표에 대하여 의견을 표명하는 데 있습니다. 우리는 회계감사기준에 따라 감사를 수행하였습니다. 이 기준은 우리가 윤리적 요구사항을 준수하며 재무제표에 중요한 왜곡표시가 없는지에 대한 합리적인 확신을 얻도록 감사를 계획하고 수행할 것을 요구하고 있습니다. 감사는 재무제표의 금액과 공시에 대한 감사증거를 입수하기 위한 절차의 수행을 포함합니다. 절차의 선택은 부정이나 오류로 인한 재무제표의 중요한 왜곡표시위험에 대한 평가 등 감사인의 판단에 따라 달라집니다. 감사인은 이러한 위험을 평가할 때 상황에 적합한 감사절차를 설계하기 위하여 기업의 재무제표 작성 및 공정한 표시와 관련된 내부통제를 고려합니다. 그러나 이는 내부통제의 효과성에 대한 의견을 표명하기 위한 것이 아닙니다.

감사는 또한 재무제표의 전반적 표시에 대한 평가뿐 아니라 재무제표를 작성하기 위하여 경영진이 적용한 회계정책의 적합성과 경영진이 도출한 회계추정치의 합리성에 대한 평가를 포함합니다. 우리가 입수한 감사증거가 감사의견을 위한 근거로서 충분하고 적합하다고 우리는 믿습니다.

■ 감사의견

우리의 의견으로는 회사의 재무제표는 A기업 주식회사의 당기 말과 전기 말 현재의 재무상태, 동일로 종료되는 양 보고기간의 재무성과 및 현금흐름을 일반기업회계기준에 따라 중요성의 관점에서 공정하게 표시하고 있습니다.

···TOPIC 2 재무상태표

(단위 : 천원)

과목	전전기	전기	당기
자 산			
I. 유동자산	8,835,269	8,906,296	9,830,830
(1) 당좌자산	8,155,510	8,150,900	9,029,712
현금및현금성자산	449,178	892,796	663,739
단기금융상품	–	402,016	1,000,291
매출채권	7,612,828	6,661,819	7,253,747
단기대여금	–	–	10,000
미수금	73,395	63,240	52,601
선급금	–	92,554	–
선급비용	15,031	33,940	27,772
기타당좌자산	5,080	4,535	21,563
(2) 재고자산	679,758	755,396	801,117
제품	264,423	291,590	321,223
재공품	50,687	42,192	60,957
원재료	342,781	411,263	405,387
저장품	21,868	10,351	13,549
Ⅱ. 비유동자산	4,575,635	5,152,676	6,760,781
(1) 투자자산	111,400	33,500	6,000
장기금융상품	8,500	8,500	6,000
장기투자증권	25,000	25,000	–
기타투자자산	77,900	–	–

과목	전전기	전기	당기
(2) 유형자산	4,427,996	4,890,988	6,518,083
토지	2,594,852	2,866,671	3,840,392
건물	705,369	919,815	1,298,120
(감가상각누계)	157,361	190,696	230,539
구축물	–	607,799	613,839
(감가상각누계)	–	289,314	333,274
기계장치	457,431	471,483	734,401
(감가상각누계)	1,416,045	1,630,892	1,925,033
시설장치	651,895	5,647	5,217
(감가상각누계)	357,682	116,144	116,575
차량운반구	3,621	11,022	21,011
(감가상각누계)	136,623	141,780	151,099
공구와기구	5,068	1,619	188
(감가상각누계)	192,445	195,893	197,325
비품	9,759	6,931	4,916
(감가상각누계)	398,459	408,787	415,012
(3) 기타비유동자산	36,240	228,188	236,698
보증금	36,240	24,540	37,990
부도어음	–	203,648	198,708
자 산 총 계	13,410,904	14,058,972	16,591,611
부 채			
I. 유동부채	5,675,396	5,334,205	6,042,555
매입채무	1,851,999	1,689,019	2,622,784
단기차입금	3,465,014	3111710	2,854,292
미지급금	285,521	433,484	549,532
선수금	5,000	39,812	165
예수금	65,365	58,581	13,987
미지급비용	2,496	1599	1794
II. 비유동부채	348,606	288,434	866,976
장기차입금	–	–	600,000
장기부채성충당금	131,606	125,834	40,376
보증금	217,000	162,600	226,600
부 채 총 계	6,024,001	5,622,639	6,909,530
I. 자본금	400,000	400,000	592,000
II. 이익잉여금	6,986,902	8,036,334	9,090,080
[당기순이익]	638,870	1,049,431	1,053,747
자 본 총 계	7,386,902	8,436,334	9,682,080
부 채 와 자 본 총 계	13,410,904	14,058,972	16,591,611

···TOPIC ❸ 손익계산서

(단위 : 천원)

과목	전전기	전기	당기
I. 매출액	18,464,154	18,761,137	20,562,161
II. 매출원가	16,142,806	15,558,014	17,470,018
III. 매출총이익	2,321,348	3,203,122	3,092,143
IV. 판매비와관리비(주석21)	1,862,315	1,952,238	1,916,950
급여	563,461	677,071	713,213
퇴직급여	40,953	53,631	36,136
복리후생비	91,161	97,303	109,575
여비교통비	21,636	19,779	26,952
통신비	49,428	32,268	35,243
수도광열비	6,905	6,893	9,080
세금과공과	47,164	47,926	49,290
임차료비용	18,000	20,543	18,000
감가상각비	29,093	38204	41,519
수선비	718	1,820	14,888
보험료	21,348	14,313	19,490
소모품비	11,955	27,239	28,785
도서인쇄비	8,527	8,153	13,781
차량유지비	89,557	74,497	93,657
교육훈련비	2,130	4,495	1,796
수수료비용	49,541	44,007	49,443
접대비	108,218	102,733	128,774
광고선전비	15,245	2,578	8,160
운반비	217,326	219,242	216,908
해외시장개척비	30,056	43,889	27,833
기타판매비	14,186	19228	–
대손상각비	419,958	386,421	253,985
무형자산상각비	445	–	–
기타	5,306	10,006	20,442
V. 영업이익(손실)	459,033	1,250,884	1,175,193
VI. 영업외수익	375,057	205,185	160,644
이자수익	3,569	3,304	18,767
외환차익	257,407	152,048	102,564
외화환산이익	92107	–	1,631
기타영업외수익	21,975	49,833	37,682

과목	전전기	전기	당기
Ⅶ. 영업외비용	45,173	229,599	102,498
이자비용	23,903	9,891	19,090
외환차손	12,774	179817	44,920
자산평가손실	–	–	25,000
외화환산손실	5,357	20,743	467
기타영업외비용	3,139	19,148	13,021
Ⅷ. 법인세차감전순이익(손실)	788,917	1,226,470	1,233,339
Ⅸ. 계속사업이익	788917	1226470	1233339
Ⅹ. 계속사업손익법인세비용	150,047	177,039	179,592
Ⅺ. 계속사업이익	638870	1049431	1053747
Ⅻ. 당기순이익	638,870	1,049,431	1,053,747

···· TOPIC 4 현금흐름표

(단위 : 천원)

과목	전전기	전기	당기
Ⅰ. 영업활동으로인한현금흐름	−314,808	2,019,523	1,813,962
1. 당기순이익(손실)	638,870	1,049,431	1,053,747
2. 현금유출이없는비용등의가산	381,885	393,053	420,349
감가상각비	279,726	314,892	395,349
무형자산상각비	445	–	–
퇴직급여	101,714	78,160	–
투자자산평가손실	–	–	25,000
3. 현금유입이없는수익등의차감	–	–	9,682
부채성충당금환입액	–	–	9,682
4. 영업활동으로인한자산부채의변동	−1,335,564	577,039	349,548
매출채권의감소(증가)	−473,096	951,009	−591,928
재고자산의감소(증가)	161,449	−75,638	−45,721
선급금의감소(증가)	46,000	−92,554	92,554
선급비용의감소(증가)	−5,902	−18,910	6,168
미수금의감소(증가)	−1,070	10,155	10,639
부가세대급금의감소(증가)	4563	–	−17,208
기타유동자산의감소(증가	−69	544	111
기타투자및비유동자산감소(증가)	−66,000	−125,748	4,940
매입채무의증가(감소)	−886,226	−162,980	933,765

과목	전전기	전기	당기
선수금의증가(감소)	−	34,812	−39,647
예수금의증가(감소)	37717	−6785	−44,593
미지급비용의증가(감소)	2,213	−897	195
미지급금의증가(감소)	−63,990	147,963	116,048
퇴직금의지급	−91,152	−	−75,776
부채성충당부채지급	−	−83,932	−
II. 투자활동으로인한현금흐름	−270,950	−1,222,601	−2,577,600
1. 투자활동으로인한현금유입액	350	11,700	66,500
단기투자자산의감소	350	−	−
장기금융상품의감소	−	−	2,500
보증금의감소	−	11,700	−
비유동부채의증가	−	−	64,000
2. 투자활동으로인한현금유출액	271,300	1,234,301	2,644,100
단기대여금의증가	−	−	10,000
단기금융상품의증가	−	402,016	598,205
보증금의증가	35,040	−	13,450
토지의취득	−	271,818	973721
건물구축물시설장치의취득	78000	257108	468,148
기계장치의취득	158260	228900	557,059
공구,기구,비품취득	−	7,500	4,210
차량운반구취득	−	12558	19307
비유동부채의감소	−	54,400	−
III. 재무활동으로인한현금흐름	54,699	−353,304	534,581
1. 재무활동으로인한현금유입액	154,699	−	792000
단기차입금의증가	154,699	−	−
장기차입금증가	−	−	600000
유상증자	−	−	192000
2. 재무활동으로인한현금유출액	100,000	353,304	257,419
단기차입금의상환	100,000	353,304	257,419
IV. 현금의증가(I+II+III)	−531,060	443,618	−229,057
V. 기초의현금	980,238	449,178	892,796
VI. 기말의현금	449,178	892,796	663,739

1. 회사의 개요

A기업주식회사(이하 "회사"라 함)는 1975년 5월 A상사로 창업한 이래 1990년 7월 법인으로 전환하여 오늘에 이르고 있습니다. 회사의 본사 및 공장 소재지와 주요 사업내용은 다음과 같습니다.

- 본사소재지 : 경기도
- 주요사업내용 : 일반용 도료 및 유사제품의 제조
- 대표이사 : 홍길동(57세)
- 주요주주(소유지분율) : 홍길동(100%)

2. 사용이 제한된 예금의 내용

당기말 현재 사용이 제한된 예금의 내용은 다음과 같습니다.

(단위 : 천원)

계정과목	제한내용	은행명	금액		사용제한예금
			당기	전기	
장기금융상품	별단예금	K은행	3,000	3,000	당좌개설보증금
장기금융상품	별단예금	B은행	3,000	3,000	당좌개설보증금
장기금융상품	별단예금	C은행	–	2,500	당좌개설보증금
합계			6,000 =======	8,500 ======	

3. 보유토지의 공시지가 현황

당기말 현재 보유토지의 공시지가 현황은 다음과 같습니다.

(단위 : 천원)

구분	보유토지	장부가액	공시지가
당기	유형자산의 토지	3,840,392	4,782,493
전기	유형자산의 토지	2,866,671	4,002,956

4. 보험의 종류, 보험금액 및 보험에 가입된 자산의 내용

당기말 현재 회사가 가입하고 있는 보험의 종류, 보험금액 및 보험에 가입된 자산의 내용은 다음과 같습니다.

(단위 : 천원)

보험의 종류	부보자산	보험금액	보험회사
화재보험	공장건물	2,744,513	메리츠화재
화재보험	구축물	70,000	메리츠화재
화재보험	기계장치	2,351,900	메리츠화재
화재보험	집기, 공기구	363,300	메리츠화재
화재보험	재고자산	1,271,404	메리츠화재
화재보험	차량운반구(2대)	10,000	메리츠화재
합계		6,811,117	

회사 차량에 대하여는 종합보험, 종업원에 대하여는 산재보험에 가입하고 있습니다.

5. 차입금

① 당기말과 전기말 현재 회사의 차입금 내역은 다음과 같습니다.

(단위 : 천원)

계정과목	차입처	차입종류	연이자율	금액	
				당기	전기
단기금융상품	B은행	운영자금	4.889%	100,000	100,000
장기금융상품	W은행	운영자금	4.840%	600,000	–

② 위 차입금과 관련하여 주석 5와 같이 회사의 토지와 건물이 담보로 제공되어 있습니다.

6. 연구비와 개발비의 내용

당기와 전기 중에 발생한 연구비와 개발비의 내용은 다음과 같습니다.

(단위 : 천원)

과목	당기	전기
개발비(제조경비)	294,194	225,776

7. 우발채무와 약정사항의 내용

회사의 우발채무 및 주요 약정사항의 내용은 다음과 같습니다.

① 견질어음 등 당기말 현재 회사가 견질 등으로 제공하고 있는 어음, 수표는 없습니다.

② 배서어음 등 당기말 현재 회사의 채권을 배서 양도한 어음 중 만기 미도래 잔액은 2,703,153 천원입니다.

8. 특수관계자와의 거래

당기와 전기 중 회사의 특수관계자와의 거래내용 및 당기말 현재 주요 채권 및 채무의 내용은 다음과 같습니다.

(단위 : 천원)

특수관계자	과목	당기	전기
대표이사 홍길동	(일반) 임차료	18,000	18,000
대표이사 홍길동	(제조) 임차료	60,000	36,000
대표이사 홍길동	보증금	20,500	20,000
대표이사 홍길동	주주임원종업원단기차입금	2,754,292	3,011,710

본문의 A회사 사례를 바탕으로 질문에 답하시오. [01~20]

01 A기업의 현금과 관련된 설명으로 옳지 않은 것은?

① 당기 사용제한된 예금이 낮은 수준이다.

② 단기금융상품이 전기부터 증가한 사유에 대해 검토할 필요가 있다.

③ 당기의 현금비율은 10.98%이다.

④ 현금비율은 지속적으로 감소하고 있다.

⑤ 현금비율분석은 유동성분석 시 가장 보수적이고 직접적인 분석방법이다.

① 당기 사용제한된 예금은 6백만원 수준으로 낮고, 투자자산으로 분류되어 있다.

③~⑤ 현금비율은 다음과 같이 구할 수 있으며 전기에 증가하였다가 당기에 감소하였음을 확인할 수 있다.

(단위 : 천원)

구분	전전기	전기	당기
현금 및 현금성 자산	449,178	892,796	663,739
유동부채	5,675,396	5,334,205	6,042,555
현금비율 (현금/유동부채)	7.91%	16.74%	10.98%

답 ④

02 A기업에 대한 설명으로 가장 옳지 않은 것은?

① 당사의 지분구조는 경영권 방어에 매우 불안정적이라고 할 수 있다.

② 설립된 지 40년이 넘었으므로 위험관리시스템 및 사업노하우가 어느 정도 존재한다고 볼 수 있다.

③ 회사자산에 대한 보험가입으로 예상치 못한 화재 및 손실에 대비할 수 있다.

④ 수도권에 위치해 있는 판매처에 대한 네트워크효과 및 운송비 절감효과를 장점으로 볼 수 있다.

⑤ 회계감사인으로부터 적정 감사의견을 받았다.

홍길동 씨가 지분을 100% 보유하고 있으므로 경영권 방어에는 상당히 유리하다고 볼 수 있다.

답 ①

03 A기업이 속한 산업의 위험과 관련된 설명으로 가장 타당한 것은?

① 국제유가가 상승할 경우, 원가가 하락할 것이다.

② 환율에 대해서는 민감하게 반응하지 않는다.

③ 제조공정상 환경오염 위험은 상존하지 않는다.

④ 전방산업이 다양하여 판매에 대한 위험분산효과가 존재한다.

⑤ 경쟁구조상 산업집중도가 높은 독점적 시장으로 볼 수 있다.

04 A기업의 매출채권에 관한 설명 중에서 가장 옳지 않은 것은? (단, 대손충당금을 제외한 순매출채권 기준으로 분석한다.)

① 매출채권회전율은 매출액을 평균매출채권으로 나누어 계산할 수 있다.

② 매출액증가율이 매출채권증가율보다 높다.

③ 매출채권회전기간은 약 128~130일 사이로 유지되고 있다.

④ 전기 대비 대손율이 감소한 것은 긍정적인 측면이다.

⑤ 산업평균 매출채권회전율이 연 2.5회일 경우 당사의 매출채권 활동성은 높은 편이다.

---

① 도료 및 페인트의 원재료는 유가와 관련이 있으므로 유가 상승 시 원재료 매입에 부담으로 작용한다.
② 원유를 매입할 경우에는 환율에 영향을 받는다.
③ 화학제품이므로 환경규제와 관련성이 높다.
⑤ 페인트산업은 독점적 시장이 아닌 과점적 시장의 형태로 볼 수 있다.

답 ④

전기 매출채권회전기간은 139일, 당기 매출채권회선기간은 124일이다.

(단위 : 천원)

구분	전전기	전기	당기
매출	18,464,154	18,761,137	20,562,161
매출채권(순액)	7,612,828	6,661,819	7,253,747
대손상각비	419,958	386,421	253,985
평균매출채권		7,137,324	6,957,783
매출채권회전율		2.62회	2.95회
매출채권회전기간		139일	124일

답 ③

05 A기업의 재고자산에 관한 설명 중에서 가장 옳지 않은 것은?

① 당기 평균재고자산은 778,257천원이다.

② 재고자산증가율은 감소 추세에 있다.

③ 재고자산회전기간은 다소 증가하였다.

④ 재고자산 중 원재료의 비중이 높은 편으로 원재료의 속성
상 짧은 기간 내에 손상될 위험이 없으면 합리적인 재고
관리로 볼 수 있다.

⑤ 당기 재고자산회전율은 26.42회이다.

재고자산회전기간은 다소 감소하
였다.

(단위 : 천원)

구분	전전기	전기	당기
매출	18,464,154	18,761,137	20,562,161
재고자산	679,758	755,396	801,117
평균재고자산		717,577	778,257
재고자산회전율		26.14회	26.42회
재고자산회전기간		14일	13.8일

🖉 ③

06 A기업의 재무구조에 관한 설명 중 가장 옳지 않은 것은?

① 당기 부채비율은 71.36%로 전기 대비 증가하였다.

② 전기의 자기자본비율은 60%이다.

③ 자기자본비율과 부채비율 추세는 서로 동일 방향으로 움
직인다.

④ 당기 자기자본의 증가 원인은 유상증자와 당기순이익 발
생이다.

⑤ 무형자산이 없으므로 자기자본과 순자기자본은 같다.

자기자본비율의 역수는 1 + 부채
비율이므로 서로 반대 방향으로
움직인다.

⑤ 순자기자본 = 자본총계 − 무형
자산

🖉 ③

07 A기업의 매입채무에 관한 설명 중 가장 타당한 것은?

① 매입채무회전율이 증가 추세에 있다.

② 당기 매입채무가 증가한 원인은 구매처로부터 결제기간
이 축소됐기 때문으로 볼 수 있다.

③ 전기 매입채무회전기간은 38.3일이었다.

④ 외상매입에 대한 지급기간은 2달 이내로 볼 수 있다.

⑤ 전기 대비 당기 매입채무증가율은 35.6%이다.

외상매입에 대한 지급기간은 매입
채무회전기간으로 다음과 같이 2
달 이내이다.

(단위 : 천원)

구분	전전기	전기	당기
매출	18,464,154	18,761,137	20,562,161
매입채무	1,851,999	1,689,019	2,622,784
평균매입채무		1,770,509	2,155,902
매입채무회전율		10.6회	9.53회
매입채무회전기간		34.4일	38.3일

🖉 ④

08 A기업의 당기 운전자본 변동에 대한 설명으로 옳지 않은 것은?

① 전기 대비 매출채권이 하락하고 매출채권회수기간이 감소한 이유는 외상판매보다 현금판매 비중을 늘렸기 때문으로 볼 수 있다.

② 매출과 재고자산이 모두 증가하였으므로 매출 부진으로 인한 재고자산이라고 볼 수 없다.

③ 재고자산 중 원재료 비중이 높다는 것은 향후 수요에 대비하기 위해 사전에 확보한 것으로 볼 수 있다.

④ 기존 공급자들과 비교하여 외상기간이 긴 새로운 공급자와의 거래가 많아짐에 따라 매입채무가 증가한 것으로 볼 수 있다.

⑤ 매입채무 결제대금으로 단기금융상품을 매입했다는 의문을 가질 수 없다.

증가한 단기금융상품에 대한 재원을 매입채무 결제대금으로 볼 수도 있다. 다만, 합리적인 의심만 할 수 있을 뿐 이에 대한 검증을 위해서는 거래내역을 확인해봐야 한다.

답 ⑤

09 A기업의 운전자본에 관한 설명 중에서 가장 옳은 것은?

① 순운전자본은 매년 감소 추세에 있다.

② 당기 순운전자본비율은 20.23%이다.

③ 전기 1회전운전기간(현금전환기간)은 약 118.4일이다.

④ 매출액을 기준으로 당기의 필요운전자본을 산정하면 70억원을 초과한다.

⑤ 영업순환기간은 약 100일이다.

다음과 같이 재무비율 등을 산정한다.

(단위 : 천원)

구분	전전기	전기	당기
순운전자본	3,159,873	3,572,091	3,788,275
순운전자본비율	23.56%	25.41%	22.83%
매출채권회전기간 (A)		138.8일	123.5일
재고자산회전기간 (B)		14일	13.8일
매입채무회전기간 (C)		34.4일	38.2일
1회전운전기간 (현금전환기간)		118.4일	99일
1회전운전자본 (필요운전자본*		6,084,392	5,580,138
영업순환기간 (A+B)		152.8일	137.3일

* 매출액 기준으로 산정

답 ③

10 A기업의 차입금구조에 관한 설명 중에서 가장 옳지 않은 것은?

① 손익계산서상 영업외비용에 계상된 이자비용으로 계산한 당기 이자보상비율은 62로 전기 대비 감소하였다.

② 주석에 기재된 차입금과 실제 장부상 차입금의 차이는 L/C 한도 사용액, 당좌차월 등이 있을 수 있다.

③ 이자보상비율 계산 시 손익계산서 영업외비용으로 계상된 이자비용 이외에 자본화되어 있는 이자비용까지 고려해야 더욱 정확하다.

④ 토지와 건물이 주석의 차입금에 대한 담보만 있다면, 추가 담보차입은 불가능함을 의미한다.

⑤ 차입금의존도는 점점 증가하고 있다.

다음과 같이 차입금의존도는 점점 감소 추세에 있다.

(단위 : 천원)

구분	전전기	전기	당기
단기차입금	3,465,014	3,111,710	2,854,292
장기차입금	–	–	600,000
총자산(총자본)	13,410,904	14,058,972	16,591,611
차입금의존도	25.84%	22.13%	20.82%

답 ⑤

11 A기업의 자본수익성 비율과 관련하여 가장 옳지 않은 것은? (단, 비율계산 시 2개년 평균잔액의 개념을 사용한다.)

① 당기 총자본영업이익률은 전기 대비 감소하였다.

② 총자본영업이익률은 기업 전체의 투자수익률을 의미한다.

③ 총자본순이익률은 총자본영업이익률보다 낮은 수준이다.

④ 총자본순이익률은 영업이익률과 총자산회전율의 곱으로 계산할 수 있다.

⑤ 총자본순이익률은 분모와 분자가 잘 대응되는 관계가 아니다.

총자본순이익률은 매출액순이익률과 총자산회전율의 곱으로 계산할 수 있다.

⑤ 총자본순이익률은 분모는 총자본으로 전체기업자산을 의미하고, 분자는 주주의 수익을 의미하므로 대응관계가 맞지 않는 문제가 있다.

답 ④

12 A기업의 안정성과 관련하여 가장 옳지 않은 것은?

① 당기의 비유동비율은 69.83%이다.

② 당기의 비유동비율은 전기 대비 상승하였는데 그 원인 중 하나는 당기에 토지와 건물 등을 구입하였기 때문이다.

③ 당사는 장기적으로 고정화되어 있는 자산을 자기자본 범위 내에서 안정적으로 구성하고 있다는 것을 보여준다.

④ 금융지원기본을 위배하고 있다는 것을 보여준다.

⑤ 비유동장기적합률은 비유동비율보다 항상 낮거나 같다.

금융지원기본이란 단기자산은 단기자금으로 조달하고, 장기자산은 장기자금으로 조달해야 하는 것을 말한다. 이때, 비유동장기적합률이 100% 미만이라는 것은 비유동자산을 단기자금으로 조달하지 않고 있다는 것을 의미한다.

답 ④

13 A기업의 자기자본순이익률(ROE)과 관련된 설명 중 옳지 않은 것은?(단, 비율계산 시 2개년 평균잔액의 개념을 사용한다.)

① 자기자본순이익률(ROE)은 총자본순이익률에 1 + 부채비율을 곱해서 구할 수 있다.

② 당기 자기자본순이익률이 전기보다 낮은 이유는 총자본순이익률과 부채비율이 감소했기 때문이다.

③ 당기 자기자본순이익률(ROE)는 11.63%이다.

④ 자기자본순이익률(ROE)은 분모와 분자의 대응관계가 일치한다.

⑤ 자기자본순이익률은 자기자본비율이 높을수록 높다.

자기자본순이익률은 자기자본비율의 역수로 구하므로 자기자본비율이 낮을수록 높다.

① 자기자본순이익률(ROE)
   = 총자본순이익률
     × (1 + 부채비율)
   = 매출액순이익률
     × 총자산회전율
     × 자기자본비율의 역수

日 ⑤

14 A기업의 수익성과 관련하여 가장 타당한 것은?

① 전전기에 비해 전기의 영업이익률이 하락하였다.

② 당기 매출총이익률은 10.04%로 전기 대비 소폭 하락하였다.

③ 당기 매출액은 증가하였는데 영업이익이 감소한 원인은 생산과 관련된 원가가 상승하였기 때문이다.

④ 당기 판매관리비가 전기 대비 감소한 가장 큰 이유는 교육훈련비가 감소하였기 때문이다.

⑤ 당기 동종업계의 영업이익률이 5%라면 당사의 영업성과가 상대적으로 좋지 않다고 판단할 수 있다.

구분	전전기	전기	당기
매출 총 이익률	12.57%	17.07%	15.04%
영업 이익률	2.49%	6.67%	5.72%
당기 순 이익률	3.46%	5.59%	5.12%

당기 매출액이 전기 대비 상승하였으나 영업이익이 감소한 원인은 매출원가 상승폭이 더 컸기 때문이다.

④ 당기 판매관리비가 전기 대비 감소한 가장 큰 이유는 대손상각비가 감소하였기 때문이다. 대손상각비 감소폭이 상대적으로 큰 것을 볼 수 있다.

日 ③

15 A기업의 현금흐름 재무분석과 관련된 설명으로 옳지 않은 것은? (단, 이자비용은 손익계산서 영업외비용상 이자비용을 기준으로 한다.)

① EBITDA는 매년 증가하고 있다.

② 당기 현금흐름보상비율은 전기 대비 소폭 감소하였다.

③ 당기 유형자산 순투자금액은 약 20억원이다.

④ 당기 투자안정성비율은 전기 대비 큰 폭으로 감소하였다.

⑤ 당기 투자안정성비율을 볼 때, 영업활동현금흐름 내의 자금을 통해서 유형자산을 취득했다고 해석할 수 있다.

당기 투자안정성비율이 89.69%로 100% 미만이므로 영업현금흐름 이외에 조달된 자금으로 유형자산을 매입했다고 해석할 수 있다.

답 ⑤

16 A기업의 경영성과에 관한 설명 중 가장 타당한 것은?(단, 비율계산 시 2개년 평균잔액의 개념을 사용한다.)

① 당기 총자본순이익률이 전기보다 낮은 이유는 순이익률의 감소폭이 총자산회전율의 증가폭보다 컸기 때문이다.

② 총자산회전율은 활동성 기준으로 수익성과 반비례 관계인 경우가 많다.

③ 자기자본순이익률(ROE)은 총자본순이익률과 이자보상비율을 고려하여 구할 수 있다.

④ 자기자본순이익률(ROE)은 주주 관점에서의 수익률 개념이다.

⑤ 비율계산 시 평균잔액으로 계산한 값과 연말잔액으로 계산한 값은 동일하다.

자기자본순이익률(ROE)은 주주의 관점에서 계산한 수익률이다.

구분	전기	당기
매출액 순이익률	5.59%	5.12%
총자산 회전율	1.37	1.34
총자본 순이익률 (ROI, ROA)	7.64%	6.88%

① 총자본순이익률은 매출액순이익률과 총자산회전율의 곱으로 계산할 수 있다.

② 활동성과 수익성은 반대되는 개념이 아니고, 그 의미가 다른 것뿐이다.

③ 자기자본순이익률(ROE) = 총자본순이익률 × (1 + 부채비율)

⑤ 평균잔액으로 계산한 값과 연말잔액으로 계산한 값은 다르다.

답 ④

17 다음 A기업의 우발채무와 관련된 설명 중 옳지 않은 것은?

① 지급보증한 것뿐만 아니라, 담보제공도 우발채무로 고려한다.

② 당사가 만약 배서양도한 채권을 제거처리한 경우, 이를 우발채무로 고려한다면 부채비율은 현재보다 증가할 수도 있다.

③ 우발채무의 현실화 가능성을 고려하여 신용평가 시 참고한다.

④ 당기 매입채무가 전기 대비 증가한 부분과 우발채무를 함께 고려하여 평가해 봐야 한다.

⑤ 연말잔액기준으로 적정부채비율이 80%라 할 때, 우발부채를 고려한 부채비율도 적정 수준이다.

우발부채를 고려한 부채비율의 계산 근거는 다음과 같다.

(단위 : 천원)

구분	당기
자기자본	9,682,080
부채	6,909,530
기존부채비율	71.36%
배서양도채권	2,703,153
우발부채고려 부채비율	99.28%

目 ⑤

18 A기업의 전체 현금흐름에 관한 설명 중에서 가장 옳지 않은 것은?

① 당기 영업활동으로 현금흐름의 유입이 유출보다 크다고 해서 항상 기말현금이 기초현금보다 크다고 볼 수 없다.

② 전기부터 시설투자에 대한 금액이 증가하였다.

③ 장기차입과 유상증자를 통해 투자금액을 증가시킨 것으로 해석할 수 있다.

④ 여유자산으로 단기금융상품에 투자하는 것은 영업과 관련한 수익성 증가와 직접적인 관련이 있다.

⑤ 시설투자 증가가 영업이익 창출로 연결되는지 정기적으로 검토해야 한다.

여유자산으로 단기금융상품에 투자하는 것은 영업과 관련된 투자라고 볼 수 없으므로 영업이익 창출과는 직접적인 관련이 없다고 볼 수 있다.

目 ④

19 A기업의 영업현금흐름에 관한 설명 중 가장 타당한 것은?

① 영업활동현금흐름이 전전기에 비해 전기에 크게 증가한 이유는 현금유출이 없는 감가상각비의 증가 때문이다.

② 당기에 외상매입이 증가하면서 대부분 현금지급하였다는 것을 알 수 있다.

③ 당기순이익이 증가한 만큼 영업활동현금흐름이 증가했다.

④ 영업활동현금흐름을 분석하기 위해서는 외상매출에 대한 회수정책과 외상매입에 대한 지급정책에 대해 추가적인 검토가 필요하다.

⑤ 당기에 영업활동현금흐름이 당기순이익 대비 높은 이유 중 하나는 매출채권에 대한 회수가 활발했기 때문이다.

① 감가상각비는 현금흐름과 관계가 없으며 간접법 현금흐름표에서 당기순이익과 현금흐름과의 차이를 나타내는 항목이다.

② 매입채무의 증가로 인한 영업현금흐름 증가는 외상매입대금 지급이 원활하지 않았다는 것을 보여줄 수도 있고, 매출이 증가하면서 그만큼 매입채무의 규모가 증가한 자연스러운 현상으로도 해석할 수 있다.

③ 당기순이익이 증가한 만큼 영업활동현금흐름이 증가한 것은 아니다.

⑤ 당기에 영업활동현금흐름이 당기순이익 대비 높은 이유는 매출채권에 대한 회수에 관한 것보다는 외상매입대금지급 축소와 관련된 것이 크다.

답 ④

20 A기업의 당기말 현재주가가 10,000원이고 주식수가 100만주일 때, 다음 설명 중 가장 옳지 않은 것은?

① 당기말 기준으로 EPS는 1,053원이다.

② 동종업계의 PER이 15라면 당사의 주가는 저평가되어 있다고 볼 수 있다.

③ 당기말 기준 PBR은 1보다 작다.

④ PBR은 자본의 장부가치 대비 시가총액이 어느 정도인지 알아보는 지표이다.

⑤ PSR은 1보다 작다.

관련 계산 결과는 다음과 같다.

구분	당기
매출	20,562,161천원
당기순이익	1,053,747천원
주당순이익 (EPS)	1,053원
자기자본 (장부가)	9,682,080천원
시가총액	100억원
PER	9.49
PBR	1.03
PSR	0.49

[참고] 주당기준이 아닌 총액기준으로 분모와 분자를 비교하는 방법도 알아 두면 좋다.

답 ③

CHAPTER 02 신용평가분석사례(2)

TOPIC 1 재무상태표   TOPIC 2 손익계산서

TOPIC 3 현금흐름표   TOPIC 4 주석

··· TOPIC 1 재무상태표

(단위 : 원)

과목	제18(당)기	제17(전)기	제16(전)기
자 산			
Ⅰ. 유동자산	13,471,053,014	6,706,446,842	7,351,570,958
(1) 당좌자산	13,471,053,014	6,706,446,842	7,351,570,958
1. 현금및현금성자산(주석2)	1,610,772	573,343,484	179,831,137
2. 단기금융상품(주석2,3)	30,000,000	15,000,000	29,000,000
3. 매출채권(주석2,13,20)	10,027,628,575	4,597,012,954	4,758,321,102
대손충당금	−539,874,818	−498,839,810	−47,583,211
4. 미수금(주석2,20)	903,384,285	116,149,375	829,235,743
대손충당금	−9,033,842	−3,147,954	−8,292,357
5. 미수수익	154,227,981	59,015,625	85,441,000
6. 단기대여금(주석2,20)	2,684,497,980	1,352,707,772	1,032,481,503
7. 선급금	210,993,417	489,897,760	482,833,912
8. 선급비용	7,282,154	4,932,446	10,141,919
9. 미수법인세환급액	336,510	375,190	160,210
Ⅱ. 비유동자산	5,953,404,180	4,530,957,179	5,172,809,581
(1) 투자자산	3,010,020,642	2,830,420,746	2,983,221,882
1. 장기금융상품(주석2,3)	341,968,254	162,368,358	316,769,494
2. 매도가능증권(주석2,4,16)	2,668,052,388	2,668,052,388	2,666,452,388

과목	제18(당)기	제17(전)기	제16(전)기
(2) 유형자산(주석2,5,15)	1,284,490,254	1,217,231,433	1,291,971,572
1. 토지	655,700,437	655,700,437	655,700,437
2. 건물	502,223,629	502,223,629	502,223,629
감가상각누계액	−48,827,295	−32,086,508	−15,345,721
3. 차량운반구	457,332,207	411,976,161	440,202,831
감가상각누계액	−320,682,686	−356,346,055	−336,836,397
4. 공구와기구	161,566,800	158,966,800	163,466,800
감가상각누계액	−156,470,346	−151,360,670	−145,632,488
5. 비품	347,483,122	327,201,358	314,816,669
감가상각누계액	−313,835,614	−299,043,719	−286,624,188
(3) 기타비유동자산	1,658,893,284	483,305,000	897,616,127
1. 보증금	1,448,023,682	168,971,140	574,706,140
2. 회원권	210,869,602	314,333,860	322,909,987
자 산 총 계	19,424,457,194	11,237,404,021	12,524,380,539
부 채			
I. 유동부채	12,538,078,116	5,044,771,145	2,379,618,254
1. 매입채무(주석6)	5,163,250,228	1,241,340,904	168,686,085
2. 단기차입금(주석6,7,15,18)	3,526,965,265	−	1,430,707,103
3. 미지급금(주석6)	1,021,260,567	1,353,311,241	520,118,350
4. 예수금	49,912,650	30,489,210	27,249,642
5. 예수보증금	18,955,100	18,955,100	18,955,100
6. 선수금	46,000,000	−	
7. 미지급비용	6,386,992	4,098,495	30,231,865
8. 공사선수금	2,705,347,314	800,462,195	183,670,109
9. 주임종단기차입금	−	1,596,114,000	
II. 비유동부채	2,320,000,000	2,280,000,000	2,280,000,000
1. 장기차입금(주석6,7,8)	1,800,000,000	1,800,000,000	1,800,000,000
2. 임대보증금	520,000,000	480,000,000	480,000,000
부 채 총 계	14,858,078,116	7,324,771,145	4,659,618,254
자 본			
I. 자본금	2,100,000,000	2,100,000,000	2,100,000,000
1. 보통주자본금(주석1,9)	2,100,000,000	2,100,000,000	2,100,000,000
II. 이익잉여금(주석10,11,20)	2,466,379,078	1,812,632,876	5,764,762,285
1. 이익준비금	45,600,000	45,600,000	45,600,000
2. 미처분이익잉여금	2,420,779,078	1,767,032,876	5,719,162,285
자 본 총 계	4,566,379,078	3,912,632,876	7,864,762,285
부 채 와 자 본 총 계	19,424,457,194	11,237,404,021	12,524,380,539

(단위 : 원)

과목	제18(당)기	제17(전)기	제16(전)기
I. 매출액	29,225,799,921	18,192,156,609	24,772,955,100
1. 공사수익(주석2,12,20)	29,225,799,921	18,192,156,609	24,772,955,100
II. 매출원가	26,464,247,898	16,403,245,804	21,859,480,709
1. 공사원가	26,464,247,898	16,403,245,804	21,859,480,709
III. 매출총이익	2,761,552,023	1,788,910,805	2,913,474,391
IV. 판매비와관리비(주석21)	2,156,215,243	2,068,850,167	2,240,780,803
1. 임원급여	490,440,920	428,190,000	329,640,000
2. 직원급여	507,515,280	403,638,788	442,644,453
3. 상여금	162,442,070	202,803,500	144,113,300
4. 퇴직급여	59,323,019	58,662,243	53,914,144
5. 복리후생비	214,378,817	182,498,629	150,977,468
6. 여비교통비	15,892,960	12,956,400	13,049,114
7. 차량유지비	61,645,071	67,317,990	53,154,961
8. 접대비	150,559,253	179,861,162	175,088,444
9. 교육훈련비	2,434,520	—	8,350,000
10. 통신비	7,770,121	9,624,981	12,380,665
11. 수도광열비	35,018,547	39,213,153	50,375,595
12. 전력비	161,365	952,913	503,656
13. 수선비	299,000	1,027,000	1,590,000
14. 소모품비	2,625,150	7,446,514	7,750,603
15. 도서인쇄비	2,279,772	5,716,478	1,851,029
16. 대손상각비	46,920,896	11,658,066	6,329,378
17. 세금과공과	9,310,690	10,754,890	9,765,500
18. 지급임차료	92,340,800	141,814,545	205,516,000
19. 보험료	12,291,936	15,855,979	21,164,040
20. 지급수수료	145,467,055	187,088,160	200,797,968
21. 운반비	840,000	—	200,000
22. 광고선전비	15,750,000	900,000	909,090
23. 감가상각비	66,941,771	72,359,661	104,614,966
24. 협회비	7,328,060	8,246,720	8,303,870
25. 사무용품비	5,596,210	4,322,395	1,325,988
26. 하자보수비	40,641,960	15,940,000	48,860,879
27. 경상연구개발비	—		187,609,692
V. 영업이익(손실)	605,336,780	−279,939,362	672,693,588
VI. 영업외수익	353,585,414	113,847,468	128,075,174
1. 이자수익	251,339,473	60,185,234	86,022,374

과목	제18(당)기	제17(전)기	제16(전)기
2. 배당금수익	17,530,000	35,060,000	22,789,000
3. 대손충당금환입	–	5,144,403	2,898,542
4. 유형자산처분이익	9,089,909	4,166,666	12,914,135
5. 투자자산처분이익	–	3,039,942	–
6. 잡이익	75,626,032	6,251,223	3,451,123
Ⅶ. 영업외비용	305,175,992	177,279,136	308,138,768
1. 이자비용	228,775,577	162,913,997	259,306,625
2. 보상비	36,000,000	–	4,079,979
3. 기부금	13,850,000	5,100,000	43,000,000
4. 투자자산처분손실	26,089,064	5,741,138	
5. 잡손실	461,351	3,524,001	1,752,164
Ⅷ. 법인세차감전순이익(손실)	653,746,202	−343,371,030	492,629,994
Ⅸ. 법인세등(주석2,13)	–	–	–
Ⅹ. 당기순이익(손실)(주석20)	653,746,202	−343,371,030	492,629,994
Ⅺ. 주당손익(주석2,14,20)			
1. 기본주당기순이익(손실)	3,113	−1,635	2,346

···TOPIC ❸ 현금흐름표

(단위 : 천원)

과목	제18(당)기	제17(전)기	제16(전)기
I. 영업활동으로인한현금흐름	330,604,953	1,344,375,229	264,157,790
1. 당기순이익(손실)	653,746,202	−343,371,030	492,629,994
2. 현금의유출이없는비용등의가산	159,962,526	107,354,358	146,419,364
감가상각비	86,952,566	89,955,154	136,010,007
대손상각비	46,920,896	11,658,066	6,329,378
투자자산처분손실	26,089,064	5,741,138	–
유형자산처분손실	–	–	4,079,979
3. 현금의유입이없는수익등의차감	−9,089,909	−12,351,011	−15,812,677
유형자산처분이익	9,089,909	4,166,666	12,914,135
대손충당금환입	–	5,144,403	2,898,542
투자자산처분이익	–	3,039,942	–
4. 영업활동으로인한자산부채의변동	−474,013,866	1,592,742,912	−359,078,891
매출채권의감소(증가)	−5,430,615,621	−409,256,195	−632,937,732
선급금의감소(증가)	278,904,343	−7,063,848	−270,479,685
미수금의감소(증가)	−787,234,910	514,440,254	289,854,229
미수수익의감소(증가)	−95,212,356	26,425,375	9,171,949

과목	제18(당)기	제17(전)기	제16(전)기
선급비용의감소(증가)	−2,349,708	5,209,473	162,240,364
선급공사비의감소(증가)	−	−	10,955,477
선급법인세의감소(증가)	38,680	−214,980	487,840
매입채무의증가(감소)	3,921,909,324	1,072,654,819	−48,921,223
미지급금의증가(감소)	−332,050,674	−203,350,270	154,504,035
예수금의증가(감소)	19,423,440	3,239,568	−44,557,170
예수보증금의증가(감소)	−	−	2,052,600
선수금의증가(감소)	46,000,000	−	−
미지급비용의증가(감소)	2,288,497	−26,133,370	10,521,044
공사선수금의증가(감소)	1,904,885,119	616,792,086	−1,970,619
Ⅱ. 투자활동으로인한현금흐름	−2,833,188,930	479,844,221	−84,659,389
1. 투자활동으로인한현금유입액	2,609,748,626	1,799,034,854	1,128,168,273
단기금융상품의감소	340,205,600	69,000,000	191,090,000
단기대여금의감소	1,546,171,671	972,481,503	170,000,000
장기금융상품의감소	−	190,202,860	−
차량운반구의처분	9,090,909	8,636,364	7,727,273
공구와기구의처분	−	1,000,000	16,000,000
보증금의감소	89,916,810	513,120,000	263,351,000
회원권의감소	104,363,636	44,594,127	−
임대보증금의증가	520,000,000	−	480,000,000
2. 투자활동으로인한현금유출액	−5,442,937,556	−1,319,190,633	−1,212,827,662
단기금융상품의증가	355,205,600	55,000,000	136,090,000
단기대여금의증가	2,877,961,879	1,060,000,000	200,000,000
장기금융상품의증가	179,599,896	38,502,920	21,112,154
매도가능증권의취득	−	1,600,000	−
토지의취득	−	−	215,789,675
건물의취득	−	−	502,223,629
차량운반구의취득	131,330,623	8,300,024	35,790,384
공구와기구의취득	2,600,000	−	−
비품의취득	20,281,764	12,384,689	14,593,180
보증금의증가	1,368,969,352	107,385,000	85,028,640
회원권의 취득	26,988,442	36,018,000	2,200,000
임대보증금의감소	480,000,000	−	−
Ⅲ. 재무활동으로인한현금흐름	1,930,851,265	−1,430,707,103	−273,416,742
1. 재무활동으로인한현금유입액	5,234,505,157	269,292,897	−
단기차입금의증가	5,234,505,157	269,292,897	−
2. 재무활동으로인한현금유출액	−3,303,653,892	−1,700,000,000	−273,416,742
단기차입금의감소	1,707,539,892	1,700,000,000	273,416,742
주임종단기차입금의감소	1,596,114,000	−	−

과목	제18(당)기	제17(전)기	제16(전)기
Ⅳ. 현금의증가(I+Ⅱ+Ⅲ)	−571,732,712	393,512,347	−93,918,341
Ⅴ. 기초의현금	573,343,484	179,831,137	273,749,478
Ⅵ. 기말의현금	1,610,772	573,343,484	179,831,137

⋯ T O P I C 4 주석

1. 회사의 개요

A건설 주식회사(이하 "당사"라 함)는 토목 및 건축을 사업목적으로 하여 1999년 6월 18일 설립되었으며, 보고기간종료일 현재 본점 소재지는 경상북도 포항시 북구 장량로128번길 28-3(장성동)입니다.

보고기간 종료일 현재 당사의 주요주주 구성은 다음과 같습니다.

주요주주			주식수(주)	지분율(%)	비고
김	×	×	147,000	70	
오	×	×	42,000	20	대표이사
강	×	×	21,000	10	
합		계	210,000	100	

2. 재무제표 작성기준 및 중요한 회계처리방침의 요약(생략)

3. 사용이 제한된 예금 등

보고기간 종료일 현재 사용이 제한된 예금 등의 내역은 다음과 같습니다.

(단위 : 원)

계정과목	제한내용	은행명	금액	
			당기	전기
단기금융상품	질권등록	A은행	30,000	15,000
장기금융상품	당좌개설보증금	A은행	3,000	3,000
	질권등록		20,000	−
		B은행	100,000	−
합계			153,000	18,000

4. 매도가능증권

보고기간종료일 현재 매도가능증권의 내역은 다음과 같습니다.

(단위 : 천원)

구분	회사명	지분율(%)	취득원가	장부가액(*2)	
				당기	전기
출자금	건설공제조합	(*1)	2,159,362	2,159,362	2,159,362
	휴먼에듀(주)		35,290	35,290	35,290
	스마트레일(주)		453,400	453,400	453,400
	소방산업공제조합		20,000	20,000	20,000
합계			2,668,052	2,668,052	2,668,052

(*1) 지분율이 미미하여 표시하지 않습니다.

(*2) 상기 매도가능증권은 신뢰성 있는 측정모델에 의한 공정가액을 평가할 수 없어 취득원가로 평가하였습니다.

5. 유형자산

① 당사의 기중 유형자산의 변동내역은 다음과 같습니다.

[당기]

(단위 : 천원)

구분	기초장부가액	취득	처분	감가상각비	기말장부가액
토지	655,700	−	−	−	655,700
건물	470,137	−	−	(16,741)	453,396
차량운반구	55,630	131,331	(1)	−50,310	136,650
공구와기구	7,606	2,600	−	(5,110)	5,096
비품	28,158	20,282	−	(14,792)	33,648
합계	1,217,231	154,213	(1)	−86,953	1,284,490

[전기]

(단위 : 천원)

구분	기초장부가액	취득	처분	감가상각비	기말장부가액
토지	655,700	−	−	−	655,700
건물	486,878	−	−	−16,741	470,137
차량운반구	103,366	8,300	−5,469	−50,567	55,630
공구와기구	17,834	−	−1	−10,227	7,606
비품	28,193	12,385	−	−12,420	28,158
합계	1,291,971	20,685	−5,470	−89,955	1,217,231

② 보고기간종료일 현재 당사가 보유하고 있는 토지의 장부가액 및 개별공시지가의 내역은 다음과 같습니다.

(단위 : 천원)

지번	면적(㎡)	지목	장부금액		개별공시지가	
			당기	전기	당기	전기
경북 영덕군 영덕읍 대탄리 38-1	202	대지	52,515	52,515	32,239	31,916
경북 예천군 호명면 황지리 876	617		387,395	387,395	215,985	194,387
경기도 용인시 기흥구 보정동1307	230		215,790	215,790	326,600	316,940
합계	1,049		655,700	655,700	574,824	543,243

③ 보고기간종료일 현재 당사는 차량운반구에 대한 책임보험 및 종합보험과 종업원을 위한 산재보험에 가입하고 있습니다.

6. 경상개발비(생략)

7. 금융부채의 유동성 위험관리 방법 및 종류별 만기 분석

① 유동성위험 관리 방법

유동성위험이란 당사가 금융부채에 관련된 의무를 충족하는 데 어려움을 겪게 될 위험을 의미합니다. 당사의 유동성 관리방법은 재무적으로 어려운 상황에서도 받아들일 수 없는 손실이 발생하거나, 당사의 평판에 손상을 입힐 위험 없이, 만기일에 부채를 상환할 수 있는 충분한 유동성을 유지하도록 하는 것입니다.

당사는 부채 상환을 포함하여, 60일에 대한 예상 운영비용을 충당할 수 있는 충분한 요구불예금을 보유하고 있다고 확신하고 있습니다.

여기에는 합리적으로 예상할 수 없는 극단적인 상황으로 인한 잠재적인 효과는 포함되지 않았습니다.

② 보고기간종료일 현재 금융부채의 계약상 만기는 다음과 같습니다.

(단위 : 천원)

구분	장부금액	3개월 이내	6개월 이내	1년 이내	2년 이내
매입채무	5,163,250	5,163,250	–	–	–
미지급금	1,021,261	1,021,261	–	–	–
단기차입금	3,526,965	–	–	3,526,965	–
장기차입금	1,800,000	–	–	–	1,800,000
합계	11,511,476	6,184,511	–	3,526,965	1,800,000

당사는 이 현금흐름이 유의적으로 더 이른 기간에 발생하거나, 유의적으로 다른 금액일 것으로 기대하지 않습니다.

8. 단기차입금

보고기간종료일 현재 당사의 단기차입금의 내역은 다음과 같습니다.

(단위 : 천원)

차입처	종류	이자율(%)	당기	전기
A은행	일반대출	6.62	500,000	800,000
B은행	일반대출	3.42	239,348	352,757
	일반대출	4.33	309,481	–
C은행	일반대출	4.36	679,193	277,950
	일반대출	3.7	490,000	
D은행	종합통장대출	4.05	308,943	–
K전선	일반자금대출	15	1,000,000	–
합계			3,526,965	1,430,707

9. 장기차입금

보고기간종료일 현재 당사의 장기차입금의 내역은 다음과 같습니다.

① 장기차입금의 내역

(단위 : 천원)

차입처	차입용도	연이자율(당기말)	금액	
			당기	전기
건설공제조합	운영자금대출(신용대출)	1.43%	1,800,000	1,800,000

② 장기차입금의 상환계획

상기에 표시된 당기 장기차입금은 건설공제조합에 대한 차입금으로서 1년 단위로 차입금에 대한 이자를 지급하는 형식으로 상환기간을 계속 연장하고 있습니다.

10. 자본금

보고기간종료일 현재 당사의 자본금은 다음과 같습니다.

주식의 종류	수권주식수(주)	발행주식수(주)	주당액면가액(원)	발행금액(원)
보통주	1,000,000	210,000	10,000	2,100,000,000

11. 이익잉여금

보고기간종료일 현재 당사의 이익잉여금의 내역은 다음과 같습니다.

(단위 : 천원)

구분	당기	전기
이익준비금	45,600	45,600
미처분이익잉여금	2,420,779	1,767,032
합계	2,466,379	1,812,632

① 이익준비금

상법상 당사는 자본금의 50%에 달할 때까지 매결산기에 금전에 의한 이익배당액의 10% 이상을 이익준비금으로 적립하도록 규정되어 있으며, 동 이익준비금은 현금으로 배당할 수 없으며, 주주총회의 결의에 의하여 이월결손금의 보전과 자본전입에만 사용될 수 있습니다.

12. 이익잉여금처분계산서

당기와 전기의 이익잉여금처분계산서는 다음과 같습니다.

(단위 : 천원)

과목	당기 처분예정일 : 2016년 3월 31일		전기 처분확정일 : 2015년 3월 31일	
Ⅰ. 미처분이익잉여금		2,420,779		1,767,033
1. 전기이월미처분이익잉여금	1,767,033		2,110,404	
2. 당기순이익(손실)	653,746		−343,371	
Ⅱ. 이익잉여금처분액		−		−
Ⅲ. 차기이월미처분이익잉여금		2,420,779		1,767,033

13. 도급공사

① 공사계약 잔액의 내용

(단위 : 천원)

구분	당기	전기
전기이월	68,249,640	63,050,541
계약변경	2,886,544	10,224,995
신규계약	48,138,620	13,166,379
계약변경	5,812	−119
계	119,280,616	86,441,796
당기수익	29,225,800	18,192,156
이월계약	90,054,816	68,249,640

② 주요 도급공사의 계약변경(생략)

14. 법인세 등

당사는 일반기업회계기준 제31장(중소기업 회계처리 특례)에 따라 이연법인세를 계산하지 아니하고, 법인세법 등의 법령에 의하여 납부할 금액을 법인세 등으로 계상하고 있습니다.

15. 기본주당손익

당기 및 전기의 기본주당손실의 산출내역은 다음과 같습니다.

구분	당기	전기
가중평균유통보통주식수(가)	210,000주	210,000주
당기순이익(손실)(나)	653,746,202원	(343,371,030)원
기본주당순이익(손실)(나/가)	3,113원	(1,635)원

16. 담보제공자산 등

보고기간종료일 현재 당사가 차입금 등과 관련하여 담보로 제공된 자산의 내용은 다음과 같습니다.

(단위 : 천원)

과목	담보제공자산	장부가액	채권최고액		설정권자
			당기	전기	
유형자산	토지 및 건물	387,395	370,000	370,000	A은행
		669,186	312,000	312,000	B은행
합계		1,056,581	958,000	682,000	−
					−

17. 지급보증

① 보고기간종료일 현재 당사가 타인으로부터 제공받은 보증의 내용은 다음과 같습니다.

(단위 : 천원)

보증제공자	보증내용	당기	전기
A보험	이행지급보증	5,168	2,749
B기금	지급보증	256	288
C기금	대출보증	204	1,440
		1,020	–
D조합	입찰보증	253	87
	계약보증	10,789	10,486
	하자보수보증	3,335	4,660
	선급금보증	8,760	8,058
	공사이행보증	29,312	28,281
	인허가보증	72	55
	임시전력수용예납보증	18	27
	하도급대금지급보증	2,594	4,296
	건설기계대여금지급보증	765	116

상기 D조합의 보증과 관련하여 건설공제조합출자금(1,753좌)이 담보로 제공되었습니다. 또한 차입금 등과 관련하여 대표이사 등으로부터 개인입보를 제공받고 있습니다.

② 보고기간종료일 현재 당사는 B레일(주)의 사업과 관련해서 1,080백만원의 연대보증을 제공하고 있습니다.

③ 타인에게 제공한 채무보증내역

보고기간종료일 현재 타인에게 제공한 채무보증의 내용은 다음과 같습니다.

(단위 : 백만원)

회사명	제공처	금액	비고
씨앤제이개발(주)	(주)H저축은행	1,999	대출연대보증
	(주)O저축은행	974	

18. 약정사항

보고기간종료일 현재 당사가 은행과 체결하고 있는 한도 약정 내역은 다음과 같습니다.

(단위 : 천원)

은행명	대출명	한도	
		당기	전기
A은행	통합통장대출	400,000	420,000
B은행	기업일반자금대출	698,000	698,000
		255,000	300,000
		320,000	360,000
C은행	일반자금대출	1,275,000	1,500,000
D은행	일반자금대출	500,000	600,000

19. 계류 중인 주요 소송사건

보고기간종료일 현재 당사의 계류 중인 주요 소송사건은 다음과 같습니다.

(단위 : 백만원)

구분	원고	피고	진행상황	청구금액	비고
지분정산금	A건설(주)	B건영(주)외	2심 진행 중	1,140	
공사대금청구	C건설(주)	A건설(주)	1심 진행 중	506	

보고기간종료일 현재 상기 소송사건의 최종결과를 예측할 수 없으나, 회사 경영자는 상기 소송의 결과가 회사의 영업이나 재무상태에 미칠 영향은 크지 않을 것으로 예측하고 있습니다.

본문의 A건설회사 재무사례를 바탕으로 질문에 답하시오. [01~17]

01 A건설의 환경요인에 관한 설명 중 가장 적절하지 않은 것은?

① 사업활동이 국내 위주로 국한되어 있다.

② 환율의 변동에 영향이 크다.

③ 대체재 및 기술변화에 따른 위험은 낮은 수준이다.

④ 정부의 정책에 크게 영향을 받는다.

⑤ 당사의 매출은 세계경제보다 국내경제에 더 큰 영향을 받는다.

> 손익계산서를 살펴보면 환산손익이나 환차익 등 환율과 관련된 위험을 알 수 있는 지표가 없으며, 당사는 해외플랜트 사업을 하는 대형 건설업체가 아니고 국내 토목 및 건축사업을 하고 있으므로 환율에 크게 영향을 받지 않는다.
>
> 답 ②

02 A건설과 관련된 연관산업에 대한 설명 중 가장 적절하지 않은 것은?

① 토목부문의 경우 발주처가 중앙정부, 지자체, 국영기업 등으로 특정되어 있어 전방산업에 대한 협상력은 낮은 수준이다.

② 건축부문의 자체적인 브랜드 인지도와 대외신인도를 기반으로 제품의 차별화가 이루어지고 있다면 전방산업에 대한 협상력은 높다고 볼 수 있다.

③ 레미콘 및 철근업체 같은 공급업체와의 교섭력은 상대적으로 양호한 수준이다.

④ 관련된 산업의 경기민감도가 낮은 수준이다.

⑤ 후방산업 중 시멘트 업체와의 교섭력은 상대적으로 낮은 수준이다.

> 국내 건설산업은 성숙기에 접어들었으므로 경기민감도는 높은 수준이다. 만약 성장단계에 있는 경우 지속적인 수요발생에 따라 경기민감도가 상대적으로 낮았을 것이다.
>
> 답 ④

03 A건설이 속한 산업의 경쟁강도에 관한 설명 중 가장 적절하지 않은 것은?

① 지역을 기반으로 한 건설업체로 대형 건설업체보다 지역 건설업체가 경쟁대상기업이다.

② 노동집약적 산업으로 진입장벽이 낮다고 볼 수 있다.

③ 타 산업보다 산업집중도가 높다.

④ 공종별로 차이는 있지만 일반적으로 경쟁강도가 높다.

⑤ 제품의 차별화가 쉽지 않은 측면이 있다.

> 산업집중도가 높다는 것은 소수의 기업만이 그 산업에 존재한다는 것을 의미하는데, 건설산업은 상당히 많은 업체가 상존해 있으므로 산업집중도가 낮다고 볼 수 있다.
>
> 답 ③

04 A건설에 대한 거시환경분석에 관한 설명 중 가장 적절하지 않은 것은?

① 재건축 규제가 완화된다면 건축산업이 활성화될 것이다.

② 전반적인 인구 감소로 인해 주택의 수요가 줄어들고 있다.

③ 불용재고를 최소화하는 정책을 통해 불필요한 보관비용을 감소시켰다.

④ 1인 가구가 많아짐에 따라 넓지 않은 주택에 대한 수요가 증가하고 있다.

⑤ 초고층 아파트에 대한 건축기술은 차별화 요인이 된다.

외부환경분석은 정치, 경제, 사회, 문화, 기술적 요인(PEST)을 분석하는 것이다. 불용재고를 최소화하는 정책을 통해 불필요한 보관비용을 감소시킨 내용은 외부환경이 아니라 내부사업 정책에 대한 분석이다.

답 ③

05 A건설의 매출액과 관련된 내용으로 옳지 않은 것은?

① 당기 매출액은 전기에 비해 60% 이상 증가했다.

② 전기 매출액은 전전기에 비해 40% 정도 감소했다.

③ 매출원가율이 점점 상승하고 있다.

④ 매출총이익률은 점점 하락하고 있다.

⑤ 매출원가율이 클수록 매출총이익률은 작아진다.

전기 대비 당기매출액 증가율=29,225,799,921/18,192,156,609-1=60.65%
전전기 대비 전기매출액 증가율=18,192,156,609/24,772,955,100-1=-26.56%

구분	18기	17기	16기
매출원가율	90.55%	90.17%	88.24%
매출총이익률	9.45%	9.83%	11.76%

답 ②

06 A건설의 17기 영업손실을 기록한 이유로 가장 적절한 것은?

① 17기 교육훈련비가 발생하지 않았기 때문이다.

② 17기 운반비가 발생하지 않았기 때문이다.

③ 17기 하자보수비가 16기에 비해 감소했기 때문이다.

④ 17기 매출액이 큰 폭으로 감소했는데 판매관리비가 그만큼 감소하지 않았기 때문이다.

⑤ 17기 영업외수익이 감소했기 때문이다.

판매관리비에 고정비가 다소 있어 매출이 하락한 만큼 판매관리비가 감소하지 않았기 때문이다.

답 ④

07 A건설의 매출채권 및 매입채무에 관한 설명 중에서 가장 적절하지 않은 것은? (단, 매출채권 총액 기준으로 분석한다.)

① 당기 매출채권회전율은 전기에 비해 감소하였다.

② 당기 매입채무회전기간은 전기에 비해 크게 증가하였다.

③ 당기의 매출 규모가 증가하여 당기 운전자본이 증가한 것으로 볼 수 있다.

④ 매입채무는 매출액과 상관없이 매년 큰 폭으로 증가하고 있다.

⑤ 당기 매입채무회전기간은 약 40일이다.

- 17기 매출채권회전율 = 3.89
- 18기 매출채권회전율 = 4.00

답 ①

08 A건설의 운전자본에 관한 설명 중 가장 적절하지 않은 것은?

① 순운전자본이 매년 감소하는 이유는 유동부채의 증가폭이 유동자산의 증가폭보다 크기 때문이다.

② 당기 순운전자본비율은 4.8%이다.

③ 전기와 당기의 영업순환기간은 매출채권회전기간과 같다.

④ 당기 1회전 운전기간은 전기보다 감소하였다.

⑤ 당기 1회전 운전기간은 42.3이다.

18기 1회전 운전기간
= 91.3(매출채권회전기간)
+ 0(재고자산회전기간)
− 40.0(매입채무회전기간)
= 51.3

답 ⑤

09 A건설의 차입금구조와 관련된 설명 중 옳지 않은 것은?

① 부채비율은 매년 큰 폭으로 상승 추세에 있다.

② 당기의 차입금의존도는 27.42%이다.

③ 단기차입금을 분류할 때 주입종단기차입금도 제외하고 계산하는 것이 바람직하다.

④ 자기자본비율은 매년 감소하고 있다.

⑤ 레버리지 효과로 인해 손익 확대효과가 커졌다.

주입종단기차입금 역시 회사가 차입한 것이므로 단기차입금에 합산하는 것이 바람직하다.

답 ③

10 A건설 당기 EBITDA에 가장 가까운 값은 얼마인가?(단, EBITDA는 감가상각비, 이자비용, 법인세를 차감하기 전 금액이다.)

① 653,746,202원 　　② 969,474,345 원

③ 769,374,322원 　　④ 95,423,636 원

⑤ 228,775,577원

EBTIDA＝세후이익＋법인세＋이자비용＋감가상각비＝653,746,202＋0＋228,775,577＋86,952,566＝969,474,345원

답 ②

11 A건설의 이자보상비율과 관련된 설명 중 옳지 않은 것은?

① 전기(17기)의 이자보상비율은 음(−)의 값이 나온다.

② 당기(18기)의 순이자보상비율이 음(−)의 값이 나왔으므로 이자지급능력이 떨어진다고 해석할 수 있다.

③ 당기(18기)의 이자보상비율은 2.65로 양호한 수준이다.

④ 당기(18기)의 EBITDA/이자보상비율은 일반이자보상비율에 비해 높게 나온다.

⑤ 당기(18기)의 현금흐름이자보상비율은 이자보상비율보다 낮다.

당기 순이자보상비율이 음(−)의 값이 나온 이유는 이자수익이 이자비용을 초과하였기 때문이므로 실질이자지급능력은 더 좋다고 할 수 있다.

답 ②

12 건설의 당기(18기) 신용평가에 대한 내용으로 가장 옳지 않은 것은?

① 매출채권의 회수가 제대로 안 될 경우 단기적으로 유동성 위기가 올 수 있다.

② 대여금이 증가한 원인에 대해 파악해 볼 필요가 있다.

③ 단기차입금의 만기 연장 가능 여부를 확인해 볼 필요가 있다.

④ 선수금이 큰 폭으로 증가하였으므로 향후 매출액이 감소할 수 있다.

⑤ 시설투자가 제대로 이루어지지 않기 때문에 향후 성장성에도 부정적으로 평가할 수 있다.

선수금은 향후 매출액을 발생시켜야 하는 의무이므로 해당 금액만큼 향후에 매출액으로 이어질 것이다.

답 ④

13 A건설의 당기와 전기의 1회전 운전자본은 각각 얼마인가? (1년 소요자본은 매출액으로 계산하며, 단위는 백만원이다.)

	당기(18기)	전기(17기)
①	4,110	3,973
②	3,550	2,111
③	4,110	4,523
④	3,550	3,973
⑤	4,110	2,111

14 A건설의 유동성과 관련된 설명 중 가장 적절하지 않은 것은?

① 재고자산이 없으므로 당좌비율은 유동비율과 같다.

② 사용 제한된 예금을 고려할 경우 유동비율은 증가한다.

③ 전기(17기) 유동비율은 132.9%이다.

④ 당좌비율로 볼 때 당기는 전기에 비해 유동성이 나빠졌다고 볼 수 있다.

⑤ 유동비율은 매년 감소하고 있으며 그 이유는 유동부채 증가폭이 유동자산의 증가폭보다 크기 때문이다.

15 A건설의 안정성과 관련한 설명 중 가장 적절하지 않은 것은?

① 비유동장기적합률이 100% 미만이면 유동비율이 100% 초과가 된다.

② 당기 비유동비율은 130.4%이다.

③ 당사는 장기적으로 고정화된 자산을 장기자본 범위 내에서 안정적으로 구성하고 있다는 것을 보여준다.

④ 비유동장기적합률은 매년 하락하고 있다.

⑤ 비유동장기적합률은 장기자산은 장기금융으로 조달해야 한다는 것을 금융지원기본에 근거하고 있다.

1회전 운전자본을 '{매출액 − (영업이익 + 감가상각비)}×1회전 운전기간(년)'으로 계산하기도 하고, 1회전 운전자본을 단순하게 '매출액×1회전 운전기간(년)'으로 계산하기도 하므로 문제에서 주어진 정보를 잘 보고 판단해서 구하도록 한다. 해당 문제에서는 단순법으로 1회전 운전자본을 계산하였다.

구분	18기	16기
매출액	29,225,799,921원	18,192,156,609원
1회전 운전기간	51.3년	79.7년
1회전 운전자본	4,110,025,199원	3,972,653,534원

답 ①

사용 제한된 예금을 유동자산에서 제외한다면 유동비율은 낮아진다.

답 ②

비유동장기적합률은 매년 상승하고 있다.
① 비유동장기적합률과 유동비율은 서로 반대개념이다.
② 당기(18기) 비유동비율은 130.4%이다.

구분	18기	17기	16기
비유동비율	130.4%	115.8%	65.7%
비유동장기적합률	86.5%	73.2%	51.0%

⑤ 금융지원기본이란 단기자산은 단기자금으로 조달하고, 장기자산은 장기자금으로 조달해야 하는 것을 말한다.

답 ④

16 A건설의 현금흐름분석에 대한 설명 중 가장 옳지 않은 것은?

① 전기(17기) 당기순이익이 음(−)의 값에도 불구하고 영업현금흐름이 양(+)의 값이 나온 주된 이유는 매입채무 및 선수금이 증가하였기 때문이다.

② 당기(18기) 투자활동현금흐름 유출이 증가한 이유는 단기대여금과 보증금 지출이 주된 원인이다.

③ 재무활동은 주로 차입금 조달과 상환으로 이루어져 있다.

④ 공사선수금 항목은 매출이 증가하면 더불어 증가하는 항목으로 당기의 선수금 거래는 차기 이후에 영업현금흐름에 영향을 주지 못한다.

⑤ 외상매출에 대한 회수정책과 외상매입에 대한 지급정책에 대해 검토가 필수적이다.

차기 이후에 공사선수금이 매출로 전환된 경우 매출이 증가해도 현금유입이 없으므로 영업현금흐름은 증가하지 않는다.

답 ④

17 건설의 수익성분석과 관련하여 가장 타당하지 않은 것은?(단, 재무상태표 항목은 평균잔액이 아닌 연말 잔액기준으로 한다.)

① 당기 ROI가 전기 대비 높아진 이유는 총자산회전율이 높아졌기 때문이다.

② 영업레버리지효과로 인해 당기 매출의 증가가 손익분기점을 상회한 결과로 이어졌다.

③ 매출총이익률은 매년 감소하고 있으나 영업이익률은 전기 대비 상승하였다.

④ 당기 ROE는 14.32%이다.

⑤ ROE는 수익성, 활동성, 안정성(레버리지)로 구분할 수 있다.

당기 ROI가 전기 대비 높아진 이유는 순이익률이 상승했기 때문이다. 총자산회전율은 오히려 소폭 하락한 것을 확인할 수 있다.

구분	18기	17기	16기
매출 총이익률	9.45%	9.83%	11.76%
영업이익률	2.07%	−1.54%	2.72%
순이익률	2.24%	−1.89%	1.99%
총자산회전율	1.50	1.62	1.98
ROI	3.37%	−3.06%	3.93%
ROE	14.32%	−8.78%	6.26%

답 ①

18 다음 레버리지분석과 관련된 설명 중 가장 적절하지 않은 것은?

① 부채가 증가한 이유는 외부자금의 조달이 늘어났기 때문이다.

② 일반적으로 영업레버리지도(DOL)는 1보다 크다.

③ 일반적으로 재무레버리지도(DFL)는 1보다 크다.

④ 만약 19기에 매출액이 10% 상승하면 영업이익은 10%보다 크게 상승할 수 있다.

⑤ 만약 19기에 영업이익이 10% 상승하면 당기순이익은 10%보다 크게 상승할 수 있다.

부채가 증가한 이유는 영업과 관련된 유동부채가 증가했기 때문이다. 비유동부채의 변화가 크지 않다.

답 ①

토마토패스
신용분석사 2부 핵심이론 + 문제집

———

초 판 발 행 2022년 5월 20일

편   저 지한송
발 행 인 정용수
발 행 처 예문사
주   소 경기도 파주시 직지길 460(출판도시) 도서출판 예문사
T E L 031) 955 - 0550
F A X 031) 955 - 0660

등 록 번 호 11 - 76호

정   가 22,000원

홈페이지 http://www.yeamoonsa.com

I S B N   978-89-274-4433-6   [13320]

Memo

01 증권경제전문 토마토TV가 만든 교육브랜드

토마토패스는 24시간 증권경제 방송 토마토TV · 인터넷 종합언론사 뉴스토마토 등을 계열사로
보유한 토마토그룹에서 출발한 금융전문 교육브랜드 입니다.
경제 ·금융· 증권 분야에서 쌓은 경험과 전략을 바탕으로 최고의 금융교육 서비스를 제공하고 있으며
현재 무역 · 회계 · 부동산 자격증 분야로 영역을 확장하여 괄목할만한 성과를 내고 있습니다.

뉴스토마토	TomatoTV	토마토증권통	eTomato
www.newstomato.com	tv.etomato.com	stocktong.io	www.etomato.com
싱싱한 정보, 건강한 뉴스	24시간 증권경제 전문방송	가장 쉽고 빠른 증권투자!	맛있는 증권정보

02 차별화된 고품질 방송강의

토마토 TV의 방송제작 장비 및 인력을 활용하여 다른 업체와는 차별화된 고품질 방송강의를 선보입니다.
터치스크린을 이용한 전자칠판, 핵심내용을 알기 쉽게 정리한 강의 PPT,
선명한 강의 화질 등으로 수험생들의 학습능력 향상과 수강 편의를 제공해 드립니다.

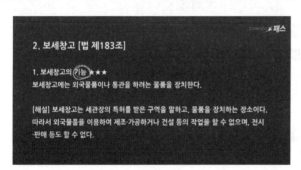
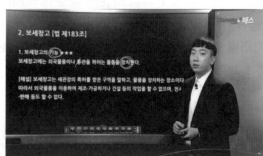

03 최신 출제경향을 반영한 효율적 학습구성

토마토패스에서는 해당 자격증의 특징에 맞는 커리큘럼을 구성합니다.
기본서의 자세한 해설을 통해 꼼꼼한 이해를 돕는 정규이론반(기본서 해설강의) · 핵심이론을 배우고
실전문제에 바로 적용해보는 이론 + 문제풀이 종합형 핵심종합반 · 실전감각을 익히는
출제 예상 문제풀이반 · 시험 직전 휘발성 강한 핵심 항목만 훑어주는 마무리특강까지!
여러분의 합격을 위해 최대한의 효율을 추구하겠습니다.

정규이론반   핵심종합반   문제풀이반   마무리특강

04 가장 빠른 1:1 수강생 학습 지원

1:1 Q&A 상담문의

24시간 내 빠른 답변,
학습 외 문의 및 상담
1:1 상담문의 게시판

1:1 강사님께 질문하기

각 자격증 전담강사가
직접 답변해주는
1:1 학습질문 게시판

토마토패스에서는 가장 빠른 학습지원 및 피드백을 위해 다음과 같이 1:1 게시판을 운영하고 있습니다.
· Q&A 상담문의 (1:1) ㅣ 학습 외 문의 및 상담 게시판, 24시간 이내 조치 후 답변을 원칙으로 함 (영업일 기준)
· 강사님께 질문하기(1:1) ㅣ 학습 질문이 생기면 즉시 활용 가능, 각 자격증 전담강사가 직접 답변하는 시스템
이 외 자격증 별 강사님과 함께하는 오픈카톡 스터디, 네이버 카페 운영 등 수강생 편리에 최적화된
수강 환경 제공을 위해 최선을 다하고 있습니다.

05 100% 리얼 후기로 인증하는 수강생 만족도

● ● ● ● ● **96.4** ● ● ● ● ●

2020 하반기 수강후기 별점 기준 (100으로 환산)

토마토패스는 결제한 과목에 대해서만 수강후기를 작성할 수 있으며,
합격후기의 경우 합격증 첨부 방식을 통해 100% 실제 구매자 및 합격자의 후기를 받고 있습니다.
합격선배들의 생생한 수강후기와 만족도를 토마토패스 홈페이지 수강후기 게시판에서 만나보세요!
또한 푸짐한 상품이 준비된 합격후기 작성 이벤트가 상시로 진행되고 있으니,
지금 이 교재로 공부하고 계신 예비합격자분들의 합격 스토리도 들려주시기 바랍니다.

강의 수강 방법
PC

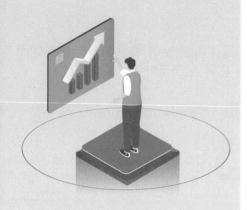

01 토마토패스 홈페이지 접속

www.tomatopass.com ▼

02 회원가입 후 자격증 선택

· 회원가입시 본인명의 휴대폰 번호와 비밀번호 등록
· 자격증은 홈페이지 중앙 카테고리 별로 분류되어 있음

03 원하는 과정 선택 후 '자세히 보기' 클릭

04 상세안내 확인 후 '수강신청' 클릭하여 결제

· 결제방식 [무통장입금(가상계좌) / 실시간 계좌이체 / 카드 결제] 선택 가능

05 결제 후 '나의 강의실' 입장

06 '학습하기' 클릭

07 강좌 '재생' 클릭

· IMG Tech 사의 Zone player 설치 필수
· 재생 버튼 클릭시 설치 창 자동 팝업

강의 수강 방법
모바일

탭 · 아이패드 · 아이폰 · 안드로이드 가능

01 토마토패스 모바일 페이지 접속

WEB · 안드로이드 인터넷, ios safari에서
www.tomatopass.com 으로 접속하거나

 Samsung Internet (삼성 인터넷)

 Safari (사파리)

APP · 구글 플레이 스토어 혹은 App store에서
합격통 혹은 토마토패스 검색 후 설치

 Google Play Store

 앱스토어   *tomato* 패스 합격통

02 존플레이어 설치 (버전 1.0)

· 구글 플레이 스토어 혹은 App store에서 '존플레이어' 검색 후 버전 1.0 으로 설치
(***2.0 다운로드시 호환 불가)

03 토마토패스로 접속 후 로그인

04 좌측 👤아이콘 클릭 후
'나의 강의실' 클릭

05 강좌 '재생' 버튼 클릭

· **기능소개**
과정공지사항 : 해당 과정 공지사항 확인
강사님께 질문하기 : 1:1 학습질문 게시판
Q&A 상담문의 : 1:1 학습외 질문 게시판
재생 : 스트리밍, 데이터 소요량 높음, 수강 최적화
다운로드 : 기기 내 저장, 강좌 수강 시 데이터 소요량 적음
PDF : 강의 PPT 다운로드 가능

👤 **토마토패스** ☰

금융투자자격증 | 은행/보험자격증 | FPSB/국제자격증 | 회계/세무자

나의 강의실

| 과정공지사항 | 강사님께 질문하기 |
| 학습자료실 | Q&A 상담문의 |

과정명	증권투자권유대행인 핵심종합반	
수강기간	2021-08-23 ~ 2022-08-23	
최초 수강일	2021-08-23	최근 수강일	2021-09-09
진도율	77.0%	

강의명	재생	다운로드	진도율	PDF
1강 금융투자상품01	▶	⬇	0%	📄
2강 금융투자상품02	▶	⬇	100%	📄
3강 금융투자상품03	▶	⬇	100%	📄
4강 유가증권시장, 코스닥시장01	▶	⬇	94%	📄
5강 유가증권시장, 코스닥시장02	▶	⬇	71%	📄
6강 유가증권시장, 코스닥시장03	▶	⬇	0%	📄
7강 채권시장01	▶	⬇	96%	📄
8강 채권시장02	▶	⬇	0%	📄
9강 기타 증권시장	▶	⬇	93%	📄